中公新書 1821

島 泰三著

安田講堂 1968-1969

中央公論新社刊

はじめに

一九六九年（昭和四十四年）一月十八日、十九日の東大安田講堂事件は、時計台の上を飛ぶヘリコプターから流される催涙液と警備車から噴き上げる放水の華々しい映像のために、今なおよく知られている。しかし、その安田講堂のなかにいた青年たちのことは忘れられ、そこに至るまでの青年たちの闘いが何だったのかということは、当時でこそジャーナリズムがうるさいほど取りあげたが、歴史上の事件としては論じられることがほとんどなかった。

「（その）主たる理由は、東大全共闘が〝城攻め〟の直前の土壇場で安田講堂から脱出してしまって、事実を後世に語り継ぐ生き証人が少なく、挫折《ざせつ》した東大闘争の総括をするものがいなかったことにある」（佐々、1993）と語る者があり、こうして、「卑怯者《ひきょうもの》」の東大全共闘のイメージが作られた。

だが、それは事実ではない。

このとき、東大内にたてこもっていた東大の学生、大学院生、青年医師たちの数はかなり多く、安田講堂だけでも七十人を越えていた。彼らは全員が逮捕され、有罪判決を受けた。そのなかには、私を含めて、数年間を刑務所で懲役に服した者もいる。

本書は、この事件を安田講堂内部から見た者による証言である。

これらの青年たちは、三十六年後の現在に至るまで沈黙を続けた。それには、いろいろな理由がある。だが、それは怯懦《きょうだ》のためではない。今もなお、この書を出すことに多くの関係者が懐疑的だったが、この事件に直接間接に関係した当時の青年たちにとって、この事件について語ることは一種のタブーとされている。そこには、重い意味がある。強い抑圧がある。これほどに強く抑圧される出来事には、人間性の深い本質が隠されている。それを解き明かすことに私が適任だとは、とうてい思えない。

だが、安田講堂のなかに覚悟を持って残った者として事実を明らかにすることは、ある種の義務ではないか、と思うようになった。三十六年の後になって、当時おなじ戦線にいた青年たちが当時の風貌《ふうぼう》のまま、自らの命を縮めるという事件が続き、語り遺《のこ》すべきことがあると決意した。

それは、私たちにとって命がけの闘いだった。

安田講堂攻防戦そのものは、一年前に始まった東大闘争の最終局面にすぎない。そこに至るまでの経過がなければ、八千五百人の警視庁機動隊を相手に七百人弱の青年たちが、勝負の分かっている、逃げ場のない絶望的な闘いを挑むわけがない。

手持ちの武器は石と棍棒《こんぼう》と火炎ビンだけで、銃のひとつもない、とうてい近代戦というようなものではないが、乱闘の果てがどうなるかは誰にも分からなかった。はずみで自分が死ぬことも相手を殺すことも、十分考えられた。すでに前年の日大のバリケード封鎖解除で起こったように、投げ下ろした石が警官を殺せば、自分も殺人罪に問われる。それを覚悟しなければ、安田講堂にたてこもることはできなかった。

こうして、すべての可能性を考えたうえで、「それでも、俺は逃げない」と決意した青年たちだけが、そこにとどまった。「それがどうであれ、この闘争の結果は引き受けよう」と私は思いきった。

催涙弾が飛び交い、火炎ビンが炎をあげ、空と地上からガス液と放水のしぶきが安田講堂をおおう派手な攻防戦は、外見にすぎない。そのなかには、そういう覚悟を持った青年たちがいた。

それだけではない。一九六八年には、東大とはすべての面で対照的な大学だった日大でも、青年たちは叛乱《はんらん》を起こした。お互いにほとんど関係のなかったこのふたつの大学の青年たち、さらにはその年の無数の学園闘争と反戦闘争に加わっていた青年たちは、六八年十一月二十二日に安田講堂前で合流する。警察機動隊のたび重なる攻撃によってもついに突破されなかった安田講堂正面入り口のバリケードは、日大全共闘の青年たちが作ったものだった。

こうして、その年闘いに立った青年たちは、安田講堂で実質として一体になった。それは、日本の青年たちの運動の歴史のなかで空前のことだった。なぜ、そんなことが起こったのか？

注：本文中に引用した以下の文書は、それぞれの略称で示した。

『闘争資料』：'68・'69を記録する会編、1992、『東大闘争資料集』全23巻

『弘報』：東京大学弘報委員会、1969、『東大問題資料2　東京大学弘報委員会「資料」1968・10⇒1969・3』、東京大学出版会、450＋3＋ixpp.

『砦』：東大闘争全学共闘会議編、1969、『ドキュメント東大闘争　砦の上にわれらの世界を』、亜紀書房、東京、653pp.

『バリケード』：日本大学全学共闘会議編（編集責任者　田村正敏）、1969、『ドキュメント日大闘争　バリケードに賭けた青春』、北明書房、東京、290pp.

『叛逆のバリケード』：日本大学文理学部闘争委員会書記局編、1969（1991）、『叛逆のバリケード　日大闘争の記録』、三一書房、東京、437pp.

『朝日』：朝日新聞縮刷版1968年1月（No.559）～1969年1月（No.571）

『獄中書簡集』：「獄中書簡集」発刊委員会編、1969、『東大闘争獄中書簡集』、創刊号～第二十五号

安田講堂 1968-1969 目次

東大本郷キャンパス構内図

（1968年当時）

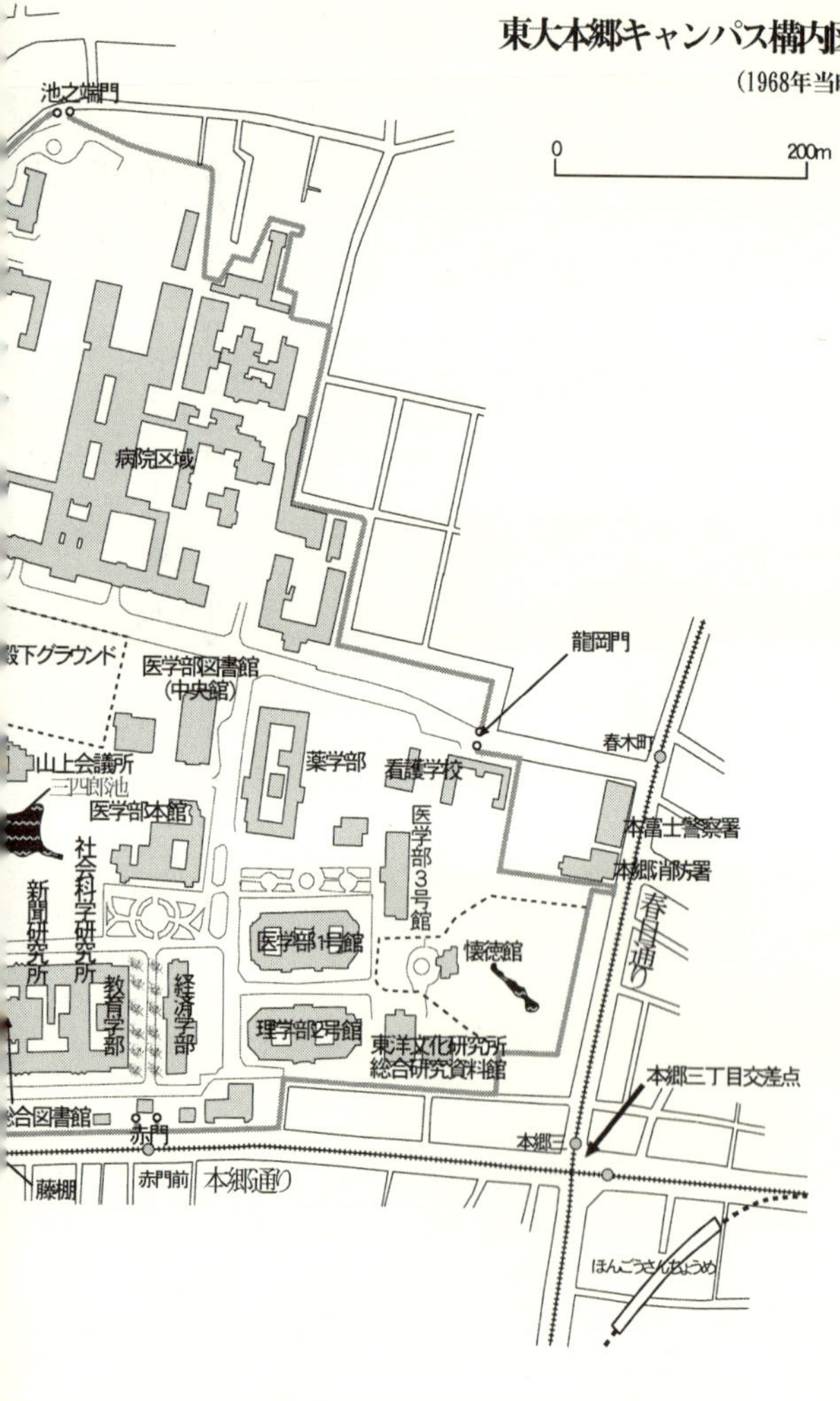

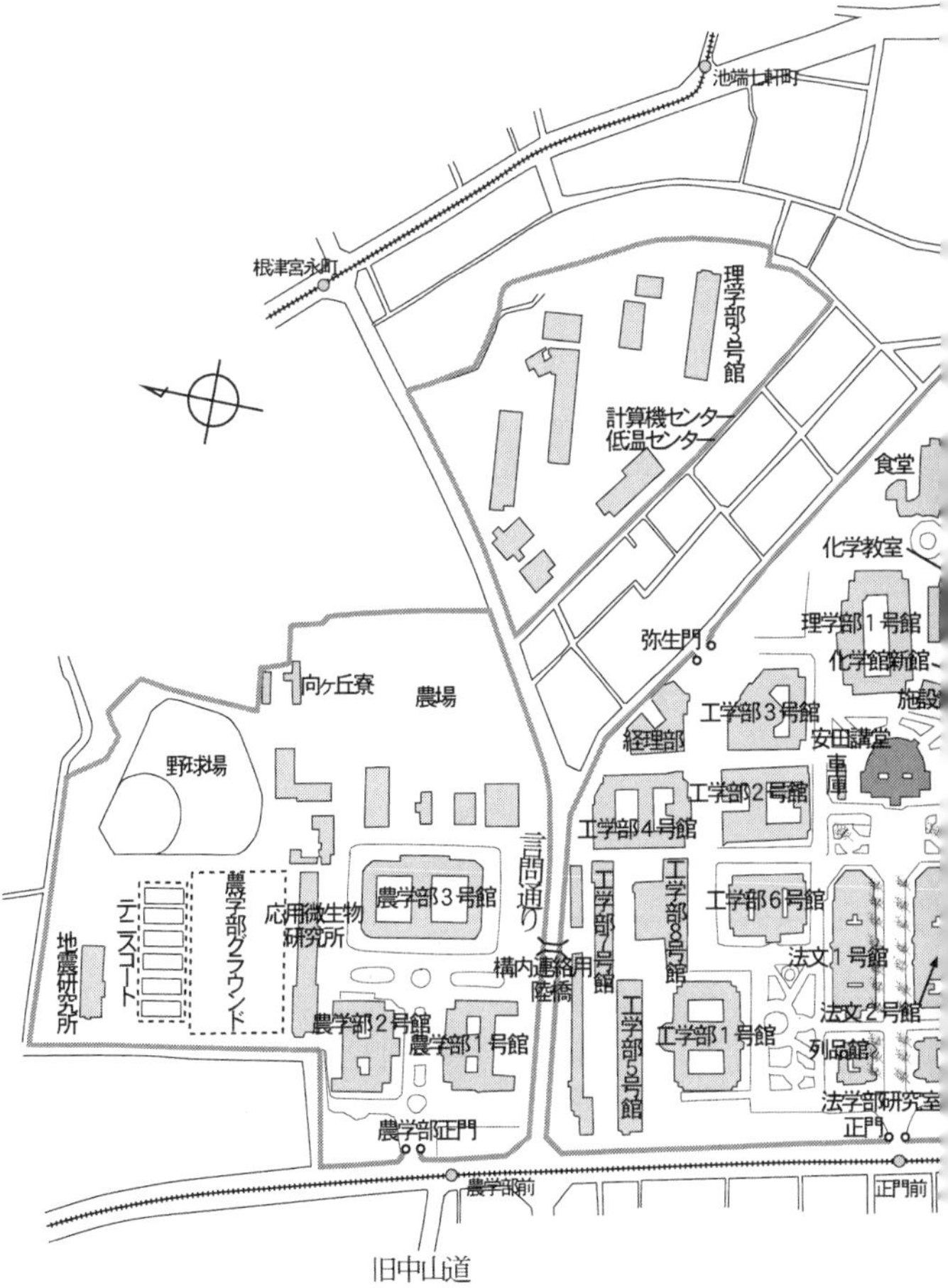
池端七軒町
根津宮永町
理学部3号館
計算機センター
低温センター
食堂
化学教室
理学部1号館
化学館新館
施設
弥生門
向ヶ丘寮
農場
野球場
工学部3号館
経理部
安田講堂
車庫
工学部2号館
工学部4号館
言問通り
工学部7号館
工学部8号館
工学部6号館
農学部3号館
応用微生物研究所
テニスコート
農学部グラウンド
地震研究所
構内連絡用陸橋
法文1号館
法文2号館
農学部2号館
農学部1号館
工学部1号館
工学部5号館
列品館
法学部研究室
正門
農学部正門
農学部前
正門前
旧中山道

安田講堂立面図

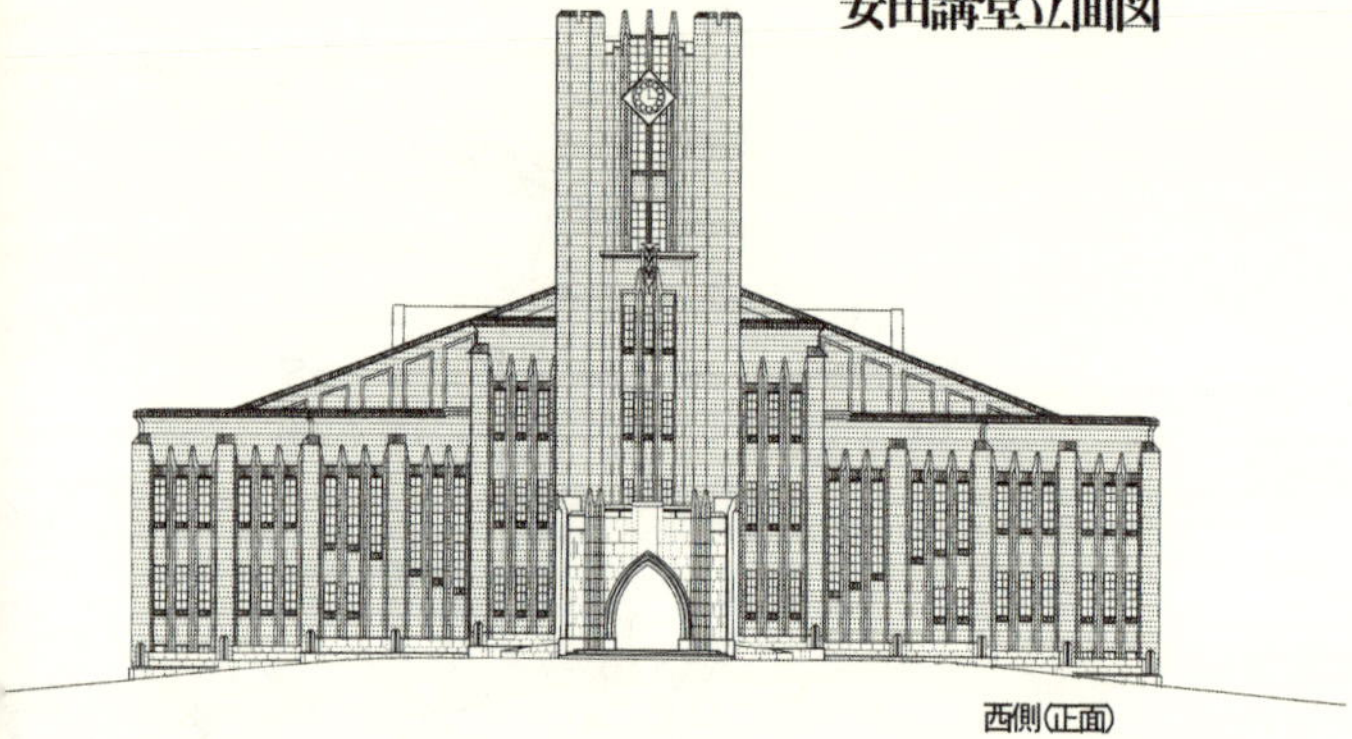

西側(正面)

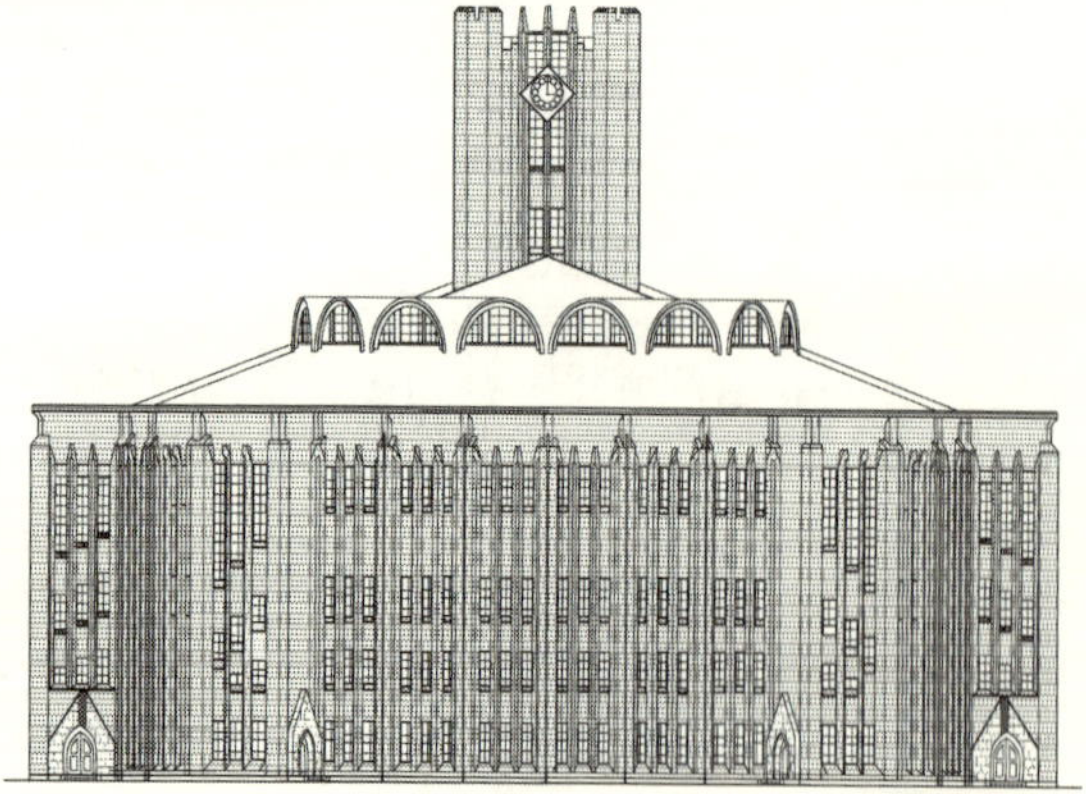

東側(背面)

安田講堂断面図

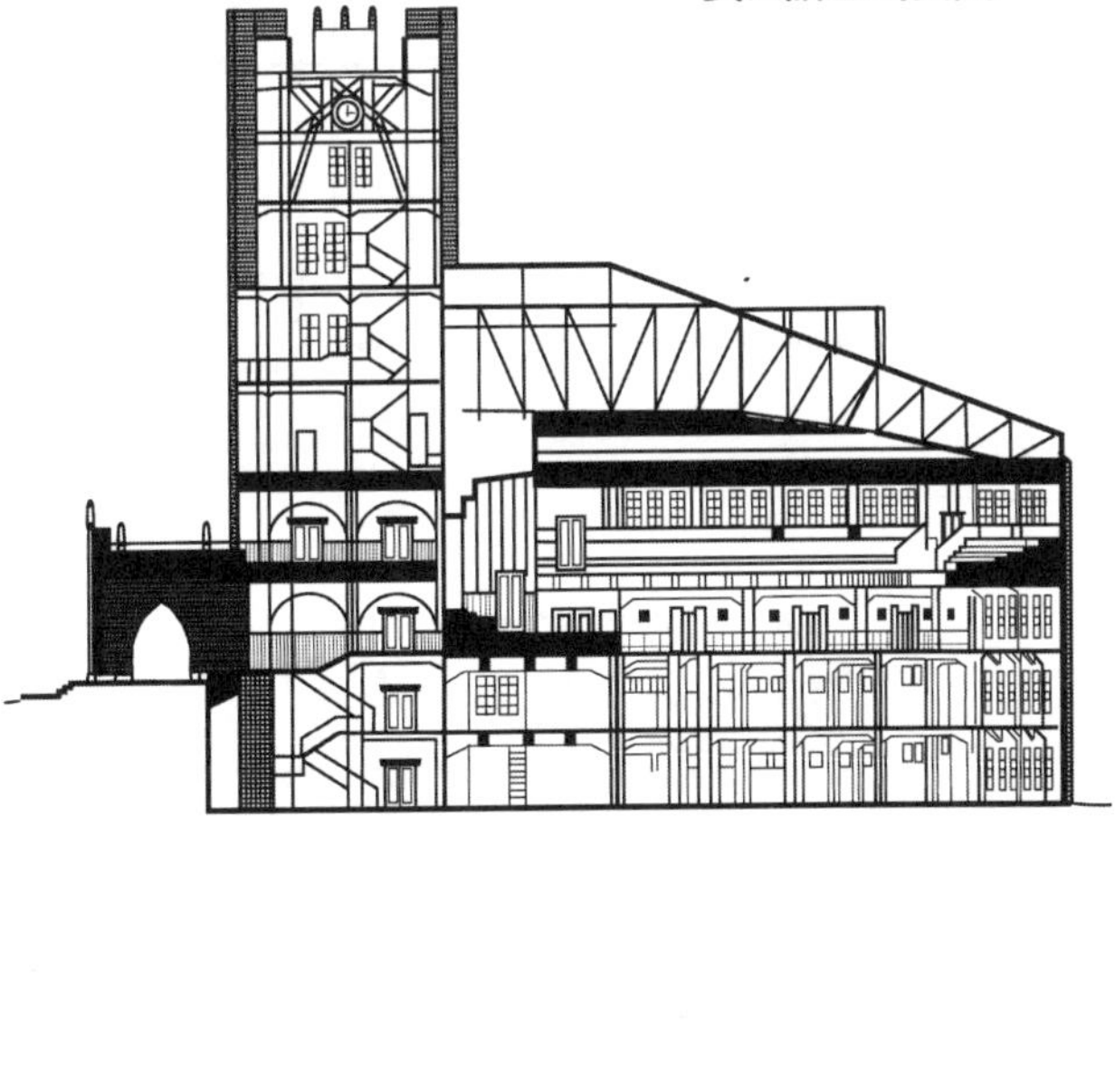

安田講堂平面図

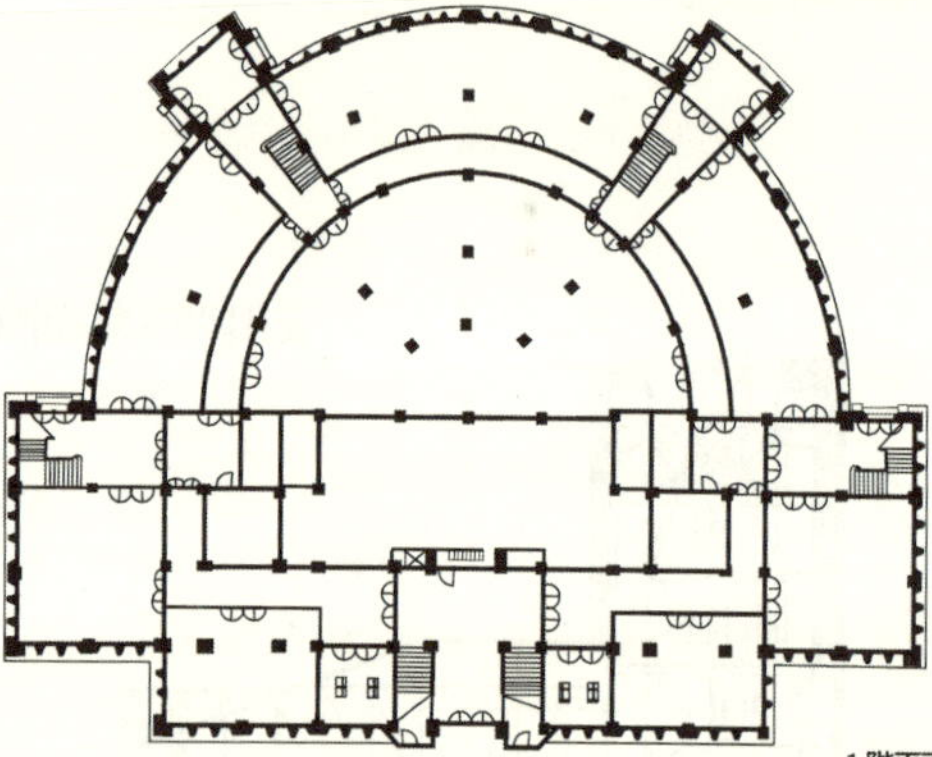

1階平面図

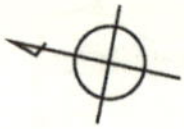

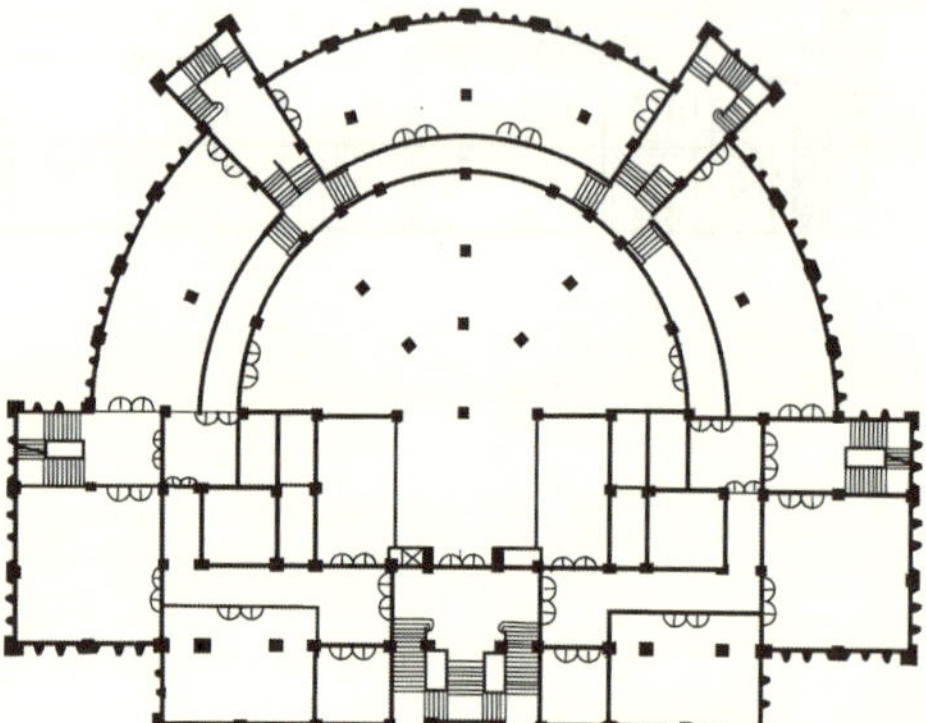

2階平面図

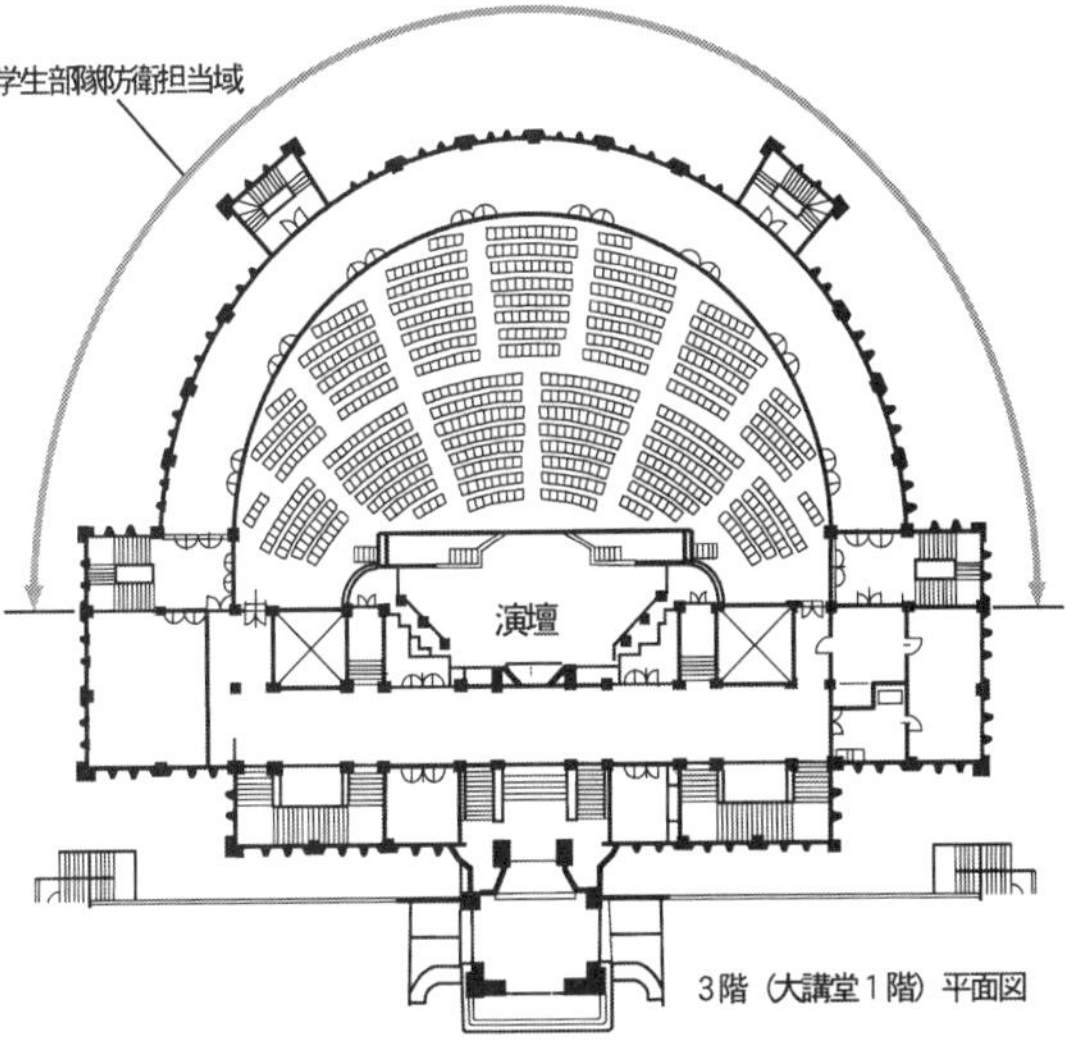

3階（大講堂１階）平面図

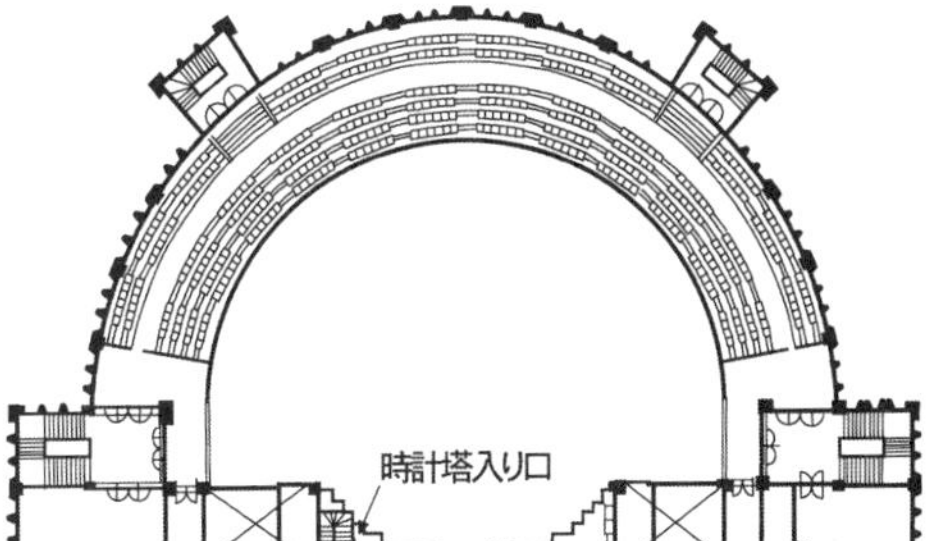

4階（大講堂２階）平面図

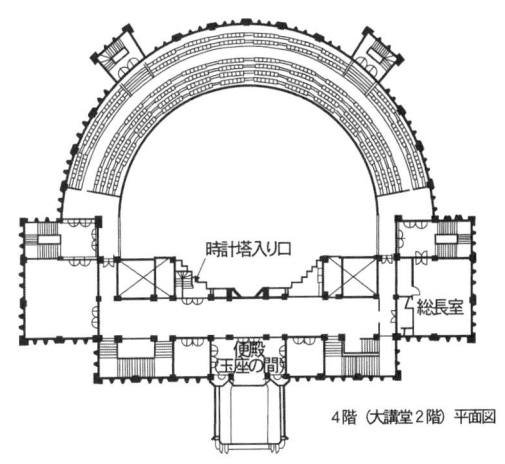

その一　発端

二〇〇五年一月、サイゴン川が見えるホテルの屋上に出ると、乾季の朝風はさわやかだった。ヴェトナム戦争が終わって三十年後に、とうとう現地を見た。超大国アメリカ合衆国を相手に、ついに勝ち抜いたヴェトナムの風土と人を見ることで、いまや心までアメリカに侵食されてしまった日本を振り返ることができるかもしれないと、私は密《ひそ》かに思ってきた。ホ・チ・ミンが歩いた風土を、少しは感じることができるのではないだろうか？　と。彼は「独立と自由ほど尊いものはない」と常々語ってきたが、それこそ日本が失ってしまったものだった。

原子力空母「エンタープライズ」

一九六八年一月のサイゴンにも、乾季のさわやかな風が吹いていただろう。しかし、そこには闇《やみ》のなかを歩く影があったはずである。その影は家々に手紙を届けて回った。届けられたのは、イタリックの朱文字で書かれたヴェトナム民主共和国主席ホ・チ・ミンの「新年のメッセージ」だった。彼はヴェトナムの人々から「ホおじさん」と呼ばれ、その軽やかな詩とともに親しまれていた。しかし、この年の詩はいつもと、様子が違っていた。

「ことしの春は過ぎゆきし春よりどんなにかすばらしいものとなるだろう
疾風怒濤《しっぷうどとう》の嵐の勝利のうれしい知らせをわが祖国は待ち望んでいる
南も北も競ってアメリカの侵略主義者と戦おう
突撃せよ。完璧《かんぺき》な勝利をわたしたちのものとしよう」（小倉、1992）

「ホおじさん」のいう「春」は、旧暦の正月「テト」のことで、六八年申《さる》年旧正月元日は「一月三十日」だった。「新年のメッセージ」は、総攻撃命令だった。

しかし、アメリカ人は誰一人、この情報を信じなかった。アメリカの南ヴェトナム派遣軍司令官ウェストモーランドは、前年十一月二十一日、ワシントンのナショナル・プレス・クラブで、「いまやヴェトナム戦争は終結が見えはじめた」と語って、戦争の行く末を楽観していた。この見通しがあったからこそ、学生一人の死者を出す流血の抗議行動のなかを、佐藤栄作首相は六七年十月八日には南ヴェトナムに旅立ち、十一月十二日にはアメリカを訪問して、ヴェトナムでの戦後利権を確保しようとしていた。

「ホおじさん」の新春の詩は無視され、日米政府は「アメリカの勝利の日」を夢みていた。このとき、アメリカ第七機動艦隊の旗艦原子力空母エンタープライズが、佐世保《させぼ》へ入港することが発表された。アメリカの自信と余裕と日本の後方基地化の一大デモンストレーションである。つまり、日米の戦時体制の確認だった。

原子力空母エンタープライズの佐世保入港決定というニュースは、衝撃だった。この空母がヴェトナム戦争での一方的な暴力の核であることは、周知の事実だった。銃を持って面と向かい合い生死をかけて戦うのなら、それは戦争であり、どちらに正義があると言おうと、人間はそんなものだと納得もできた。しかし、二十世紀のヴェトナムでは、二十一世紀のアフガニスタン、イラクでの場合と同様、アメリカはいかにも卑怯だった。ヴェトナム人の手の届かない洋上から、原子力空母エンタープライズは一方的な爆撃、銃撃、枯れ葉作戦のための催奇形剤の散布を自由に行った。それは、戦争と言うよりもただの虐殺、暴行だった。

しかも、その空母の艦名がエンタープライズだった。アメリカ合衆国海軍が太平洋戦争開戦当初から保有していた七正規空母のうち、エンタープライズばかりはわずかな損傷を受けただけで、ミッドウェー海戦で決定的な勝利をあげる立役者となり、終戦まで日本攻撃の先頭に立っていた。

そのうえ、この「宿敵」エンタープライズは、加圧水式原子炉八基を推進力とし、戦闘機など七十〜百機を搭載する七万五千七百トンの巨大原子力空母に蘇《よみがえ》っていた。日本がアメリカの核攻撃の生《い》け贄《にえ》にされたことは、アジアやアラブの民衆にまで知れわたった事実である。エンタープライズはその核を燃料にし、核攻撃が十二分にできる巨大空母であることも、世界周知の事実だった。

二重三重の重石《おもし》をひっさげて、原子力空母エンタープライズが佐世保に来る。「日本人」は戦慄《せんりつ》した。日本の「知識人」はともかく、「日本人」ならば戦慄した。そして、反応した。反戦闘争を武装してでも闘う決意を持った青年たちは、「暴力学生」と世に喧伝《けんでん》されてマスコミの鼻つまみ者になっていたが、彼らもむろん反応した。

一九六八年一月十四日、「明日、佐世保に行ってくれ」と電話の向こうで、指導者が言った。私は当時、三派全学連（注）と呼ばれた三派のひとつと関係があった。

「金がありません」

「阿佐ヶ谷《あさや》駅でカンパしているから、それに合流して金を作って行け」

なるほど、そういう手があったかと妙に納得したことを覚えている。夕暮れの国鉄（現JR）阿佐ヶ谷駅前に行くと顔見知りの学生数人がいて、「カンパ」つまり募金をしている。彼らがいっしょに行く。

そこにいた学生たちのうちの一人は武蔵野美術大学の学生で、彼女は実にしっかりしていたから、会計担当だった。

「でも、足りないのよねえ」「どうする？」「検札が来たら、『切符は一人が持っていて、今トイレ』とか言おう」「改札は？」「門司《もじ》で向こうのメンバーが乗ってくるはず。博多《はかた》駅の入場券を持ってくる」

すごいシステムであると、ふたたび感心した。

十五日、博多へ行く同じ列車に中核派のメンバーも乗っていた。彼らは法政大学を出て飯田《いいだ》橋《ばし》（千代田区）に向かったところで、百三十一人が逮捕されていた（飯田橋事件）。

門司駅だったかで、新聞を買ってきた者がいた。その新聞には、九州管区の警察の責任者の声明が掲載されていたが、「三派全学連の暴力学生どもは、生きて関門《かんもん》海峡は渡さない」という猛烈なものだった。

「さすがに九州の警察は違うな。しかし、『生きて関門海峡を渡さない』とは、なあ」と皆で顔を見合わせた。

十六日午前六時四十五分、博多駅の改札口には機動隊員が立ちふさがっていて、一瞬皆が立ち止まった。

「俺が行く。さっとついてこい」と言うなり、私が先頭に立った。博多の町を知っているのは、私だけということがあった。勢いというものもある。改札口を固めていたはずの機動隊に、わずかな隙間《すきま》が見えた。そこをずいと通りぬける。私たちが通りぬけた瞬間、機動隊の責任者の罵声《ばせい》が飛んだ。

「何やってる。改札口を固めろ！」

しかし、そのときには私たちは機動隊の列の後ろに抜けていた。あとは電車通りまで早足で逃げた。逃げなくてはならない理由はなかったが、警察はやろうと思えばなんでもできる。振り返ると、中央の改札口で騒動が起こっていた。中核派への機動隊の弾圧だった。これが「博多駅事件」で、警察の過剰警備の見本だった。

注：「三派全学連」とは、革命的共産主義者同盟中核派（中核派）、社会主義学生同盟（社学同あ

るいはブント）および社会主義青年同盟解放派（社青同解放派）の三集団を母体として、一九六六年に結成された学生集団だった。全学連は一九四八年に結成された全日本学生自治会総連合の略称であり、各大学各学部の学生自治会の正規の代表権を持つ者の集まりだったが、日本共産党・日本民主青年同盟（民青）と革命的共産主義者同盟革命的マルクス主義派（革マル派）は、それぞれの全学連の正統性を主張していた。

佐世保にて

一月十七日、九州大学を出発した三派全学連部隊は、博多駅から素手で佐世保行きに乗った。鹿児島本線の鳥栖《とす》駅で佐世保へ向かう長崎本線が分かれるが、その駅のホームに角材の束を運んでくる学生たちの一団が現れた。鳥栖駅から動き出した列車のなかで、青年たち全員に角材が配られた。これを持って、どこへ？

「佐世保駅からアメリカ軍基地へは直接につながる引き込み線がある。これを伝ってまっすぐ基地へ突入する」そう、指導者は吠《ほ》えた。

軍事基地への引き込み線と言うからには、周囲は鉄条網か何かで囲まれているだろう。そこに突撃すると逃げ道がないだろうと、青年たちは一瞬思った。しかも、その先はアメリカ軍基地だから、下手《へた》をすると銃殺である。しかし、ここまで来て「いや」とも言えないし、引き返しようもないから、とにかくやってみよう。決意した青年たちは、列車が佐世保駅構内に着くや否や、線路に飛び降りて引き込み線を走った。

その行き止まりが平瀬《ひらせ》橋だった。橋の上には警察機動隊の放水装甲車（警備車）が砦《とりで》を作り、近づいてきた青年たちに猛烈な放水を浴びせ、機動隊は催涙ガス弾を青年たちに向けてつぎつぎに打った。

前年の十月八日、羽田空港に通じる橋の上の装甲車に飛び乗って機動隊の壁を破りはじめた青年たちに、はじめての催涙ガス弾が打ちこまれたとき、その数は二発でしかなかった。その二発の音と臭《にお》いに驚いて、青年たちは四散した。だが、その後の十一月十二日の第二次羽田闘争では、阻止線を張った機動隊を殴り倒す実績を青年たちは積んでいた。乱れ飛ぶ催涙ガス弾にも慣れていた。この日は、飛んできた催涙ガス弾で逃げるどころか、それが爆発する前に拾って投げ返している強《つわ》者《もの》もいた。

しかし、警察が青年たちに打ちこむ催涙ガス弾はそこに立ち止まれるほどやわなものではなく、放水もただ水圧が

1968年１月17日、佐世保駅からアメリカ軍基地への引き込み線を走ってきた学生たちは、平瀬橋で機動隊のガス液放水と催涙ガス弾の攻撃を受けて、壊走した

1968年1月18日、佐世保橋での激突の直前。学生たちは、橋の上に阻止線を構えた機動隊と向き合った。警察は防具に身を固め、いつでもデモ隊に襲いかかって逮捕する用意をしていた。一瞬の静寂の後で、乱闘が始まる

強いだけでなく特殊なガス液で、それに触れるとすぐに水膨れができた。あたりは催涙ガスの臭いがたちこめて、息苦しいほどになった。この混乱のなかで、機動隊が突撃してきた。すでにガス弾とガス液の放水で弱っている学生の隊列は、もろくも崩れた。あとは、戦闘ではなく機動隊の力のデモンストレーションだった。追い散らす、殴り倒す、逮捕する。なんでもできた。

しかし、このとき、機動隊はやりすぎた。市民病院まで学生を追ってきて、病院前にもかまわず催涙弾を打ちこみ、市民と報道陣の目の前で溝に落ちた学生をよってたかって警棒で乱打した。この惨劇は、テレビと新聞報道で広く知れわたった。

このときの『朝日新聞』夕刊の「素粒子」欄の記事はこうなっていた。

「ひどいじゃないか。抵抗力を失った者をめった打ち。警棒は『凶器』たる角棒と違うはずでないか（テレビ所見）」（『朝日』、No.559、471頁）。この日の北折本部長の記者会見の題は「過剰警備申し訳ない」だった。警備当局が認めるほどの暴行だった。

しかし、もっとも大きな被害があったのは、警棒によるものではなく、催涙ガス液によるものだった。いっしょに佐世保に行ったA（東大理学部）は、背中から太股《ふともも》にかけて一面の火膨れになって、即刻入院となった。生命の危険さえあった。

1968年１月18日、佐世保橋へ向かったデモ隊は、警察車両からの猛烈な放水を浴びせられた。川向こうがアメリカ軍基地である

この日警察機動隊が使ったガス液の出所について、アメリカ軍がヴェトナムで使っている毒ガスではないかと、のちに国会で問題になった。

「自衛隊はこれを警察に渡して、効果を試したのではないか、その警備陣に自衛隊が加わっていたのではないか」と福岡県選出の社会党衆議院議員楢崎《ならさき》弥《や》之助《のすけ》が指摘した。

「佐世保市で警官隊が使用した催涙液はクロロアセトフェノンに、溶剤である四塩化エチレン、非イオン化界面活性剤を混入、水で薄めたもの。（中略）米陸軍でも『CN』の名称でベトナム戦争にも使用されているという。この毒性は、一立方メートルあたり（中略）〇・三ミリグラムで涙が激しくなり、これよりも濃度が高くなると頭痛、目まい、吐き気を催し、〇・五ミリグラムで不耐限度（人体の耐えられる限界）に達して倒れ、中毒症状を起して呼吸マヒを生じ、この状況で十五時間を経過すると死亡すると同氏（注：楢崎氏）はいっている」（『朝日』、No.560、759頁）

これほどの毒ガスを、日本政府は同胞の青年たちのデモを鎮圧するために使っていた。

この催涙ガスにまみれて佐世保から列車に乗った青年たちは、列車のなかでは車掌から「ご苦労さまです」と言われ、博多駅から九大までの路面電車では、坐《すわ》っていた人たちから席を譲られた。「暴力学生」と呼ばれつづけてきた青年たちは、一般の人々からそういう好意を受けることがあろうとは思っていなかった。

青年たちは、この佐世保闘争で何事かを得た。それは、歴史はこうして動くものだという確信だった。いや、それは青年らしい早とちりで、歴史はこうして動くことがあるという予感だったと言ったほうが正確かもしれない。

エンタープライズは予定どおり、一月十九日に原子力駆逐艦トラクストンを従えて堂々と入港し、ヴェトナム戦争の勝利を確信したアメリカとそれに追随する日本政府は同盟の強力さを誇ったが、当然世界のパワー・ポリティクスは逆向きに働いた。アメリカ軍の戦略爆撃機B52が水爆四個とともにグリーンランド沖で墜落した一月二十一日の二日後の二十三日、エンタープライズはヴェトナム沖ではなく日本海へ急遽《きゆうきよ》出動した。その日、北朝鮮（朝鮮民主主義人民共和国）がアメリカの情報収集艦「プエブロ号」を拿捕《だほ》したからである。

強化されてゆく日米同盟の軍事力に対して危機感を抱く中国と北朝鮮の攻勢も準備されてい

た。それが、このプエブロ号拿捕事件だった。しかも「文化大革命」(一九六五〜七六年)のさなかにあった中華人民共和国政府は、一月二十八日にプエブロ号拿捕を支持すると声明を出し、同じ日、ソ連の『プラウダ』紙は世界共産党・労働者党会議を開催すると伝えるとともに、日本の対米政策を非難していた。また、「(二月)九日のモスクワ放送は、(中略)(ワルシャワ)条約加盟国は宣言の中で、北ベトナム政府が要請すれば義勇兵を派遣する用意があると重ねて表明した」(『朝日』、No.561、267頁)。

日本政府がこれらの国々の攻勢に戦慄したことは、間違いない。日本に共産圏からの破壊工作員が上陸した場合は、これを阻止できるのか、と。まして、この破壊工作が「暴力学生」と呼ばれる三派全学連などと結びついたとき、これを鎮圧する手だてはあるのか、と。これが、日本政府が毒ガスを同胞である青年たちのデモにはじめて使った意味だっただろう。そこには、内戦が予想されていた。

だが、この内戦の恐怖は、日本政府、あるいは日本の高級官僚集団が日本人というものを理解していなかったためだった。ほとんどすべての日本人は愛国心の塊であり、日本を守るためには命を捨てる覚悟を持っている。海山に境された日本列島に住む者には、血族の広がりは郷土の風土と直接結びついている。そこでは家族愛と郷土愛は同化して強い同胞意識を醸成する。日本人にとっては、民族感情と日本への忠節は、このために自然な感情となる。この心情としての民族主義は、「敵」アメリカ軍基地への突入を果たした「暴力学生」への幅広い共感となった。佐世保でも博多でも、人々は青年たちの勲《いさおし》を語った。第二次世界大戦後のアメリカによる日本支配に対して、青年たちが行った果敢な反撃に日本人が何事かを感じた一瞬だった。

「猪木（正道）例の佐世保事件のときに、右翼らしい老人から手紙をもらったんだけれども、日本人は敗戦によってキンタマのない国民になったと思っていたら、米軍基地に突入してゆく学生の姿を見て日本人はまだ死んでいないことを知った、と書いてある。主権と独立の精神を発揮してみせたことでも、功績はあるかも知れない」（三島、1996）

一月の末に、私は東大構内に近い本郷三丁目で、右翼に呼びとめられた。教養課程で同じクラスにいた男だった。「ちょっと話がある。君も佐世保に行ったんだろう」「お前に答える必要はない」「いや、礼を言いたいと思って。ちょっと、そこまで」「おごられる覚えもない」「エンタープライズの入港は、本心を言えばわれわれも反対だ。三派全学連はよくやったと思っている。その気持ちだけは伝えたいと」「だから、右翼はダメなんだよ」そういう短い話をした。もっと、やさしい言い方もあっただろうに、と今では思うが。

「テト攻勢」

一月三十日、ホ・チ・ミンの宣言した「新春」が始まった。それは、衝撃的な総攻撃、「テト（旧正月）攻勢」だった。

北ヴェトナム正規軍と南ヴェトナム民族解放戦線は、サイゴンのアメリカ大使館、大統領官邸（独立宮殿）、タンソンニュット空軍基地（サイゴン国際空港）、南ヴェトナム政府国軍統合参謀本部、国軍司令部、海軍司令部、サイゴン国営放送局、政府軍第三軍団司令部（サイゴン周辺防衛）、ビエンホア空軍基地、ロンビン米軍基地、ゴヴァップ政府軍弾薬貯蔵基地、メコン・デルタ九省の全省都、中部の重要軍事拠点と省都クアンチ、フエ、ダナン、クアンナム、トゥイホア、ニャチャン、ファンラン、コンツム、プレイク、バンメトゥト、クイニョンなど、首都サイゴンを含む四十の都市を同時に攻撃した。

この「テト攻勢」のなかでもっとも有名なのは、サイゴンのアメリカ大使館への解放戦線「C10」大隊の二十人の特攻隊で、彼らはアメリカ大使館を六時間にわたって占拠した。

「解放戦線の戦闘員の黒いシャツの上着の左腕には赤いスカーフがまきつけられていた。『C10』のマークである。黒いズボンにはきちんとした折り目があった。髪はきれいに刈りあげられていた。新しい服。散髪。覚悟の出撃だったのだろう」（小倉、同上）

この解放戦線の決意の前に、アメリカは南ヴェトナムにおける中枢、要塞《ようさい》化した自国の大使館さえ守れなかった。しかし、テト攻勢は北ヴェトナム正規軍と南ヴェトナム民族解放戦線の勝利だったわけではない。軍事的にはアメリカは踏みとどまり、損害を顧みない強烈な反撃が開始された。中部の古都フエでの激戦は二月二十四日まで続き、北ヴェトナム軍と解放戦線はフエからついに姿を消した。

ホアン・フゥン（一九二四年生まれ、ヴェトナム人民軍歴史研究所所長、中将）によれば、この

1968年２月１日、南ヴェトナム国家警察本部長官グエン・ゴク・ロアンは路上で後ろ手に縛られた南ヴェトナム民族解放戦線の兵士を射殺した。この一葉の写真が世界を震わせた（AP／WWP）

苦難の年にアメリカ軍の強大な力を前に自分たちの勝利を疑い、惑う人々に「ホおじさん」はこう言ったという。

「米国は強い。軍隊はよい武器をもち、兵士はよく訓練されている。米国のＧＩたちは勝利できる。米国が外国の侵略に対して防衛する戦いであれば、かれらは必ずやり遂げるだろう。しかし、かれらが外国を侵略する戦争を戦うときにどうなるか。ＧＩは自分たちが侵略戦争をしているとわかれば、負ける。とくにヴェトナム人民を敵とした場合には敗北するであろう。われわれは非常に強い決意をもって戦わなければ、国を失う。われわれはふたたび奴隷となるであろう。それが、われわれが最大の努力をもって、戦わなければならない理由である」（小倉、前掲）

この短い言葉のなかに、「人はなぜ独立のために戦うのか」という問いへの答えがある。この言葉には、はるかに深く、「人は何をよりどころにして生きるのか」という意味が語られていた。そして、この時代には、彼の言葉に呼応する世界の若者たちがいた。それが、この年に爆発した世界中のスチューデント・パワーであり、ヴェトナム反戦運動だった。

一月の佐世保闘争で世界史の一翼に連なった学生たちの運動は、歴史的な昂揚《こうよう》期を迎えていた。

一月十九日には東京医科歯科大学が「登録医制度反対」を掲げて全学無期限ストライキに入り、東大医学部でも二十九日から無期限ストライキに入った。

二月のはじめに、私は医学部の本館に呼ばれた。理学部人類学教室では三年生の解剖学や組織学などは医学部学生とともに医学部で受けることになっていて、すでに半年間の解剖学実習を終えていた。当時、人類学教室の学生定員は四人だったが、私の学年には二人しかいなかったうえに、一人は半年で人類学を見限って農学部へ移っていたから、そのときは私だけが医学部との共通授業を受けていた。

解剖学の教授は、私に質問した。

「医学部はストライキに入りましたが、君はどうしますか？ 理学部ですから、医学部の学生に同調する必要はありません。もちろん、君ひとりでも私たちは授業をやります」

「じゃあ、私もストライキということで」

私は即座に答え、それを聞いた教授も特に何も言わなかった。理学部がストライキに入るのは八カ月後の十月だったから、医学部以外ではこのときたった一人の同調ストだった。もっとも、理学部の授業にはときどき顔を出していたから、いいかげんなものではあった。

処分

三月十一日、東大医学部の図書館（総合中央館）と本館との間、御殿下《ごてんした》グラウンドへ通じる道には、寒空の下にいつもの年と同じように真っ白いコブシの花が咲いていた。

それは、三月末に病院前の公園を明るくするソメイヨシノの並木、四月はじめに赤門脇《わき》で重たげに花の枝を下げる八重桜と安田講堂前で香り高い新芽を吹くクスノキ、それにつづいて本郷構内全域に鮮やかな彩りを与えるツツジとサツキの花群れに至る、春の先触れだった。もっともこの年は、医学部本館前の掲示板に人だかりはできていたが、コブシの花を愛《め》でる人がいたかどうか。

その掲示板には、処分を告げる告示が貼《は》られていた。

「

告示

昭和四三年二月一九日から同二〇日にかけて、附属病院内に起こった事態については、慎重な調査の結果、（中略）一部学生を懲戒処分に付した次第である。

今後再びこのような行為が行われないよう自重をうながすものである。

昭和四三年三月一一日　東京大学医学部長　豊川行平」

告示には、処分された医学生たちの名前が記されていた。医学部では、学生N君（一九六四年進学)、M君(同)、K君(一九六五年進学)、M君(一九六七年進学)四人の退学処分、M君(一九六六年進学)、M君(同)二人の停学処分、粒良邦彦《つぶらくにひこ》(一九六七年進学)を含む譴責《けんせき》処分六人の計十二人、東大病院では、研究生の退学処分一人、研修停止処分二人、研修取り消し処分一人、研修生の譴責処分一人の計五人、合計十七人である。研究生の退学処分と研修取り消し処分は、病院からの追放を意味した。

それは東大では前例のない大規模な、しかも退学や研修停止を含む医師としての将来の抹殺を意味する深刻な処分だった。これほどの処分はよほどのことでなければ出ないはずだが、それは「春見《はるみ》事件」と通称される小さな事件を理由としていた。

事件は、上田英雄病院長(注)への学生たちの会見要求から始まった。

「上田教授は話し合いを要求する学生を体当りで排除しながら、病院のアーケード下を通り、内科病棟の玄関まで逃げた。そこへ上田医局員数名が、突然学生の中に突入し、暴力的に学生を排除しようとした。特に春見医局員は、学生の顔面を肘《ひじ》で打ったり、えり首を持って引き廻《まわ》し、眼鏡を壊す等の暴力行為を行い、これに対しては、上田教授自ら春見氏を制する程であった」(『砦』、29頁)

この騒動のあと、上田教授は学生たちに自分の部屋で会おうと言ってこの場から去り、そのまま逐電《ちくでん》した。しばらく待っていて結局騙《だま》されたと知った学生と研修医たちは、春見医局員に対してその暴行を徹夜で追及して自己批判書を要求した。これが「春見事件」であり、学生たちは病院の静謐《せいひつ》を破壊した罪に問われ、処分されたのである。暴行した春見医局員ではなく。

それにしても、学生たちはなぜ病院長と会いたかったのか？　なぜ病院長は会うと言って逃げたのか？　それを理解するためには、医学部教育の実情を知っておく必要がある。

注：上田英雄教授は「日ごろ佐藤総理の健康診断をしている主治医的存在である」（『週刊文春』1968年9月30日号、29頁）。また、六七年の佐藤首相の南ヴェトナム訪問に上田内科の講師が随行している（平沢・斎藤、1968）。

青年医師

医学教育は六年制だったが、その卒業生は国家試験を受けて通りさえすれば医師免許を得て、医者として生計を立てられるわけではなかった。国家試験に通った者は、まずインターンとして一年間は医局（大学病院や指定された民間病院の）で働くことが義務づけられていた。これは、医師でも学生でもない中途半端な身分であり、「無給医局員」とも呼ばれて、働くことを強制されながら正規の給与は支払われない妙な身分だった。

この身分はまた、「研修生」とも呼ばれていた。彼らは医者としてはまだ一人前ではないから病院での実地の研修が必要という名目だったが、実際にはきちんとしたカリキュラムによる研修は行われず、深夜や休日などの緊急の当直医として下働きに使われた。当然、事故が起こりやすい。研修という名目の下での、誰もがいやがる時間帯での、低賃金の労働だった。

つまり、インターン制度とはいい歳をした青年医師が使い捨てられる体制であり、旧《ふる》い徒弟制度の慣習を利用した病院の営利主義経営の柱だった（注1）。

一九六五年（昭和四十年）三月には、これから医者になろうとする若い医学生たちにインターン制度などの医者世界の古い体質を改めようとする運動が起こり、「医学部卒業者連合」が組織された。この年に卒業予定の医学生が「インターン制度の完全廃止」を求めたのに対し、大学側は「インターン願書を提出しなければ国家試験を受けさせぬ」と強硬に突っぱねた。この大学側の強腰のために闘争がつぶれただけでなく、同年八月には「医学部卒業者連合」自体が崩壊した。

しかし、青年医師たちは巻き返した。翌六六年四月には「青年医師連合入局者会議」が東大など八大学で結成され、国家試験ボイコット闘争が組織された。六七年三月には、全国で八十七・四パーセントが国家試験をボイコットした（『砦』、13頁）。医者になるための免許にかかわることだから、このボイコットは壮絶な作戦だった。

この闘争をくぐりぬけて卒業したばかりの医師たちは、卒業年度ごとに「青年医師連合」（略称「青医連」）を組織し、六七年四月からは医局研修を「青医連」による自主カリキュラムで行うようになった。

東大医学部と付属病院側、そして政府厚生省は、当局の権威を否定し、統制を逸脱しはじめた青年医師の動きに危機感を持った。これらの青年医師を管理するために、二年間以上研修した医師を登録医とするという「医師法一部改正案」が、六七年に国会に提出された。これは、当局側（厚生省あるいはその代理としての付属病院）が医師の研修を正規に終えたと認めた者を「登録医」とし、国家試験を通っただけの医師とは差別する制度だった。

医学生たちは、管理体制を強めるだけでこれまでのインターン制度の矛盾が何ひとつ解決されていない「登録医制度」に反対し、医学部長と病院長に質問状をだした。

「　要請文

（前略）私達は、登録医制が最初に適用される学年として、登録医制に就《つい》て何回も討論を重ね再三反対の意志表示をしてまいりました。

登録医制は、国立大学付属病院に対しては一病院あたり平均26人という極端な人数制限をしつつ（注：「研修体制を持った大学病院での研修人数をわずか26人に制限しながら」の意）、医師不足の中で営利を追求する市中大病院への若い医師の放出と囲いこみ以外の何物でもありません。

更に、卒後直ちに医師免許を取得することを可能にしつつも国立病院での正規雇傭《こよう》は許されず保険医資格取得も不可能とあっては、完全に従来の医師よりも下層の医師として位置づけられていることは明らかであり、それは同時に、教育病院と称する市中大病院における研修を実質的に強制するものであります。

又、月額一万円から二万五千円という診療協力謝礼金で私達一人一人が生活していくことは不可能であります。

私達は、私達自身の、ひいては将来にわたる若い医師達の研修と生活とを守り、確立して行くために、更に又現在の医療の諸矛盾を根本的に解決することなく医療労働者や国民に犠牲を強いる医療政策に強く反対するという立場からも登録医制に飽くまで反対し、国試ボイコットも辞さない覚悟でおります。（中略）
一月二四日の教授会におかれまして再度ご検討の上態度を表明され、又要望書を受け容れて下さいますよう重ねて強く要請したいと思います。
二五日のＭ４クラス会におきまして今後の段どり等全員で話しあう所存でありますので二四日の教授会後御回答下されたくお願い申上げます。

医学科四年クラス会（43青医連準備会）

昭和43年1月20日

豊川学部長殿

上田病院長殿」（『砦』、21～23頁）

この文面を見ても分かるように、彼らは真面目《まじめ》であり、きちんと議論を煮詰めており、礼儀をわきまえた青年たちだった。
要望書のなかにある市中大病院とは、民間の大型病院であり、その実態は患者なら誰でも知っているように、多数の患者の治療で手一杯であり、研修がカリキュラムどおりにできるような体制は望むべくもなかった。まともな研修ができるとしたら大学病院だけだったが、そこでの研修医の受け入れ人数を制限する理由は、医療の営利化を青年医師の犠牲のうえに拡大するということでしかなかった。そして、青年医師を分断し冷遇する医療世界では、医療労働者も患者も最悪の環境にほうりこまれることになる。

東大医学部医学科（注2）が無期限ストライキ突入を決定した一月二十七日の全学学生大会は、五世代（医学部一年生から四年生までと卒業生の42青医連）全体が参加したものであり、票数は賛成二百二十九、反対二十八、保留二十八、棄権一だった。圧倒的多数の医学生、研修生は無期限ストライキに訴えても、つまり自分自身がこの春の国家試験を受けられないという人生をかけても、この制度に立ち向かう覚悟だった。

闘争中の全権は各世代三十名の執行委員からなる「全学闘争委員会（全学闘）」に委任され、一月二十九日には無期限ストライキに突入するとともに、二百人がピケを張って六年生（医学部四年生、M4）の卒業試験を中止させた。学生のストライキ闘争に呼応して、二月五日には41青年医師連合（昭和四十一年卒業の青年医師）がストライキを始め、医者世界の支配者たちは危惧《きぐ》を強めた。

日本の医療の未来は、この医学生たちの闘争にかかっていた。だが、それを日本社会は理解しなかった。そのことが、今日の医療と医療行政の破滅を生んでいる（注3）。

この医学生たちの人生をかけた要望への回答が、三月十一日の処分だった。それは、病院内を騒がせたという理由になっているが、処分された者のなかには当日東京にいなかったことが明らかな粒良邦彦さえ含まれていた。これは処分の前に必要な事実調査や事情聴取を行わなかったというより、調査など行う気もなかったためで、医学部当局の意図は明らかだった。だが、それ以上にでたらめだったのは、最終責任者の大河内《おおこうち》一男《かずお》東大総長だった。

注1：医局と無給医局員の問題は、青年医師だけの問題ではない。当時、上田内科は助教授一人、講師三人、助手二十一人、無給医局員七十人以上という大所帯だったが、このなかには五十一歳になる無給医局員もいた（平沢・斎藤、同上）。

注2：東大医学部は医学科と保健学科から構成されていた。医学科生の人数は一九六八年十二月の段階で四百七十三人だった。保健学科とは看護士を養成する課程で、女子学生三十七人だった。

注3：二〇〇五年六月三日、各新聞は夕刊で「研修医は労働者」と認定されたと伝えた。それは二十六歳で過労死した関西医科大学付属病院の研修医に「最低賃金に満たない給料で働かされた」として、同医科大学に未払い賃金約五十九万円の支払いを求めた訴訟の最高裁判決の報道である。つまり、一九六八年以来三十七年間にわたって、青年医師たちは「最低賃金に満たない給料で」過労死するまで働かされ、しかも労働者としてさえ認められてこなかったのだった。

　過労死した研修医の日課を新聞報道は伝えている。

「平日は午前七時半から午後十時ごろまで採血や点滴を行ったほか、診察を手伝い、週末もしばしば指導医とともに出勤。病院からは奨学金名目で月額六万円が支払われていた」（『読売新聞』6月3日夕刊）。研修名目なら一日二千円で青年医師が使えるということである。これが日本の

1968年３月28日、安田講堂前での卒業式反対デモは卒業式賛成の学生たちのまわりをまわった

青年医師のおかれた現状である。昔の話ではない。コンビニエンスストアのアルバイトの時給が九百円という二十一世紀初頭の今の話である。

卒業式・入学式阻止

二月十九日の「春見事件」の直後、医学部教授総会では処分原案が医学部長に一任された。三月五日の学部長会議では、この処分原案が学生からの事情聴取を欠いていることが指摘され、医学部に再考を求めたが、三月十一日の東大評議会（各学部評議員からなる最高議決機関）には原案がそのまま提出され、大河内総長は議長としてこれを提案し、評議会はこれを可決した。

処分を聞いて激昂《げっこう》した青年たちは、三月十二日に開かれていた東大評議会に押しかけ、処分撤回を要求し、その日のうちに医学部図書館をバリケードで占拠し、闘争拠点に作りかえた。

これに対して、東京大学学生自治会中央常任委員会は三月十八日付のビラで、医学部学生の行動を非難する大学当局の「告示」全文を掲載し、「それ（注：全学の世論の力を集めること）

をすすめてゆく上で、無用に機動隊導入を招くような挑発行動は闘い全体をきわめて困難に陥れる」と警告した。日本共産党はこの「中央常任委員会」を後押しした。

二十六日、医学部学生のストライキ闘争に賛同した学生有志で「医闘争支援全東大共闘連絡会議」が結成され、三月二十八日の卒業式を阻止することを決めた。むろん、私も参加した。医学部ストライキの賛同者と言うなら、ちょっとだけとはいいながら、ストライキに協調していたから、その資格はあっただろう。

三月二十七日の午後三時から卒業式当日の二十八日朝まで、青年たちは安田講堂前に坐りこんだ。このため卒業式当日の午前八時五十分になって、大学当局は卒業式を中止した。

1968年４月12日、安田講堂正面を埋めた入学式反対の学生たち。総長は反対側から講堂に入って、出て行った

四月十二日の入学式では、卒業式の敗北を教訓とした大学当局が、各学部教授会メンバーと大学職員を総動員してピケを張り、共闘会議側の青年たち約百人（医学部学生、研修医と他学部学生）が正面入り口に集まっている間に、安田講堂裏手の入り口に車をつけて総長を入れ、

1968年４月15日、雨のなか医学部に進学した新１年生（M１、大学３年生）もストライキに入った

入学式を行った。姑息《こそく》な方法を考えたものである。

　入学式当日、医学部医学科一年生（M1）として進学してきた学生たちは、クラス会決議で医学部教授会に要望書を出したが、「クラス会などというものは認めていない」という教授会の返答に怒って、四月十五日にストライキに突入した。

　同じ日、昭和四十年（一九六五）に「インターン制度の完全廃止」を求めて闘ったが切り崩された40青医連がスト権を確立し、43までの各青医連と医学部医学科の学生四世代、あわせて八世代がストライキに入った。

　卒業式、入学式闘争を経て、東大全学の有志学生による支援連絡会議はできた。しかし、全学の自治会への波及にはほど遠かった。それには、日本共産党系の自治会中央委員会と七者協（注）の医学部闘争への敵対が影を落としていた。

　彼らは卒業式阻止闘争を行うことは「機動隊導入を招くから反対」という常識では考えられない理屈を編み出していた。

五月十日、政府は登録医制度を実質化する「医師法一部改正案」を参議院本会議で通し、この青年医師たちの運動を徹底的に叩《たた》きつぶす決意を表明した。

安田講堂前に立つふた本《もと》のクスノキの新芽は鮮やかな新緑に衣替えをし、ひととき構内を彩ったツツジの花も終わったころ、東大構内はストライキを続ける医学部とは無縁の五月祭《ごがつさい》の賑《にぎ》わいに沸いた。

1968年５月24日、医学部闘争の展望が見えず、五月祭での警官パトロールに反対するくらいしかなかった

東大医学部の歴史に類を見ない長期間の、しかも青年医師四世代を含んだこれほど強力な闘争を続けても、大学当局が居直りつづけるかぎり、学生側にはジリ貧の結末が残っているだけだった。

「この頃、当局の狡猾《こうかつ》な『干乾し』戦術と『分断』策の前に、医学部内に一定の崩壊現象がみえはじめていた」（『砦』、53～54頁）

こうして、医学部闘争を指導する青年たちのなかでは、安田講堂占拠が日程にのぼりはじめた。この闘争の行きづまりを切り開くためには、東大当局に打撃を与える実力闘争しか手段がなくなったからである。

注：七者協とは七者連絡協議会の略称。一九六五年に「好仁会《こうじん》」（東大病院内の生協のような組織）ストに際して結成された東大内組織の連合体。学生自治会中央委員会、東大院生協議会（東院協）、東大職員組合、東大生協理事会、東大生協労組、好仁会労組、東大寮連（当時駒場《こまば》寮、三鷹《みたか》寮、白金《しろかね》寮、向丘《むこうがおか》寮、追分《おいわけ》寮、豊島《としま》寮、田無《たなし》寮の七寮があったが、田無寮は寮連に不参加）からなる。

ヴェトナム戦争の後方基地日本

しかし、行きづまり感覚は東大のなかだけのことだった。当時の青年たちの運動には勢いがあった。この年の二月には、二十一世紀にまで続く千葉県成田市三里塚《さんりづか》での新東京国際空港建設反対闘争が始まった。

三里塚の農民たちは、誰かにそそのかされて反対運動を始めたのではなかった。松林のなかに建てられた家の縁側に漬物とお茶を出しながら、「満州から引きあげてきたんだよ」と、老人は援農に来た青年たちに語った。

「『満蒙《まんもう》開拓団』の美名に踊らされてお国のためと出て行って、全部失って引きあげてきたが、ここに放り出され、松林しかなかった原野を開拓して、ようやく作物ができるところにまで来たと思ったら、また『出て行け』だと」

そこで青年たちは、歴史というものに出あった。生涯に二度も日本政府の切り捨て策にぶつかって、決意を持って引かない農民たちがそこにいた。それは、佐世保闘争で知った市民たちよりも、はるかに強力な民衆だった。

二月二十六日には、戸村一作《とむらいっさく》三里塚・芝山《しばやま》連合新東京国際空港反対同盟委員長への警察のテロ事件があり、翌日の『朝日新聞』朝刊は「逃げ遅れて警官隊に囲まれてなぐられる戸村委員長（26日午後4時15分、成田市役所前通りで写す）」の写真を掲載した。そこには、ヘルメットを右手に持って四つん這《ば》いになった老人を六人ほどの機動隊員がとり囲み、手前の警官が警棒をその頭めがけて振り下ろしている瞬間が切り取られていた。

学生を殴りつける機動隊を止めに入った戸村一作氏は、ヘルメットをはがされたうえで、頭を警棒で乱打されて重傷を負った

　青年たちはこれらの闘争に決意を持って出るようになった。私の場合で言えば、中学一年の夏以来つけてきた日記を、このときをかぎりにやめた。いつ逮捕されて家宅捜索を受けるかもしれない。そのときに証拠となるものは、一切残さないようにしようとした。それが、多かれ少なかれ、当時の青年たちが闘争に出るときの

決意だった。その決意は命がけだったから、それに反応する者も出た。
作家の三島由紀夫を中心とするグループは血判状を作った。
「二月二十六日、銀座八丁目のビルの一室にあった『論争ジャーナル』編集部は、異様な空気につつまれていた。渦の中心に三島がいた。（中略）
萬代、中辻、持丸らが、われわれは左翼革命を阻止する捨て石になる、と応じた。血判状をつくろう、という提案が出た」（猪瀬、1995）
三月十八日には、東京都北区王子に朝霞《あさか》から米軍野戦病院が移転した。青年たちはヴェトナム戦争の硝煙と血しぶきを都内で感じることになった。闘争は波状攻撃の形で連続して続き、民衆もまた支援に現れて歩道を埋めつくし、二十一日には都議会が移転反対決議を出した。機動隊に追われて逃げる青年たちを歩道の群衆が迎え入れて、逮捕から逃れるシーンはあちこちで見られた。
一九六八年には世界が沸騰していた。この沸騰する世界史の現場からの波動は、学生たちの皮膚に伝わる生《なま》の感覚であり、しかもそれは心の奥底に届くものだった。学生たちの心を貫き、体そのものを揺さぶるような深く重い基底音を轟《とどろ》かせつづけたのは、ヴェトナム戦争だった。
南ヴェトナム民族解放戦線は「テト攻勢」に引きつづき、二月十八日に第二波、三月四日に第三波の攻勢を全土で続けた。一月半ば以降、北ヴェトナム軍はアメリカ海兵隊と南ヴェトナム政府軍レンジャー部隊六千人のたてこもる、非武装地帯南のラオス国境の重要基地ケサンを包囲した。

この解放戦線側の全土での攻勢に対して、アメリカ軍も強烈に反応した。「ヴェトナムを石器時代にたたきもどす」（カーチス・ルメイ米空軍参謀総長の言。注1）が、その合言葉だった。一月二十一日から三月三十一日までの間に、ケサン基地周辺だけでアメリカ軍は延べ三万機、十四万トン（九万七千トンとも）の爆弾を叩きこんだ。これは第二次世界大戦の全期間中に日本全土に落とされた爆弾の量（十六万〜十七万トン）の八割を越していた。

四月五日、北ヴェトナム軍は七十六日間のケサン基地の包囲を終えて撤退したが、実際はジョンソンが三月三十一日に発表した北爆停止宣言に花を持たせたためで、六月二十七日にはアメリカ海兵隊はケサン基地から撤退した。これほどの集中爆撃によってもアメリカ軍はケサン基地を維持することはできなかった。

この期間に南ヴェトナムでは、アメリカ軍による「パシフィケーション・プログラム」（平定計画）が実行されていた。それは村をひとつひとつ掃討して、解放戦線側の拠点を「シラミつぶし」につぶすというものだった。村ひとつを皆殺しにした「ソンミ事件」は、このプログラムからの必然の結果だった（注2）。

アメリカ軍は「テト攻勢」後に、損害を覚悟した強烈な反撃を始めたが、その弾薬などの軍需品を調達するための、日本は最大の後方基地だった。

五月十八日に国鉄労働組合（現ＪＲの前身国有鉄道の労働組合。国労）呉《くれ》分会は、アメリカ軍が鉄道を使って、かつての日本帝国海軍の中心基地であった広島県江田島《えたじま》の秋月《あきづき》弾薬庫から全国二十五カ所のアメリカ軍基地に弾薬を送っていること、五月までの九カ月間にその弾薬量は四千トンに達していることを発表した。

六月十二日、在日アメリカ軍は、神奈川県川崎港から東京都の横田・立川基地への航空燃料輸送を一日八十両から百二十両へ、五割ましにすることを通告した。

青年労働者と学生たちの目は、新宿を通過するアメリカ軍の燃料・弾薬輸送列車に向けられた。国労東京地本（国鉄労働組合の東京地方本部）は順法闘争という方法で、アメリカ軍物資の鉄道輸送に抗議を始めた。

六月二十六日の総評（日本労働組合総評議会。労働組合の全国組織、一九八九年解散）、国労主催の二万人の抗議デモに参加した「三派全学連」はホームから線路に出て、午後七時から十一時すぎまで列車の運行をすべて止めてしまった。

同じ日、井上正治《まさはる》九大法学部長は、六月二日に九大構内に落ちたアメリカ軍戦闘機の引き渡しについて、政府、アメリカ側と協議を重ねた結果「日米政府ともこのような誠意のない回答（注：板付《いたづけ》基地の「慎重」な使用など）をした以上、機体の引渡しについては学生などの納得を得られまい。したがって、九大としては機体引渡しに協力できない」「九大としては、安保条約の破棄まで要求する必要があると思うようになった」（『朝日』、No.564、785頁）と述べた。

こうして、アメリカはヴェトナム戦争の後方基地日本での叛乱に直面していた。

しかも、それは日本だけではなかった。ヴェトナム反戦闘争は三月だけでも三日にロンドンで三千人、四日はブリュッセルで二万人、十七日にはロンドンで一万数千人、ニュルンベルクで三千人、二十三日にはニューヨークで「春の訪れと反戦デモを歓迎する集会」が三千人、パリで五千人以上、西ベルリンで八百人、ローマで千人のデモが行われた。十七日のロンドンの集会は、八千人がアメリカ大使館へデモを行って警官隊と負傷者百余名を出す流血の衝突となり、逮捕者は三百人に達した。

ヨーロッパの青年たちの動きは組織的に、また大規模になり、それに対する反撃もまた決定的なものになっていた。四月十一日にはドイツ学生運動の指導者ドゥチュケが狙撃《そげき》されて重傷を負い、フランスでは「五月革命」をドゴールが鎮圧した。世界中の学生たちが熱狂したこの「五月革命」は、ドゴール大統領の「非常大権」をちらつかせた軍隊のパリ周辺配置によって、六月末の総選挙の合意へと押し流され、この選挙での大統領派の圧倒的勝利によって終息させられた。

アメリカ国内での激動もまた深刻なものだった。二月二十九日のマクナマラ国防長官の辞任、三月二十二日の南ヴェトナム派遣軍司令官ウェストモーランドの更迭につづいて、三月三十一日にはジョンソン大統領は北爆の一方的停止と大統領選挙不出馬を宣言した。しかし、同じ日にアメリカ陸軍一万三千人のヴェトナムへの増派が決まった。それらは、戦争の先行きが見えなくなったアメリカ支配層の混迷をよく示していた。支配層の混迷は、この国では激烈な暴力となって現れる。

四月四日、おちついた深みのある声で、演説というより歌のように語るマーチン・ルーサー・キング牧師が、テネシー州メンフィスのモーテルのバルコニーで暗殺された。一九六四年のノーベル平和賞受賞者、三十九歳のアメリカ黒人運動の穏健派指導者が射殺され、その犯人は逃走したという報道に接して、全米で黒人暴動が起こった。

キング師暗殺のちょうど二カ月後、六月五日にロバート・ケネディ上院議員はロスアンジェルスのホテルで暗殺された（翌日、死亡）。彼が民主党大統領候補指名に向けてのカリフォルニア州予備選挙に勝利した直後の事件だった。

アメリカでは、徴兵を拡大して（二月二十三日、予備役四万人動員）挙国体制をしいても（職種および産業による徴兵延期規定および延期措置の廃止および停止など）、脱走者と戦争拒否者はなくならなかった。

脱走米兵は、当時の日本の青年たちにとっては身近な存在であり、自分の下宿に脱走米兵を匿《かくま》っている者さえいた。アメリカ軍だけではなく、韓国軍にも脱走者があり、アメリカ軍に徴兵された日本人がヴェトナムの激戦地に送られ、日本での休暇中に脱走する事件も起こった（注3）。

注1：カーチス・ルメイは、東京オリンピックに沸く一九六四年（昭和三十九年）に勲一等旭日大綬章を受けた。彼こそは、非戦闘員の老人、女性、子供を狙《ねら》った一九四五年（昭和二十年）三

月十日の東京下町の大空襲を計画し、十万人以上とも言われる空前の焼死者を出したB29による焼夷弾《しょういだん》爆撃の責任者である。彼に勲章を贈った日本政府の時の首相は、一九六八年年頭のエンタープライズ入港に際して「核アレルギーをなくせ」と豪語し、大学闘争の弾圧に陣頭指揮をとった佐藤栄作だった。

注2：ソンミ事件（ミライ虐殺事件）

一九六八年三月十六日、アメリカ陸軍アメリカル師団第一一旅団バーカー機動部隊は、「サーチ・アンド・デストロイ（探し出し抹殺する）作戦」実施中に、クアンガイ省（Quang Ngai サイゴン北方六百キロ）ソンミ村（Son My）ミライ集落で無抵抗の村民五百四人を虐殺した。被害者のうち百八十二人は女性（そのうち十七人が妊婦）、百七十三人が子供（うち生後五カ月以内の赤ん坊が五十六人）、六十歳以上の老人が六十人であり、二十四家族が皆殺しにあった。

この虐殺事件は、事件の九日後に南ヴェトナム民族解放戦線による糾弾の緊急宣言によって公にされたが、翌年十一月十六日に『ニューヨーク・タイムズ』紙に証拠写真が発表されるまで、アメリカ軍とアメリカ政府はこれをまったくの虚偽として認めようとはしなかった。

ウィリアム・カリー中尉は二十二人の非武装の市民を虐殺した罪で、七一年三月三十一日に終身刑を宣告された。しかし、その後の裁判のたびごとに刑期は短縮され、七四年九月二十五日、保釈金を積んで保釈された。この作戦を指導し虐殺を主張した、カリー中尉の上官であるメディナ大尉（チャーリー中隊隊長）は、まったく罪に問われなかった。

このソンミの虐殺事件での米軍の唯一の負傷は、黒人兵士ハーバート・カーターが村民の虐殺にかかわらないために自分の足を撃ったものだった（クアンガイ省一般博物館編、吉村勇一訳、2002）。

注3：アメリカに六カ月以上滞在した外国人には「選択徴兵法」が適用され、同意すれば徴兵されるという法律があった。広島県出身の広瀬徹雄氏は一九六六年五月に渡米したが、翌年五月に兵役登録され、九月に召集、六八年四月にヴェトナムに派兵された。登録時には選択の自由は教えられなかったという。派兵以来連日戦闘に出されたが、その戦区は四月末日に出撃した七十人のうち二十三人が戦死するという激戦地帯だった。彼は日本での休暇中の九月十六日に広島のべ平連（「ベトナムに平和を！市民連合」の略称）に駆けこみ、脱走を宣言した。

「選択徴兵法」による日本人のアメリカ軍への徴兵は、この時点で八件が知られている。

その二　未来の大学へ

偶然は重なる。歴史を押し流してゆくほどの偶然が、一九六八年には重なった。それまで、学生運動とは一切無縁だった日大で闘争が始まった。その激しい闘争は、当時の青年たちの心を稲妻のように突きぬけた。五月二十三日、ちょうど東大が五月祭にうつつを抜かしている折も折、東大本郷構内からは歩いても三十分とかからない神田三崎町《みさきちょう》の日大経済学部前で、日大生による劇的な二百メートルデモが敢行された。

こうして、医療とその教育だけでなく日本の高等教育そのものへの問いが、青年たちの手によって世のなかに突き出された。もっとも、世間の側は例によって、皮相な受け止め方しかできなかった。

日大の暗黒

一九六〇年代に日大当局が誇りとしたのは、「日大こそは全国大学のなかで唯一学生運動のない大学である」ということだった。六二年には文理学部数学科事件があった（注1）が、日大の学生たちには全国を揺るがした六〇年安保闘争もまったく無縁だった。

時の総理大臣佐藤栄作を後ろ楯《だて》（注2）とした古田《ふるた》重二良《じゅうじろう》会頭の指揮する日大は、高度成長期に入ったこの時代の日本経済同様の急速な膨張を続け、その予算は一九五九年度の三十六億七千万円から六八年度の三百億五千万円余と、十年間で十倍近くになっていた（注3）。

このとき日大は二十一世紀初頭には東大を追いぬく巨大大学への成長の基礎を作ったのであり、もしも正当な発展の計画があれば日本の教育全体を変革できただろう。だが、この巨大教育産業もまた、営利主義の拡大にだけ展望を見ていた。そのためには、青年たちの自主的な活動は徹底して圧殺するというものだった。佐藤首相の肩入れは、この営利主義の拡大を日本政府が保証するというものだった。

この体制の特徴は、学生管理にあった。大学本部の学生部の下に学監と学生指導委員がおかれていたが、これに加えて大学本部直轄の体育会と各学部の体育会系運動部が、学生のひとりひとりに至るまで目を光らせて学生管理の先頭に立つという独特の暴力支配体制だった（『叛逆のバリケード』、10～12頁）。

この徹底した学生管理のために、学生たちは反対の声をあげることを許されなかった。構成員の多数者を暴力で支配する日大では、深いところで決定的な腐敗が進行していた。ちょうど、二十一世紀初頭の日本社会のように。

一九六八年一月二十六日に発覚した理工学部教授小野竹之助の裏口入学謝礼金事件に続いて、三月二十二日には東京国税局が日大経理への監査に入った。その直後、二十六日に日大経済学部会計課長富沢広が「蒸発」した（注4）。

三月二十八日、日大理工学部会計課徴収主任の渡辺はる子が「自殺」したとされた（注5）。日本では、巨額の金がからまる事件が起こると、実に都合よく「蒸発」や「自殺」が起こる。日大でも「使途不明金」問題のキー・パーソンが、二人も「消えた」。

四月十五日、東京国税局は日大で五年間に二十億円の使途不明金があると発表した。「使途不明金」とは、収入があったが何に使ったか分からない、というもので、法治国家のなかの組織としては完全に失格であり、この会計責任者は犯罪者である。大問題だった。

注1：教員の増強をせずに学生数を増やす日大の将来計画を批判した福富節男《ふくとみせつお》、木下素夫、銀林《ぎんばやし》浩《こう》、倉田《くらた》令二《れいじ》朗《ろう》らの教官に、日大当局が辞職を強要した事件。

注2：佐藤栄作首相を総裁にいただく「日本会」世話人会は、当時の政財界などを網羅した組織で、「総調和連合」とも呼ばれていたが、その会長が古田重二良だった。日大全共闘がまとめた資料によれば、日本会の世話人名簿には岸信介《のぶすけ》、大平正芳、三木武夫、田中角栄、福田赳夫《たけお》、中曽根康弘などの首相経験者あるいは後の首相ら、松下幸之助、小佐野《おさの》賢治《けんじ》、堤清二《せいじ》などの大物実業家、そして作家の山岡荘八《そうはち》などの名前が連ねられていた（『叛逆のバリケード』資料）。

注3：二〇〇二年度には日大には小学校がないだけで、幼稚園から大学院までのすべての教育課程を網羅し、生徒・学生・院生数の合計で十万人を突破した（十万百一人）。総職員数は七千七百二十六人、大学の教授・助教授総数二千二百四十六人である。二〇〇四年度の予算は三千億円

を越して、一九六八年度からの三十六年間でさらに十倍となった。
一九六八年当時、日大全共闘は「日大十万の学生を代表して」と常に呼号したが、それは定員の数倍の学生をつめこんでいたためだった。六九年の大学入試案内では、日大の一部（昼間部）学生の募集人員合計は、七千八百六十五人にすぎない（大学進学研究会編、1969。もっとも、法学部約千二百人とか、募集人員数自体がいいかげんであるが）。
注4：一年七ヵ月後の一九六九年十一月十七日、事件のほとぼりがまったく冷めてから富沢は逮捕され、免職。
注5：渡辺はる子は自宅で首吊り自殺をしたとされ、茶の間に「私は潔白です」という遺書があったという（『週刊朝日』1968年5月3日号、24頁）。

日大生、立つ！

日大生の自由な活動は徹底的に圧殺されていた。しかし、使途不明金問題は学生の日常生活に直結したあまりに大きな問題だった。誰かが立ち上がるべきときだった。学生たちは生まれてはじめてのビラを作った。

「　明日ではおそい!!

社会学科学生は五月一四日学科討論会において、日大当局の学生不在の行政に対し強い怒りをもって抗議の意志を統一した。

なによりも、我々が苦しい生活の中から納める、莫大《ばくだい》な学費がどのように使われているのかいまだ明確になっておらず、されるべき機関もない。（中略）

全学生が統一し団結するなら、検閲制の下においてもこの反動的制度を変え、真に民主的な学園を築くことが出来る。（中略）

学生の自治権確立!!

検閲制反対!!

情宣・表現の自由を勝ち取れ!!

社会学科学生会

三四億円特別委員会委員長」（『叛逆のバリケード』、20～21頁）

五月二十一日、経済学部の学生たち三百人は使途不明金問題で討論会を開いた。経済学部四年生の秋田明大《あけひろ》は集まった学生たちに、実に簡単な事実を示してみせた。

「三十億円と一口に言うが、十万人の日大生で割ると一人三万円だ」

学生たちがどよめいたのは、当然だった。日大生はほとんどが苦学生だったから、三万円がどれほどの重さを持っているかは、すぐに分かった。国立大学の学生食堂でカレーライスが五十円の時代である。昼夜二十四時間の土《ど》方《かた》のアルバイトで、千円になれば大金だった。

日大経済学部の学生の動きは次第に広がり、五月二十二日には学生課の前で四百五十人が抗議集会を持ち、翌二十三日には学生たちは経済学部の地下ホールで抗議集会を行い、ここに法学部から五十人の学生が合流した。これに対して、大学当局はホールのシャッターを下ろして学生たちを追い出した。日大には大学構内に広いキャンパスはない。校舎の建物の外は公道である。外に出た学生たちは、道路にあふれ、水道橋駅までデモを行った。わずか二百メートルのデモにすぎなかったが、このデモは日大生が自分たちの意志をはじめて社会に表明したデモだった。

日大当局は、この学生の不穏な動きに機敏に対応した。翌二十四日、八百人の学生が集まった経済学部の抗議集会に体育会・右翼などが乗り出してきた。

学生たちは体育会の暴力を誇示した姿を見たとき、一瞬ひるんだ。だが、そのとき秋田明大がすべてをひっくりかえした。彼は机の上に飛び乗るや、いきなり「シュプレヒコール、日大当局の横暴を許さないぞ！」と叫び（注1）、動揺する学生たちに活を入れて、復唱を誘った（倉田、1969b）。

言葉はまさしく力だった。学生たちは武装して襲いかかる体育会系学生の攻撃に血みどろになりながらも、引き下がらずに対決した。暴力に屈しない学生がついに現れたことに驚いた大学当局は、校舎入り口のシャッターを下ろして学生を閉めだした。

外に追い出された経済学部の学生に法学部の学生二千人が合流し、彼らはいっしょに錦華《きんか》公園（猿楽町《さるがくちょう》一丁目）までデモをした。彼らはその日の劇的な体験を語りあった。無敵に見えた日大暴力装置と真っ向から対決した、記念すべき日だったからである。そしてまた、秋田明大がどれほどの男かということも。
「それは、死を決してともに闘いともに苦しむという真の連帯の萌芽《ほうが》であった。この時、学生は自分が日大生であることを初めて感じたのである。それは死んでもいい感激であった」（『叛逆のバリケード』、30頁）

1968年５月27日、日大経済学部前の5000人集会。日大生は30億円使途不明金問題を追及して立ち上がった

こうして、日大生は自分たちのまっとうな要求を掲げるだけでも、その始まりから大学の暴力装置と真っ向から対決し、命をかけなくてはならなかった。こういう大学が、世界のどこにあっただろうか？

五月二十七日、午後二時すぎから経済学部前の路上で「日大全学総決起集会」が開かれた。文理学部から来た千五百人のデモ隊は、途中理工学部に立ち寄って二百人を加え、経済学部前で経済、法、芸術、商、農、歯の各学部の数千人の学生と合流した。そのとき集まった学生の数は五千人とも一万人とも言われ、歩道も車道も学生で完全に埋めつくされた。

この路上で「日本大学全学共闘会議」（通称「日大全共闘」）の結成が宣言され、議長に経済学部の秋田明大が選ばれ、四項目の要求が確認された。それは、一・全理事の総退陣、二・経理の全面公開、三・集会の自由を認めよ、四・不当処分の白紙撤回だった。

日大の学生たちは、これが命をかけた闘いになることを覚悟していた。大学当局の攻撃姿勢は、はじめから強硬だったからである。

五月三十一日、文理学部で日大全共闘の総決起集会が予定されていた。しかし、大学当局は正門を閉め、体育会系学生がピケを張った。正門にすわり込みを始めた文理学部学生に対して、午後一時ころ、右翼「学生会議」の車が突っ込み、体育会系学生が牛乳ビンや角材を持って殴りこんだ。この襲撃によって学生側は三十余人が負傷し、うち三人は内臓損傷、腎臓《じんぞう》出血のため救急車で病院に運ばれた。

日大全共闘はこの襲撃に耐えて、七千〜八千人による集会を行い、六月四日には八千〜一万人による団交要求の集会を開いた。日大全共闘は十一日には、日大本部前集会を準備した。

この動きに対して、大学当局の意向をうけた「日本大学学生会議」がビラをまいて、恫喝《どうかつ》を加えた。

「我々日本大学学生会議は、六・一一本部前結集において、共闘会議の指揮系統を実力をもって粉砕し、我が愛すべき母校の八〇年の社稷《しゃしょく》を守りぬいて行く覚悟である」と。

この宣言は、ただの脅しではなかった。当日、十一時半から各学部で学生たちの決起集会が開かれ、午後二時半には経済学部前で一万人の総決起集会が開かれる予定だったが、経済学部本館にはあらかじめ学生課職員や暴力団が入り、学生たちの集会が始まるとシャッターを下ろしはじめた。学生たちは、玄関に殺到し、下りてくるシャッターを素手でおさえ、旗竿《はたざお》で止め、建物内に入ろうとした瞬間、なかにいた暴力武隊がおそいかかってきた（『叛逆のバリケード』、68頁）。

1968年６月11日、日大全共闘は日大経済学部にこもる当局と体育会系学生を包囲した

この攻撃で学生たちは血だらけになり、日大全共闘は一度大学本部へデモを行って引き上げたのち、ヘルメットをかぶった学生を先頭に、ふたたび経済学部前に向かった。この学生たちの頭上に、四階からは十キロの鉄製のゴミ箱、椅子《いす》、机、酒ビン、ロッカー、砲丸が投げ落とされ、二、三階からは消火液、催涙ガス液がかけられ、学生二人が重傷を負った。学生たちはそれでもひるまずに経済学部本館のバリケードを越えてなかに入り、日本刀、チェーン、スキーストック、ゴルフクラブ、木刀、鉄パイプを使った学生課職員、右翼暴力団と渡りあった（『叛逆のバリケード』、69～70頁）。

　武器で劣る学生たちは、多くの怪我《けが》人を出したすえに建物からは追い出されたが、そこからは引かず経済学部本館をとりまいたために、午後四時ころ大学本部は機動隊の出動を要請した。

集まっていた学生の多くは、出動してきた機動隊に拍手した。

「おまわりさん、あいつらが日本刀を持っているんだ」と訴えた学生もいた。しかし、機動隊は建物内の暴力団にはかかわらず、デモをしようとした学生たちにおそいかかり、五人を逮捕した。経済学部から機動隊に追われた学生たちは、法学部第三校舎を占拠し、バリケードを作った。暴力団と警官の双方から身を守るためだった。これが日大のバリケードの始まりだった。

「この日、学生の被害は、入院した者四〇余名、全治二週間程の者六〇余名、軽傷者全てを含めると実に二〇〇名以上に達したのである。

この事態について、学生担当理事鈴木勝は、体育会の気持は本学の精神である、と記者会見で話したのである（注2）」（『叛逆のバリケード』、70頁）

翌日、日大全共闘は経済学部占拠を敢行する。法学部前に集まった二千人は、経済学部へデモを行った。この日、学生たちは前日の大学当局、右翼と機動隊の暴力への復讐《ふくしゅう》に燃えていた。

「〈オレは死んでも行くぞ〉と決意を固め、ヘルメットのない学生は〃バケツ〃をかぶり隊列をととのえて本館に突入」した（『叛逆のバリケード』、71頁）。

日大全共闘はこの日経済学部校舎を奪い返し、バリケードで封鎖した。

日大生はバリケードのまわりでテロを行う体育会と暴力団の卑劣な攻撃にひるまず、各学部でつぎつぎにストライキに突入していった。それらの学部がひとまとまりの大学構内にあるのならともかく、日大の校舎は東京都千代田区、豊島区、世田谷区、練馬区、板橋区、千葉県習志野市、福島県郡山《こおりやま》市、静岡県三島市と散らばっていた。このすべての校舎で、ストライキを実現した日大生のエネルギーには瞠目《どうもく》すべきものがあった。

六月二十四日、日大では医学部を除くすべての学部がストライキに入った。

同じころ、東大医学部の闘争にも転機が来た。

注1：シュプレヒコール Sprechchor はドイツ語の sprechen（話す）、Chor（合唱）から。「声をそろえて叫べ！」とでも言おうか。学生用語は「アルバイト」などドイツ語が多かったが、これもそのひとつ。デモや集会では必ずスローガンを「シュプレヒコール、ヴェトナム戦争反対！」というふうに指導者が叫び、他の者は「ヴェトナム戦争反対！」と追随して合唱した。中島みゆきが「シュプレヒコールの波　通り過ぎてゆく」（「世情」）と歌ったのは、それである。

注2：『朝日新聞』にはその発言が掲載されている。「共闘会議を中心にした反代々木系の暴力主義的な学生から大学を守ろうという空気が体育会などに強いのは事実で、こういった学生の気持は本学の精神」（『朝日』、No.564、327頁）

安田講堂第一次占拠

六〇年安保闘争の記念日、六月十五日を期して医学部全学闘争委員会（全闘委）は安田講堂封鎖を決行した。これによって、凍りついた医学部闘争の突破口を探しあてようとした。大学

1968年６月17日、安田講堂に機動隊導入。こうしてみると、機動隊の集会である

当局はただちに警察に出動を要請し、十七日午前四時三十五分、機動隊が東大本郷構内に入った。この警察の実力行使を前に、占拠していた医学部の三十人の青年たちは講堂の外に出てデモを行った。

「機動隊構内に入る！」の一報を受けて、近くの追分寮に泊まりこんでいた青年たちは、すぐ本郷構内へ向かった。農学部の塀を乗り越えて構内に入り、言問《こととい》通りの陸橋を渡って工学部の建物を過ぎた彼らは、銀杏《いちょう》並木の両側にならぶ法・文学部の古い校舎の先に、それを見た。濃紺色の暴力の塊は、ジュラルミンの楯《たて》をほのめかせながら悪鬼の行列のように、ゆらゆらと動いていた。

安田講堂前の銀杏並木を進む千二百人の機動隊の姿は、東大の青年たちに鮮烈な衝撃を与えた。機動隊の恐ろしさは、直接に対峙《たいじ》した者にしか分からないだろうが、機動隊は交番で暇そうにぶらぶらしている「お巡りさん」とはまったく違っている。紺の乱闘服、濃紺のヘルメット、輝くジュラルミンの大楯、樫《かし》の木の警棒、鉄板の入った乱闘用半長靴《はんちょうか》などの装備はすべて、弱者を圧殺する暴力を体現していた。その暴力に一度でも追いかけられた経験を持つ者は、長い間その姿を悪夢のなかに見るのだった。

「最後は、やはり暴力だ」と自分の大学のなかで思い知らされたことは、東大の各学部や大学院や病院に所属してそれぞれの専門を目指して学んでいる青年たちにとっては、深い衝撃だった。機動隊との乱闘を経験し、修羅場の数を踏んできた青年たちにも、この事実は鋭くつきささった。「学問には不可侵の空間があるはず」という心の隅のよりどころが、決定的に叩きつぶされた瞬間だった。

学生たちは建物と木立の陰を伝って、機動隊の動静を探りながら安田講堂へ向かった。機動隊が引き上げたあとに残されていたのは、壊されたベニヤ板の看板が数枚とバリケードに使った机と椅子の塊だけだった。しかし、当時の青年たちのなかには、目《ま》の当たりにした権力の暴力の塊を見てもひるまなかった者たちがいた。

私もまた「もう一度安田講堂を占拠したときには、機動隊の暴力の影だけで尻尾《しっぽ》を巻くようなことは、俺はしないぞ」と、その朝になぜかそう決めた。その気持ちは今でも覚えているが、激昂したあげくの決意や、大義名分を見いだしたというような昂《たか》ぶりではなかった。そう決めることで、すべてに得心がいったというような気持ちだった。たぶん、何人かの東大の青年たちは、その朝、怒り狂ってか静かに笑ってかはともかく、そういうふうに心を決めたことだろう。

安田講堂は頭上高く、威圧するようにそびえ立っていたが、それを青年たちがものともしなかったのは、ひとえに時代のためだったかもしれない。

告　示

大河内総長は東大構内に機動隊を入れた六月十七日午前九時半に、早々と記者会見を開き、また手回しよく「機動隊導入に関する大学告示」をその日のうちに出して、その日の午後三時には血圧が下がったからと（上がったからではなく）入院した。その告示に曰《いわ》く。

「六月一五日払暁、武装した多数の他大学生と覚しきものと本学医学部学生の一部合わせて約八十余名の集団が、突如安田講堂の正面玄関を破壊して乱入し、大講堂建物を不法に占拠しバリケードを築いて出入口を封じ、彼等《かれら》を制止しようとした本学職員数名に対し角材を振るって負傷せしめ、講堂内の事務局各室の施設、器物を破壊し、学生にあるまじき暴行のかぎりをつくし、その後も引き続いて占拠を続けている。（中略）

およそ大学においては、ことの如何《いかん》を問わず、力をもって問題の解決を図ろうとしないことを建前としている。（中略）

かかる暴状に対し、万止《ばんや》むを得ない非常の措置として、警察力の導入を要請することにしたのは、ひとえに、大学の機能の正常化を願ってのことである」

この総長告示が当時の青年たちを激怒させた理由は、三十有余年の後になってもよく分かる。総長告示の特徴は、無責任で空疎な言葉の羅列である。「およそ大学においては、……建前としている」と語っているが、それは自ら言うように「建前」にすぎない。処分は力であり、総長が学生を処分できて、学生が総長を処分できないのは、力関係の違いでしかない。

大河内総長は、「東大型知識人」の典型だった。彼らは権力の階段を昇って行くことに血道をあげながら、それが腕力以上の暴力を含めた「力」を得るためであり、かつその「力」を発揮するためだとは意識しないために、助教授、助手、大学院生、学生、職員などの目下を切り捨て、それらの人格を無視しても「力」を振るったとは感じない性格になっていた。この東大の学者権力者の非人間的な性格類型は、この総長告示に続いて出された医学部長の告示（六月二十八日）にもはっきりと表れている。

「この点（注：粒良邦彦の譴責処分の事実誤認の訴え）について真実を明らかにするための最大の努力を払ったが、現在の情勢においては、これ以上調査をすすめることが困難であるとの結論に達したので、この際は当人の良心への信頼を優先する立場をとって、この処分を処置以前の状態に還元する」

言葉は生き物だから、「この際、当人の良心」ではなくて「この際は当人の良心」となる。このニュアンスの違いが分かるだろうか？

この医学部長の声明文のニュアンスは、こうなのだ。

「あれこれうるさいから、この際はうっちゃっとけ」という学部長のなげやりな気持ちの表れがこの文章で、「いろいろ考えたが、この際」と決断を語っているのではない。「処分を撤回」

などは、決してしない。反省する必要も学生の抗議に耳を貸す必要もない。ただ「還元」してやろう、と言うにすぎない。

こういう「東大型知識人」たちは、処分が人を殺すことに等しいという権力の「暴力」を理解しないが、権力者は彼らの権力を脅かすものをよく心得ている。医学部長は六月二十五日に医学部の学生たちに送った手紙で、「医学部全闘委の活動を『暴力革命を企図する一部学生指導者』の支配によるもの」(『砦』、80頁)であると、はっきり言った。こうして、暴力革命までは考えていない東大医学部の学生たちを脅したのである。これが権力者の反応であり、そこには真実があった。青年医師連合の運動は、医者社会を、ひいては日本社会を根底から変える要素を含んでいた。そのことを、権力者側は「暴力革命」と鋭く見てとったのに、青年たちの多くは「決してそんなことはない」とおたおたして自主規制したのだった。実に惜しいことだった。

機動隊導入抗議

六月十七日の昼前には機動隊導入を聞いてかけつけた学生や大学院生によって、安田講堂の前で自然に集会が始まった。それはたちまち三百人を越える抗議集会となり、大学院生たちが「全学闘争連合」(略称「全闘連」)をその日のうちに結成するまでに至った。その代表に理系大学院の山本義隆《よしたか》がおされた。痩《や》せて背の高い、実に演説の下手な人で、聞いているほうはじれったくなるほどだったが、不思議な人間味を感じさせる青年だった。

彼には、安田講堂にかかわる理由があった。それは六年前に遡《さかのぼ》る。一九六二年十二月二十五日、大学管理法闘争の責任者として中央委員会議長と医学部自治会委員長などが処分された。学生たちは処分の最終的な責任者を求め、安田講堂に茅誠司《かやせいじ》総長を訪ねた。後に「茅カンヅメ事件」と呼ばれた事件である。そのとき、理学部三年生だった山本は、総長との会見について書いている。

「その夜、学長室で茅学長はわれわれの追及に何一つ対応しなかった。長い沈黙のあい間に彼が語ったことといえば、『私はご覧の通りタフだから、二十四時間ぐらいはもちますよ』という露骨な挑戦であり、『今日はクリスマスだからみんなでクリスマスの歌でも歌いますか』という愚弄《ぐろう》でしかなかった。この記憶にあやまりはない」（山本、1969）

山本を含む学生たちは、茅総長のこの沈黙とその底に示されている青年たちへの愚弄のなかに、東大の体質を、そして日本の高級官僚の体質を感じとった。それは、日本人の体質のなかにあるもっとも重大な欠陥を示すものだった（注1）。

この日は一日中騒然として、各学部とも自然休講となった。昼すぎには三千人規模の集会とデモが行われ、午後八時になっても青年たちは散らなかった。翌日には、各学部で学生大会が開かれ、続々とストライキが決定され、各学部単位のデモ隊が学内に繰り出した。工学部は午後十一時になってからストライキ決議を可決し、同時に日本共産党系の指導部を吹き飛ばして、石井重信《しげのぶ》新自治会委員長の指揮の下、深夜のデモを行った。経済学部と文学部の学生大会では、

1968年６月20日、機動隊導入反対の全学総決起集会。東大生が出あったこの年最初の大規模集会

「安田講堂占拠はやむを得なかった」と、大学当局の責任を追及する動議が可決された。

六月二十日、法学部を除く九学部が一日ストライキを行い、全学総決起集会には七千人の学生が集まった。この日、もっとも強烈に反応したのは、教養学部の学生だったかもしれない。

六月十六日の教養学部自治会正副委員長選挙では、フロント（構造改革派。注2）の今村俊一が千九百二十五票を集め、日本共産党系候補（千八百四十三票）、革マル派、解放派などの三候補（合計九百五十八票）を破って委員長に当選していた（大野、1969）。東大の学生自治会を握っていた日本共産党系の学生組織は、この敗北に戦慄した。入学後、一、二年生全員が所属する東大教養学部は東大学生の半分を占める巨大組織であり、しかも学生運動に未経験で、組織にとりこみやすい学生が集まっていた。その自治会委員長選挙で負けたとなると、日本共産党系の学生にとっては責任問題である。

このあたりの事情を聞き書きだと断りながら、宮崎学《まなぶ》は以下のような話を伝えている。

「（六月十六日の）深夜行われていたその（日本共産党の）細胞委員会に機動隊導入の報《しら》せが届

いた瞬間、これを自らの主導権によるストに導くことで、委員長選挙敗北を乗り越える方向が確認された。（中略）
この謀略で、翌朝の駒場は日共の全学ストのアジがキャンパスを制した。こうして、東大の日共は駒場主導で一気に跳ねて跳ねていくのである」（宮崎、1998）
しかし、ここで「跳ね」たのはいいが、七千人の学生の登場は予想外に大きかった。今村新委員長は駒場の第一本館の裏、駒場寮につづく銀杏並木に立って、機動隊導入糾弾の演説を行ったが、そのときの経験は圧倒的だったという。
「民青諸君は駒場寮の前のT字路で大立て看を後ろにして集会をやっているわけですが、そちらに集まる学生も少なくないけれど、私たちの周りにはそんな数ではない学生がどんどん集まってくるんです。それこそ続々と。『人が湧く』といいますが、その言葉どおりに学生たちが『湧いて』くるんです。結局、千六百人にもなったでしょうか？　あんな経験ははじめてでした」
六月二十日の教養学部学生投票では、賛成三千二百七十、反対千三百一、保留四十六で、ストライキを可決した。学生たちは、まず駒場構内の正門前に千人規模でピケを張り、集会のあと本郷構内へ、安田講堂前へと、東京を横断して集まった。そこで、東大の青年たちは七千人と言われる空前の大抗議集会を開くことになる。それは、一九五二年（昭和二十七年）のポポロ事件以来の多人数だった。

専門学部だけの本郷構内では、久しぶりのストライキに学生たちはとまどい、ピケ隊と授業を受けに来た学生たちとの間で、また研究に来た教授たちの間で論争が起こり、あちこちで「入れろ」、「通さない」の小競り合いがあった。

もっとも、本郷構内はのんきな学者の世界でもあった。

「今朝、電車で通ったら、正門前に大きな『ストライキ』という看板が出ていました。『本郷でこんなことが』と、私はほんとうにびっくりしましたよ」と、鈴木尚《ひさし》教授は人類学教室の会議で語った。これを聞いた教室の面々は、「尚さんらしい」と納得するしかなかった。同じ会議で、渡邉仁《わたなべじん》助教授は「東大闘争をどう考えるか」と学生・院生に詰め寄られた。仁さんは「学生と教師の関係は、親子のようなものだと思っています」と淡々と答え、青年たちは「仁さんに階級闘争なんぞとは、言ってもムダムダ」とあきらめてしまった。それは大変な発言だったのだが、当時の青年に真意が分かるはずもなかった。

この日の全学集会の代表団は「総長団交」を要求したが、翌日大学側は拒否を回答した。これでは、学生が動く以外はない。

六月二十六日、文学部学生大会で無期限ストライキが決まった。同じ日、豊川行平医学部長は記者会見で「処分撤回はしない。他学部の学生と会う気はない」と言い切った（注3）。二十七日には、経済学部大学院と「新聞研」研究生自治会も無期限ストに入った。

この全東大を包む抗議の嵐のなかで、大河内総長は学生との会見を決めた。

注1：「沈黙」あるいはその逆の「言葉」について、先の世界大戦に軍人としてフィリピンに送られ、生死の境をさまよった経験を持つ、この時代の青年たちの父親の世代のひとり、山本七平が語り残したものがある。山本は日本帝国陸軍の参謀たちと戦後の労働運動と学生運動の指導者たちを、同じように嫌悪していた。

「陸海を問わず全日本軍の最も大きな特徴、そして人が余り指摘していない特徴は、『言葉を奪った』ことである。日本軍が同胞におかした罪悪のうち最も大きなものはこれであり、これがあらゆる諸悪の根元であったと私は思う」（山本、1987）。この問題については、ここでは説明しない。ただ、書き残す。

注2：構造改革派はフロントと呼ばれた。日本共産党にいた構造改革派の指導下にある学生組織だった。日本共産党は、この組織を「分裂主義者」と呼んでいた。いわゆる「三派全学連」とも「革マル派」とも一線を画した、やや穏健派の学生集団だった。

注3：医学部当局は『医学部の異常事態について』という十九頁のパンフレットを六月に配布して処分の正当性を主張し、粒良邦彦の不在証明についても、以下のようにしめくくっている。

「医学部は、高橋・原田文書、粒良君の事情聴取材料について別々に詳しく検討し、その結論をできるだけ早く抽《ひ》き出すことに努力しているが、上記のような困難のために、まだ最終的な結論にいたらないが、現在のところ、医学部の証拠をくつがえすにたる反証は得られていない。しかしながら医学部はこの問題について責任を回避するものでないことを明らかにしたい」

高橋・原田両講師の調査文書があり、本人の証言があってもゆるがない「医学部の証拠」があるらしい。そのうえで「責任を回避するものでない」という。東大生のなりあがりは、ここまで破廉恥である。

総長会見

六月二十八日、安田講堂で行われた大河内総長の会見こそは、東大全学を沸騰させる火種となった。その日のうちに、「本部（つまり安田講堂）封鎖実行委員会」が結成されたことでも、それが学生の怒りを爆発させたことが分かる。なぜ、そんなことになったのだろうか？

「総長会見」がどのように始まったかについては、諸説がある。

「二時五十五分、やっと騒ぎがおさまり、総長着席。顔が赤く充血している。が、『ここで所信を』と切出したとたん『団交に応ずる気か』のヤジ・怒声」（『朝日』、No.564、867頁）という新聞記事や「二時五十分には福田歓一《かんいち》法（学部）教授等に伴われて、大河内総長が現われ、割れるような拍手の中で総長会見が始まった」（『東京大学新聞』1968年7月1日号、東京大学新聞研究所・東大紛争文書研究会編、1969）という明らかに総長太鼓持ちの記事もあり、「まず機動隊導入時の事情を話した」（唐木田、2004）、あるいは「開口一番『今私の心電図のコードを切った学生がいます。心電図のコードをですよ』とヒステリックに叫んだ総長」（山本、1969）と回想したものなど、いろいろである。

1968年６月28日、安田講堂内、総長会見。学生たちはおちついていた

総長の言葉はときどき学生たちのヤジ、怒号で途切れたが、総長に話をさせなかったわけではない。定員三千人の安田講堂がいっぱいになり、それでも収容しきれずに講堂前に三千人以上が集まっていた学生たちは、総長の話を聞こうとしていたのである。

「今村君（注：教養学部自治会委員長、当日の議長団の一人）が代わって立ち、『私達は多くのものが囲んでつるしあげをしようとしている訳ではありません』

険悪な空気を吹き飛ばしたような発言に満場の拍手。続けていう。

『交渉してきたのは問題解決の為の話し合いなのです。総長・評議会が責任をもって不当処分を取消すように要求するのです。私達の論理の正当性と道義性によって話し合いの場に臨んだ訳です』

大きな拍手。総長は『くどいようですが今日ここに出てきたのは――』怒号・ヤジで中断」（『東京大学新聞』同上）

「総長は、十分間に二十回ほど『セイシュクに』と頼んだ。（中略）四時七分、『こういう会合が無意味というのなら帰ります』と総長。一瞬、シーンとする。医師団の一人がマイクで『総長があぶなくなっています』。これにも『サンセーイ』『青医連にみさせろ』、そして意味不明の拍手。総長はヨロヨロ立上がり、三、四人に支えられて講堂を去った」(『朝日』、No.564、867頁)

しかし、「これにも『サンセーイ』」という文章は、おかしい。当時の学生は「サンセーイ」なんて言わない。賛成なら「異議ナーシ」である。この総長会見の終わりのころの状況は、『東京大学新聞』では「『そういう意味の話し合いなら帰ります』と総長。〝そうだ〟〝ナンセンス〟の罵声《ばせい》。『聞いて貰いたいと思ってきたのです。もし諸君が――』。騒然としたので、議長団の一人は質問に移した」となっている(『東京大学新聞』前掲)。

そのとき、人類学教室の大学院生や学生たちは大講堂の後ろのほうで、大河内総長とはどんな人間だろうと興味を持って見ていた。しかし、私たちは一様に落胆した。はっきり言えば、総長の人格を見限った。

「自分の病気しか誇示できない人は、帰りなさい。もういい」そういう気持ちだった。

午後四時十三分、総長はヤジと怒号のなか、尻切れトンボで講堂から姿を消した。そして、それっきり戻ってこなかった。

総長会見の翌日に配られた「全闘連」のビラは、画期的なものだった。冒頭の語りかけは、実に秀逸だった。

「学友諸君、聞いたか。あの無責任な、かつ学生を愚弄する総長の所見なるものを。（中略）総長は一方的な所信表明以外を行なわず、（中略）大衆団交を拒否した。しかも拒否する論理は何一つ表明されなかった。ただ、『学生との話合いでものごとを決めることはやらない』と開きなおるのであった」（『砦』、85～86頁）

「全闘連」は、無期限抗議集会を講堂に泊まりこみながら行うとして、巧みに安田講堂占拠を始めた。

六月二十九日には、各学部で学生大会が開かれ、工、法、教育学部が一日ストを決め、農学部と理学部では学生の一部が授業を放棄した。経済学部と教養学部代議員大会では無期限ストライキが提案されたが、否決となった。

七月一日、薬学部は賛成七十六票、反対三十一票で無期限ストライキ権を確立した。翌二日、経済学部と理学部の学生大会では無期限ストライキ提案は否決された。日本共産党系学生たちは無期限ストライキを極左戦術として否定したのである。こうして、学生たちは自らの方針をどこに据えるのかを問われた。

安田講堂占拠

七月一日の夜、安田講堂再占拠方針をめぐって、学生たちは烈《はげ》しく議論した。このときの、議論に集まった青年たちの口調を、私はよく覚えている。大河内総長のだらしなさを見ても、すごすご引っこむような東大生にはもう期待しないほうがいい、というのが私の意見だった。穏健な意見もむろんあった。

「やはり、教養学部の無期限ストライキ決議、安田講堂封鎖決議を待つべきだよ。七月三日には工学部の学生大会があるから、せめてその決議を待って決行すべきじゃないか」

「学生大会決議なんか待っていたら、夏休みにずれこんで闘争は自然消滅ということになりかねない。学生大会の方向を決めるためにも、安田講堂を封鎖しよう」

「いや、逆に学生大会で封鎖を否定する決議が出たときには、安田講堂封鎖自体が正当性を失うことになる」

「この戦術が正当性を持つかどうかは、学生大会決議でどうなるようなことではない。大学当局に封鎖戦術を突きつけて、こっちの闘争拠点を確保しておくことが大切じゃないのか。それにだ、相手は東大の学生だぞ。自分たちで思い切った方針が決められるものか！　人がやったことで、あれがいいの、これがダメのと言うだけだろう。工学部の学生大会で安田封鎖反対が出たら出たで、説得すればいいんだ。今やらなければ、やるときはない」

もっともこの夜の会議に東大生以外がいたわけではない。理学部や教育学部のいかにも東大生らしい慎重なうえにも慎重で、無難な道だけ歩きたいという「学生諸君」と一年半つきあって、うんざりした者もいたのである。

この会議の場にいたかどうか覚えていないが、この問題について工学部の石井重信（栃木県出身）は、簡潔な言葉で安田講堂占拠に同意した。「やるべきです」と。

七月二日夜八時すぎ、二百五十人の学生たちは安田講堂を封鎖しはじめた。すべての入り口をベニヤ板や机で閉じて、「封鎖中」の看板を立てた。例の「無期限泊まりこみ抗議集会」という口実があったから、この封鎖は簡単だった。やはり泊まりこんでいた五十人ほどの職員に「荷物をまとめて出て行ってください」と伝えたが、混乱はなかった。

しかし、翌朝から日本共産党系の学生や職員たちが安田講堂のまわりに集まって口々に講堂占拠に抗議し、これに一般学生を集めて抗議の輪を広げようとしていた。占拠そのものよりもこっちのほうが問題だから、彼らの抗議の矢面に立った学生たちがいた。「ここで、バリケードのなかにこもっていてはいけない」と感じたからである。

安田講堂の前で、詰め寄る日本共産党系と一般学生の集団と対峙した学生は、そのとき何人いたか。とにかく、少数である。

「こんな横暴なことが許されていいのか！」と、日本共産党系の学生たちは叫んだ。「学生大会決議でも認められていないのに、民主主義への挑戦じゃないか！」と叫ぶ数十人の輪はあっと言うまに数百人に増えた。彼らは口角泡を飛ばして、安田講堂のバリケードの前に立った学生たちにあれこれと言った。

どれだけの多数に取りまかれても、詰め寄られても、ごく少数の私たちは「それがどうした」と居直った。

「学生大会決議は、これから出せばいい。横暴って言うが、大学は横暴じゃないのか？　抗議する相手が違うぞ」

「皆さん、トロツキスト（注1）がその本性をあらわしました。彼らは学生大会決議という民主的な手続きを一切無視して、暴力で安田講堂を占拠したのです」

「ああ、そうだよ」と私たちは言った。「暴力だよ、これは。だから、それが、どうした？　医学部の学生処分は、暴力じゃなかったのか？　誰に聞いているんでもない、お前だよ。お前に聞いているんだ。横、向くんじゃない。お前は理学部の学生大会で、医学部の処分は不当だって、言っていたじゃないか？　あの処分は暴力じゃないのか？　機動隊導入は暴力じゃなかったのか？　大河内は暴力でもなんでもやるぞ。学生なんかと話し合いで決めるなんてことは、金輪際やらない、と平気で言っていたじゃないか。お前は、どうするんだ？　お前がやることを言ってみろ。それなら、聞いてやる」

そう言いながら、自分自身でもむちゃくちゃだなあ、と思っていた。しかし、無性にこの東大生たちに腹が立っていた。自分の身の安全なところから遠吠《とおぼ》えだけは達者なやつら。その意味で、大河内総長とまったく同じやつら。そんなやつらと、まともな話はできない。暴力と言うなら、本物の暴力を見せつけてやる。この場での殴りあいなら、いつでも受けて立つ。たとえ、多数で殴り倒されても、一人は道連れに殺してやる。所詮《しょせん》、正義といえども、暴力の裏打ちなしには無力なのだ。何でも言いたいことを言ってみろ。お前が自分の命をかけて主張するということだけを聞いてやる。それ以外は、屁《へ》のようなものだ、と。

集まってくる学生、大学院生、助手たちのなかに、「代々木（注2）の受け売りをやってんじゃないよ」、「不当処分とどう闘うのかを示せよ」と私たちの助太刀を買って出る者が現れて、状況は五分五分になった。こうなると日本共産党系の面々の腰は砕け、バリケードには手を触れることもできず、すごすごと立ち去ることになった。

七月三日、工学部の学生大会は「時計台（安田講堂）封鎖」支持を決議した。同じ日、教養学部代議員大会で無期限ストライキ案が可決され、七月五日の教養学部全学投票の結果、賛成二千六百三十二票、反対千九百四票、保留三百三十三票で無期限ストライキを決定した。

この駒場の全学投票を経て、今村俊一教養学部自治会委員長は安田講堂封鎖を認めるようになった。

「我々は、七月三日の本部封鎖を、駒場の闘いの方針を決定する代議員大会の以前の段階で、即ち駒場の大衆的な闘いを無視したないし放棄した形の戦術であると批判した。そのことは、なによりも、闘いを勝利させるためには、いかなる方針が正しいのかという原則からたてられた問題であった。駒場で、無期限スト方針が確立された現在、本部封鎖のもつ意味はあきらかに変わっていることを確認しなければならない。我々の要求を一切黙殺せんとする大学当局に対して、我々は無期限ストをもって、更により鋭い戦術として本部封鎖をもつきつけねばならないことが明らかになることを、我々駒場の闘いも確認しておこう」（『砦』、99頁）

話はややこしく、まわりくどいが、つまりは「改むるに憚《はばか》ることなかれ」ということであった。当時の駒場の雰囲気を伝えるのは、自治会委員吉村・高橋の二人の個人名で出されたビラである。

「本部占拠は正当である　自治権確立の闘いに蹶起《けっき》せよ

大学権力とは何か。それは大学の〝制度〟そのものを支える強権である。(中略)それはそれ自体暴力だ。(中略)かくて6月17日未明現在〝大学の自治〟は〝防衛〟されるのである。

我々は正しい戦略を呈示することを要求するだけの権利がある。それは全学無期限ストライキ、本部再占拠である」(『闘争資料』第三巻)

同じ三日、法学部は「安田講堂封鎖反対、大衆団交要求」の四十八時間ストを始めた。学生たちは大河内総長のだらしない態度と愚劣な説明を目の当たりにして、自分の気持ちが確認できたのである。

「工学部学生大会は『封鎖絶対支持』を決議した。ほかにも、クラス、サークルなどの『封鎖支持』声明が続いた。もちろん、全体からみれば再封鎖にはきびしい反対、批判が学内に強い。だが、再封鎖もやむなし、との感じも、封鎖派の学生たちさえがやや意外に思うほど浸透した。一回目の占拠のときには、想像もできなかった現象である」(『朝日』、No.565、297頁)

七月四日、五十人ほどの教授たちがぞろぞろと安田講堂前にやってきて、「封鎖反対」を呼びかけた。だが、これは教授たちの学生を「説得した」という文部省向けの形式的なアリバイ工作で、一言二言で「まあ、これでいいでしょう」とぞろぞろと引き上げた。学生に殴られなかっただけ儲《もう》けものだった。

安田講堂のまわりには、「テント村」ができた。例によって中途半端な東大生は、テントを講堂前の広場に張って、講堂占拠には直接参加していないが、占拠は支持するという姿勢をこれで打ち出そうとしたのである。彼らは政治にかかわらないという意味で「ノンポリ」を自称した。都市工学科修士一年有志、理学系大学院物理有志などの大学院生たちで、「テント村に参加しよう！　ノンポリよ立て！」と呼びかけ、「テントが不足しています。お持ちの方は貸してくださいませんか」とも呼びかけていた。「三派」と一括して呼ばれていた「暴力学生」たちとしては、「ノンポリ」には驚いたが、「お持ちの方は」という呼びかけにはことさらに驚いた。こういう呼びかけ方も、やり方もあったのだ、と。

このときに、「三派」も四派も「ノンポリ」もどうせ大した違いはない、というおおらかな気持ちがあったなら、先行きはもう少し違っていたかもしれない。しかし、

1968年7月5日、安田講堂封鎖支持の全学総決起集会には、3000人が集まった

1968年8月1日、安田講堂前テント村。講堂前の大クスノキのまわりにテント村ができ、安田講堂占拠を支持するノンセクト・ラディカル（非党派急進主義者）が集まった

そこが青年たちである。お互いの違いを際立たせることのほうが、共通の目的の実現よりも先に立ってしまうのである。

しかし、その青年の気分を越えて、大きな大同団結をさぐる新しい運動体のあり方が模索され、その姿が浮かびあがってきた。それが、全共闘運動だった。

注1：トロツキストとは、一九一七年のロシア十月革命の指導者のひとり、レオン・トロツキーの革命主張を奉じる者、という意味なのだが、日本共産党は大新聞各社やNHKなどマスコミが、反戦デモや大学闘争を行っている叛乱側の青年たちを「三派全学連」と呼んだり、「暴力学生」と呼ぶのと同じ用法で使っていた。つまり、日本共産党に反対する極左の冒険主義者というような意味である。

注2：代々木は日本共産党本部のある場所。

七月五日、「東大闘争全学共闘会議」（通称「東大全共闘」）が結成された。日大全共闘の結成に遅れること、一ヵ月と九日だった。日大は路上で、東大は安田講堂で、それまでの学生運動がまったく知らなかった組織を生み出したのだった。東大全共闘は各学部の代表者や各党派の代表の集まりだった。それぞれの党派のうるさい主張をまとめる役割を、やや年上の大学院生組織の「全学闘争連合（全闘連）」が果たし、議長役として理学系大学院の山本義隆が選ばれ、彼は次第にその存在感を増していった。

七月十五日、安田講堂で開かれた代表者会議で、東大全共闘の七項目要求が確定した（注）。この要求が大学当局の呑《の》めるものであろうとなかろうと、青年たちにとってはもう問題にならなかった。大河内総長に代表されたのは、東大教授らの体質だった。青年たちが東大に対して希望を捨てたのは、こういう教授たちの言動だった。行き着くところまで、それがどこであろうと、行ってしまわないことには、この先は見えなかった。

注：七項目要求とは、以下のとおりである。

一、医学部不当処分白紙撤回！

二、機動隊導入を自己批判し、声明（注：機動隊導入にあたっての）を撤回せよ！

三、青医連（注：青年医師連合）を公認し、当局との協約団体として認めよ！

四、文学部不当処分撤回！（注：一九六七年十二月に文学部学生を「学生の本分をふみはずし、師弟関係にもとる行為」を理由に無期停学処分とした問題）

五、一切の捜査協力（証人・証拠等）を拒否せよ！
六、一月二九日よりの全学の事態に関する一切の処分は行うな！
七、以上を大衆団交の場において文書をもって確約し、責任者は責任をとって辞職せよ！

その三　バリケードのなかで

生きてる　生きてる　生きている
バリケードという腹の中で
生きている
（中略）
今や青春の中に生きている

（『叛逆のバリケード』目次裏）

安田講堂の占拠は、東大生によるバリケード闘争の始まりだった。東大のバリケード闘争は日大の闘争を見ながら本格化された、と言えるかもしれない。それまで、おざなりに机や椅子やロッカーで入り口を閉ざしただけだった安田講堂のバリケードを見慣れた目には、日大のバリケードの頑丈さは驚くほどのものだった。そういう違いがあったにしても、ただのストライキとバリケード封鎖とはまったく違っていた。ちょうど、パリの五月革命をフランス伝統の街頭でのバリケードが象徴したように、日本では青年たちが大学の建物をバリケードで封鎖して、大学当局に対して自前の権力の芽を示したのである。

青年たちはこのバリケードのなかで、自分たち自身の手で自分たちのための教育を実現しようとしていた。バリケードのなかにこそ、「未来の大学」があった。

「バリケード内に築いた自由な学舎こそ、日大の全学生が死を賭《と》しても獲得しようとする〝真の大学〟なのである」(『叛逆のバリケード』、編集後記)

バリケードのなかの祭り

バリケードのなかは東大のほうが建物が広い分、閑散としていたかもしれない。もっとも、闘争の前日や当日はどの大学でも、部屋にも廊下にも学生が泊まりこみ、さながら難民の砦のようだった。ある意味では、たしかに難民ではあった。

日大ではバリケードと泊まりこみは、闘いを守るためには必須《ひっす》の条件だった。東大の場合は、各自治会でのストライキ決議があり、安田講堂の占拠も工学部、文学部、薬学部、教養学部の学生大会(代議員大会)では承認されていて、それなりの合法性の下に青年たちは闘争を続けていたが、日大の場合は各学部で決定があるとはいっても、闘いは青年たちひとりひとりの決意だけで成りたっていた。それは、恐ろしいほどぎりぎりの闘いだった。その闘いを場として保証しているのは、バリケードで守られた建物のなかの活動空間だった。

日大にはいろいろなタイプのバリケードがあった。各学部が各地に離れていたのでそれぞれの地域で、日大生は思い思いのバリケードを築いて自分たちの闘争を守っていた。バリケードなしには闘いが守れないほどに、大学当局とその私兵体育会系学生、右翼「日大学生会議」の攻撃は頻繁で執拗《しつよう》であり、脅威だった（『叛逆のバリケード』、75頁、77頁、91頁）。しかし、日大の青年たちは意気軒昂《いきけんこう》だった。

ノンフィクション作家の柳田邦夫は、青年たちによるそれぞれの学部のバリケードの描写を伝えている。

「経済学部からいくか」「それじゃどうだ、日大バリ象徴型ってのは」

「文理はどうだ」「ありゃ老朽校舎を机と椅子で全部うめつくしたやつだよ」

「理工は？」「うん、さしずめ一見貧弱ハシゴ型だな」

「法学部は？」「ありゃ、蜂之《はちの》巣城《すじょう》だよ！」

「生産工学部はどうだろう、習志野の」「熔接《ようせつ》型バリの典型だ。コンクリも使ってある」

「郡山（注：工学部）のは？」「文句なく少林寺拳法《しょうりんじけんぽう》型だ」

「芸闘委のはオブジェ型だよな、三島（注：短大）はどうだ」「三島のは自立型としよう」

「農獣医は、どうだ」「田園牧歌型だね、まさに」

「医・歯学部はどうだ」「あれは、病院があるために機動隊も入りにくい」

「商学部は」「あれは少し弱いよな」（柳田、1969）

では、東大のバリケードは？　そのバリケードはあまりにちゃちだと、十一月にやってきて東大の現状を目の当たりにした日大全共闘に叱《しか》られた。律儀な日大全共闘は、安田講堂正面のバリケードを完璧なものに仕上げたのである。

日大のバリケードは、数次にわたる右翼や体育会の襲撃によって、どんどん強化された。建物の入り口には立て看板に囲まれて、警備の学生が常時三人以上いる。彼らは顔見知りの学生以外は、入ろうとする人物を厳重にチェックした。

入り口には机が天井まで積み上げられて、その間に曲がりくねった通路が作られている。のちに（六九年一月）、日大理工学部一号館を訪れた日大父兄会の代表は、最終的なバリケードの構造について直接の体験を書いている。

「二階の階段は太い丸太を組み合せて、予想以上の厳重なバリケードが築かれ、完全に封鎖されており、猫一匹通れない有様だ。下から声をかけると、二階から縄梯子《なわばしご》がおりてきて、これで上ってこいと言う。垂直に下っている縄梯子はとても登りにくく、下にいる学生に尻を押させてやっとのことで二階に上った。いやはや大変な汚れようで、足の踏み場もない。廊下には、コブシ大の石や、ビール瓶が山積されている。これが彼らの武器だ」（中塚、1984）

二階にあがると日大の各研究室や教室はベニヤ板のついたてで仕切られ、それぞれの区画が全共闘の各グループの居場所になっていた。

「救対《きゅうたい》」と呼ばれたのは「救援対策本部」の略で、怪我人の手当てや逮捕者の救援にあたる。これは、どこの大学でも女子学生が担当していたので、学生たちの憧憬《しょうけい》のマトだった。もっとも、東大にはもともと女子学生が少なかったので、「救対」もむろん男で、特に医学部の青年たちがあたった。東大からほかの大学を訪ねた青年たちは、女子学生で華やぐ大学構内は、世界が違うと思うほど驚いたものである。明治学院大のバリケードには「受付」があり、女子学生がすわっていた（『バリケード』、62頁）。

日大では、バリケードの外に一歩出ると右翼や体育会に襲われる危険があったので、共同で炊事をしてささやかな食事を作る「食糧隊」や女子専用の部屋もあったが、これらは東大にはなかった。安田講堂のなかで食事を作るのは、ごく例外的だった。

日大にも東大にもバリケードのなかに共通にあったのは、ビラ（注1）、印刷用謄写版、角材、石塊《いしくれ》、そしてヘルメットだった。学生たちは床に直《じか》に敷いた布団か毛布の上に眠った。東大生の場合は、交代で寮や下宿に戻って自分の布団で眠った。しかし、六八年十一月以降は、日大生と同じようにバリケードのなかが常駐場所になり、そこで靴を脱がずに寝た。倒れるように眠って、数時間の睡眠でとにかく体力を回復したところで、作業にとりかかった。

全共闘の会議では、青年たちの議論は徹底していた。それはバリケードのなかで行われたので、ときとして徹夜で続く体力勝負にさえなった。青年たちの議論はまったく同等の立場で行われた。むろん、東大では暁天の星のごとく少なかった女子学生の意見もまったく同等であり、ほとんどの場合同等以上に強烈だった。

日大のバリケードのなかでは、トランペットを吹き鳴らし、ギターを弾いて、フォークソングを歌う学生たちはふつうだったが、安田講堂はその点静かだった。大講堂にはグランドピアノがあり、ときにこれを弾く学生はいたし、折々にコンサートは開かれていたが、いつも歌があったというわけではなかった。

日大ではネコを飼っている女子学生もいた。このペットは学生たちのマスコットで、それぞれ〝レーニン〟〝スターリン〟〝毛沢東〟と好きかってに呼んでいた。安田講堂には、ペットはいなかった。ネコがいたという情報もあるが、どうだったか？　花を届けにきた女性がいたかどうか？　たぶんいたのだろうが、なにしろ五時間の睡眠が久しぶりによく眠ったという生活である、目が血走っていて花は見えなかったかもしれない。

日大のバリケードのなかでも安田講堂でも、同じように酒もマージャンもなかった。闘争が始まるまでは、雀荘に入りびたっていた青年たちはまったく変わった。まるで僧堂である。

「午前三時すぎ、数学科闘争委の室では、六人がまだガリ版を切っていた（注2）。彼らの『自主講座』の案内。同じ学科の百人全員の自宅へ送るのだ。『マルクス主義と現代』（火曜）、『労働運動史』（水曜）、『文化論』（金曜）など。数学科独自の『集合論』『ルーベック積分』もある。講師は彼らが選ぶのだ（注3）。

封筒に切手を張りながら、一人が『オレ、もう逃げ出したくなったよ』とつぶやいた。だれも『ナンセンス』とはいわない（注4）。

『オレも旅行したい』『映画みたい』『消耗したよ（注5）。ボケーッと休みたい』と声がつづ

いた。その中には就職が内定している、という四年生もいた」（『朝日』、No.570、６０６頁）

注1：ビラは『広辞苑』（新村出編、岩波書店）では、「bill の訛《なまり》」として「宣伝広告のために人目につく所に張りだしたり通行人に配ったりする紙片。ちらし」とあり、この解釈では、ビラは英語を語源としているということになる。しかし、学生用語はそのほとんどがドイツ語、フランス語に由来しているし、「ビル」と発音する英語からビラと訛るのはむつかしい。同じ言葉は、ドイツ語では Bilanz（ビランツ）であり、フランス語では bilan（ビラン）である。つまりは、こちらからビラだけを切り取って日本の学生が使ったと考えるほうがいいのではないか。いえいえ、決して『広辞苑』の権威を否定するつもりは、毛頭……。

注2：「ガリ版」とは謄写版とも呼ぶ簡易印刷のことである。「切る」とは、印刷元になる原稿を作ることで、板ヤスリの上に置いたロウ紙に鉄筆で文字を書くことをいう。鉄筆でロウを取り去った痕《あと》は、インキがしみこんで文字になる。板ヤスリの上のロウ紙に力を入れて刻むように鉄筆を使わないと、きちんとした文字にならない。この作業は文字を「書く」というより「刻む」作業で、これを「切る」と呼ぶのは、なかなか言いえて妙なのである。

注3：「私達は今、文理学部の数学の自主講座用テキストの作成に全力をあげている」（倉田、1968）

注4：ナンセンスとは、もともとは「意味がない」という意味だが、賛成を「異議ナーシ」といい、反対を「ナンセンス」というのが、当時の青年たちの決まりだった。

注5：「消耗」は、当時の学生がほんとうによく使った言葉のひとつである。「オレ、消耗したよ」「あいつ、消耗してるんじゃないか」「消耗、消耗」というふうに。「疲れたよ」という言い方がいちばん近い感じだろうか？　あるいは、精一杯頑張ってきたが、その力が尽きた状態というか。なにしろ、若さだけで突っ走ったわけだから、消耗も早いのである。

両極の大学教育

「私自身のことから暴露していくと、自分の闘いが恐れ多くも労働者のため、革命のためなどと思ったことはない。ハッキリ言うなら、ただひたすらに自己のため、自己のために闘ってきたのである。その結果としてそこに漠然としたなんらかの普遍性を見出したのも事実であるが、それは、あくまでも自己を追求していく過程での自己内部の外的な横のひろがりにすぎない」（秋田、1969）

この日大生の感覚を東大生の感覚、たとえば、次に掲げる東大ベトナム反戦会議（注）の英文のアッピール（一九六八年八月十三日の反戦反安保集会）と比べてほしい。

「本部封鎖（注：安田講堂占拠）は我々が被支配という枠内には押し込められないという我々の力のシンボルなのだ。我々自身が自らを自己の所有として取戻す作業の形態なのだ」（『砦』、142頁）

東大と日大は出発点の社会的な位置づけが異なる大学で、青年たちもまったく違った層だったが、闘争のなかでおどろくほど似かよった考えを語るようになっていた。

警察が学内に入ることを東大の大学当局が拒否してきたのは、同じ国家権力の並立する機構として、権域を守ろうとする官僚たち独特の自衛行動であり、それをもったいぶって「大学の自治」と言うにすぎなかった。官僚制度では上下感覚こそが最大の規律だが、資本主義国家日本の柱石となる高級官僚の育成大学として、かつての「帝国大学」の威光を背にした総長の権威は、この官僚機構の上下関係を逸脱した最上位の位置を許されていた。それを「大学の自治」と言うにすぎなかったのだが、東大生のなかには権力志向に目が眩《くら》んだバカものも多かったから、そんなものがあるふりをしていたのである。当時のNHKの「出演者格付け表」では、東大教授は中央官庁の局長と同格であり、総長は総理大臣と同格だった（小中、1969）。

だが、日大は違った。日大は金五万円を司法省から下付され、一八九〇年（明治二十三年）に皇典講究所（のちの國學院大學）に間借りして、日本法律学校として出発した（一九〇三年、日本大学と改称）。明治の帝国憲法の発布（一八八九年）を受けて、その下に整備されつつあった法律を官僚機構の末端まで伝えるのがその任務だった。この日本法律学校の規定第一条が「校外生」の規定だった。

「第一条　遠隔の地に在り、又は業務の都合により登校する事能《あた》はすして、専ら講義録にのみ依りて本校の学課を脩《おさ》むる者を校外生とす」

この法律学校では、月謝について巡査、兵士、裁判所の書記、役所の雇員などに優遇措置を与えていることにも明らかなように、公務員が働きながら学校に通うことを前提にしていた。このために、入学者の数よりも教室の椅子が少ないのは当たり前とされた。まして、当時はベビーブーム世代である。その実態は恐るべきものになっていた。

「――水増し入学の実態だけれど、合格発表のときに数をかぞえたのだが、いざ、実際に入ってみたら定員の五倍くらい入っていましたね。

――ぼくの学科は、正式入学者は十六名だったけど、今は八十名くらいです」(『バリケード』、46～47頁)

こういう水増しだから大学に行っても教室に入りきれないのは、当然だった。学生はこの事態に絶望し、アルバイトをして大学に授業料だけ払って、マージャン屋に入り浸ることになる。

六月二十九日に全学バリケード封鎖闘争を始めた東洋大でも、実態は日大と同じだった。当時の東洋大全共闘を指導した学生のひとり、竹林正純《まさずみ》(東洋大国文科、長野県出身)は語る。

「当時、日大がポン大って呼ばれたって言うけど、『日東駒専』って言って、この四大学は同じクラスの大学だった。はじめてデモに出たとき、機動隊から『三流大学が東大の真似《まね》なんかするんじゃねえ』って言われたよ。

俺たちが立ち上がったのは、大学当局が学生を人間扱いしていないってことだったなあ。四月に大学に行っても、学生が多すぎて教室に入れないいんだよ。学生が大学をあきらめてバイトなんかを始めて、学校に来る学生が少なくなってはじめて、教室に学生が入れるくらいの数に減るわけだ。大学当局は、教育とか何も考えていなかった。『授業料さえきちんと払えば、卒業させてやる』って、そういう態度だった」

一方、東大ではさすがに椅子が足りないということはなかったが、入学後二年間の教養課程はマスプロ教育で、大教室でのマイクの授業では教師の顔は分からず、見知らぬ人波にもまれて生協と食堂で生活することになる。

「これが最高学府か？」と、地方から上京してきた学生たちは勉学のための条件の悪さに驚かされた。高校までは自分の椅子と机があったが、最高学府には学生ひとりが拠《よ》って立つべき「場」さえ備えられていなかった。このような青年たちに対する下賤《げせん》な取り扱い方は、授業の場でもっと鮮明に表された。

この「教養課程」はその性格そのものが実に胡散臭《うさんくさ》いもので、もともとは戦前の第一高等学校から帝国大学というシステムのうちの一高の部分を新制大学のなかに温存したというご都合主義だった。つまり、学生たちは思春期後期から青春期にかけてのもっとも重要な時期を、誰も位置づけができず、重要だとも思わないような教育課程に二年間も放りこまれて、どうでもいい教育をされていた。

この「教養課程」はまったくの無駄、まったくの浪費、専門能力を身につけるためには、まったくゴミのようなものだった。

ともあれ、一九六八年の大学闘争は日大、東大という両極を含んで、全国規模で広がっていった。

注：一九六七年以降、ヴェトナム反戦運動の流れを受けて理学系大学院生を中心にして組織された団体。

「八・一〇告示」

一九六八年八月、東大全共闘の青年たちは泊まりこみ体制を作って、まわりのテント村とともに夏休みの「砦」を維持した。毎週火曜日が「行動日」で、講演会、ジャズコンサートなどが開かれて、安田講堂は一般に開放された。

総長以下東大当局は、六月の失点を取りかえそうと試み、八月十日に告示を出した。学生たちがすぐには反応できない時期だから、闘争の焦点となっている処分問題さえけりをつけておけば、九月の新学期とともに移り気な学生どもは、なし崩しに納得するだろうという姑息な思惑を秘めていた。

「八・一〇告示」はその冒頭で、「学内に生じた紛争が解決をみないまま夏期休暇に入ったことはまことに遺憾であり、学の内外に対してその責任を痛感するものである」と述べて「ここに次のような最終方針を決定した」と宣告する。

「学の内外に対して」云々《うんぬん》とは、政府から「機動隊まで導入して、解決できたはずなのに、東大はいったいどうなっているんだ」と責められるので、「責任はないと思っていたのに、責任というものを感じなくてはいけないのかなあ」という意味だった。

そこで、粒良邦彦以外の被処分者についてもいちおう取り消しという形を取って、学生の不満を解消してやろう、と「告示」は言う。

「評議会は、その審査の公正を期するため、この委員会（注：処分の再審査のための委員会）が結論を出し、評議会がそれを認めるまで、右の一一名の処分を発効以前の状態にもどすこととする」

これにつづくのが、問題をより複雑にした「機動隊導入」の言い訳である。

「『六・一七告示』で他大学学生に責任を押しつけたのは、ちょっとまずかったかな」と思ったのだろう。「これでは、当局としての管理責任を放棄しているも同然」と政府から当然の批判があったのだろう。そこで東大生に責任を押しつける。

「およそ大学がその自治の理念にかんがみ、警察力の導入を極力避けるべきことはいうまでもない」と、ふたたび自分の信じてもいない建前を語るのは、紛糾した事態を前に大学の官僚が考えだしたもっともらしい言い訳である。

「大学が警察力の導入をできるだけ避けるという方針を貫くためには、学生諸君自身も真剣な決意と勇気をもって学内の暴力的行為を抑止するよう努力することが何よりも必要である」

学生に責任転嫁を終えると、あとは簡単である。安心しきった「教育者」面《づら》となる。

「とくに医学部においては、休暇中といえども授業を行い、卒業試験も早急に実施する用意があるので、学生諸君は即刻、医学部教授会と研修その他の問題について話し合いをすすめ、勉学の遅れを取りかえしてほしい」

大河内総長は医学部の無期限ストライキがなぜ起こったのかについて、まったく表面的な見方しかできなかった。「処分問題ならそれを取り消してやればそれでいいだろう。あとはさっさと授業に戻れ」という見方しかしていない。日本の医療問題の根本に触れた青年医師たちの叛乱の意味にも、青年の人格にまともに向き合わない大学教育の問題にも触れていない。いや、触れられない。そのことに関心さえ持っていなかったからである。むろん、責任を感じるわけもない。

大河内総長は、この告示発表当日の記者会見で「私は身体がつづく限りやってみます」と、辞任など毛頭考えてもいないのだと宣言した（『朝日』、No.566、２９５頁）。「学の内外に対してその責任を痛感」とは、ただの修飾の言葉であることを、総長自身がよく示していた（注）。

学生たちはただちに反応した。「台風七号の影響で雨ふりしきる構内で」、「収拾策拒否を講堂内からマイクで流していた」（『朝日』、No.566、３１０頁）。講堂前のテント村には、二文字だけの巨大な看板が出た。「拒否」と。

その日、雨は降りしきった。私たちが東大病院へ入る龍岡《たつおか》門の前まで来たとき、雨に風が加わった。鉄門と別称されるその頑丈な門は、いつものように大きく開け放たれていたが、それを中央にして雨は渦巻くように舞っていた。

いっしょにいた女子学生も傘を持っていなかったので、屋根の下をたどりながら歩いても、二人ともすっかり濡《ぬ》れていた。東大構内を龍岡門の向こうに見たとき、私たちは決意して嵐のなかへ歩きだした。それは、実に爽快《そうかい》な感覚だった。もっとも、はるか昔の話である。いっしょにいたのがどういう女子学生だったのか、そもそも何のためにそこを歩いていたのか、それらはまるっきり覚えていない。古い記憶の特徴として、ただその雨の風景だけが鮮明なのである。


注：この「告示」には「『告示』を送るにあたって」という、総長の肩書をはずした「大河内一男」とだけ署名された一枚のビラがついている。結語は以下のとおり。

「私は、私の在任中に発生したこの異常事態について強く責任を感じております。目下、健康を害しておりますが、事態解決のきざしがみえるまで、しばらくその職に止《とど》まり推移をみまもりたいと思います」

最高責任者が「推移をみまもりたい」というのである。三十七年後の今なお、私は罵声をかろうじてこらえている。

スト破り

医学部では「八・一〇告示」を受けて、学部長、付属病院長が交代した。小林新医学部長は声明書を医学部学生たちに郵送し、対話とストライキ終結を呼びかけ、つぎつぎに事態解決のための提案を行った。たとえば臨床研修についての最終案では「付属病院に主任教授、指導医、研修医各十五名からなる三者協議機関を設け、投票での結論は有効数の四分の三以上の賛成で対等な立場での研修の仕方を決める」などとしている。

八月二十二日午後四時、医学部当局のこの提案を受けて、医学部学生百十八人がストライキ終結宣言を貼り出した。この時刻で分かるように、医学部共闘会議メンバーを含む東大全共闘が駒場へ「全学総決起集会」に出かけた留守だった。このストライキ破りを待っていたように、二十四日には、医学部当局は九月に異例の卒業試験を行うと掲示した。対象は医学部四年生(M4)百九人だった(ほか十一人は、この春にすでに受験していた)。

このストライキ破りと踵《きびす》を接した卒業試験計画の発表は、医学部闘争の弾圧手法としてはあまりに露骨だった。二十八日にはさらに九人がストライキ終結宣言を出した。

八月二十八日午後二時すぎから安田講堂で「総決起集会」を開いていた東大全共闘は、構内で小林新医学部長が記者会見をしているという情報を得た。現場に向かった医学部の青年たちは団交を要求したが、医学部長は拒否したので、彼らはついに決意し、午後五時から医学部本館を封鎖した。

「ついに決意した」というには意味がある。医学部本館は特別な建物であり、ある種の聖域だった。その地下に遺体安置所があり、一階に解剖室、中央に階段教室の大講義室がある。それは、医学部の本殿だった。

赤門を入ると、右に経済学部、左に教育学部の建物がある。その間の銀杏並木の先、円形の前庭を配した後ろが医学部本館である。それは地下一階、地上三階の目立たない赤レンガ貼りの建物である。前庭はサツキの縁取りのある芝生で、ドーム型に刈りこんだ大きなマルバシャリンバイを四隅に配置している。

8月28日、医学部本館封鎖。ここは遺体安置所を含む聖域だった

東大本郷構内の半分近くが付属病院の敷地だが、さらに赤門から南の構内の大半は医学部とその関連の建物で占められている。正門の正面が安田講堂であるように、赤門の正面にある医学部本館は、東大における医学部の位置を示す建物だった。

医学部本館の封鎖は、誰にとっても衝撃だった。小林新医学部長がその夜の七時すぎになって学生との話し合いに応じようと言ったのは、このためだった。翌日午前零時十分まで続いた話し合いは結局物別れに終わったが、翌日灘尾《なだお》弘吉《ひろきち》文部大臣が介入した。

「武装した大勢の学生が医学部長をつるしあげたの

（右）9月1日、東大教養学部正門に作られたバリケード
（左）9月2日、東大教養学部の駒場キャンパスでは、教室内でも芝生の上でも、あちこちでクラス討論が行われた。駒場は青春の只中にあった

は暴行、脅迫とも言ってよい」と。

このとき、不可解な事件が起こる。八月三十日に医学部図書館に現れた読売新聞記者を殴ったとして、即日医学部全共闘の学生が告訴され、九月一日に逮捕状が出た。ずいぶん手早い逮捕状だったが、大学側はただちにこれを認めた。

この件で起訴された三吉譲は当時の様子を、個人名で出したビラでのちにこう語っている。

「彼（読売新聞記者）は、『じゃ！』と言って片手をあげて、ニッコリ笑って一人でエレベーターに乗って帰っていったわけです。ワイシャツなど服装に一片の乱れもありません」（「読売事件公判にあたって」、『闘争資料』第七巻）

夏休み明け、東大の青年たちは反撃に出

た。

九月三日、駒場での東大全共闘の全学総決起集会には千人あまりの学生たちが集まり、七日の教養学部代議員大会の日には六千人の学生が登校した。教養学部では原則として学生十人に一人の代議員が選ばれるが、その総数八百五十二人のうち四百三十二人が八百番大教室に集まった。ここで、ストライキ中止提案を含む全提案が否決されて、無期限ストライキが続行されることになった。

ちょうどこのとき、日本共産党系部隊が東大に華々しく登場する。

〝あかつき部隊〟登場

九月二日、日本共産党の機関紙『赤旗』は「東大学生細胞（注）が声明」としてその声明要旨を掲載した。

「社学同などの『占拠』を『一定の効果があるのではないか』と見る諸君もいるが、がん迷な東大当局に譲歩をよぎなくさせた基本的力は、一万東大生の団結した一斉ストライキであって、今後とも東大の民主化をかちとるためには、学生が内部に意見の違いはあっても大きく団結してたたかうことが何よりも必要である。団結を妨げる一切の行動は絶対にやめるべきである」

『赤旗』の伝える日本共産党の方針の実質を読みとるためには、継続して読むことが必要である。この「学生細胞」の語る「団結」とか「絶対にやめるべき」とかの内容が分かるからである。

九月六日の『赤旗』は「たたかいは、全学が統一と団結を強めトロツキストの『病院封鎖』に反対し、東大の民主的変革をめざして前進するかどうかの岐路に立っている」と伝えた。つまり、「団結」とは、「トロツキスト」と彼らが呼ぶ東大医学部の青年たちに反対するものだった。

この日本共産党の方針を、より正確に、『赤旗』よりも早く、八月三十日の『朝日新聞』夕刊は「代々木系が反対（注：全共闘に）方針」という見出しで伝えた。

「（東大学生自治会中央委員会は）九月の新学期に入ってから諸要求を貫くために全学ストライキを行う。（中略）今後は教授らと一緒になって彼らの〝暴挙〟に反対する。このためには暴力闘争も辞さない」（『朝日』、No.566、８６２頁）

「やめるべき」とは、「暴力を使ってやめさせる」ということだった。この日本共産党の方針にしたがって、暴力専門の秘密部隊が作られた。その部隊の指揮者は、のちに語っている。

「責任者や職分を明確にしない一種の非公然秘密組織的な性格が濃かった。要するに、世間体を憚《はばか》る裏組織だった。この組織は日共内部では『都学連行動隊』と呼ばれていたが、いつしか内外から〝あかつき行動隊〟と称されることになる」（宮崎、1998）。これはむしろ〝暗闇部隊〟というほうがふさわしかったが。

九月七日、日本共産党は東大に〝あかつき部隊〟を送りこんだ。「全共闘の病院封鎖反対」

がその理由だったが、ちょうどそのとき、安田講堂で全国から医学生が集まって、「医学連大会」が開かれていたのは、偶然ではない。日本共産党は医学連で失い、東大で失おうとしていた指導力を〝あかつき部隊〟によって取り戻そうとしていた。

その夜、病院前に集まっていた〝あかつき部隊〟に抗議した全共闘の学生を、宮崎学自身が鉛の芯《しん》入りの木刀で殴りつけ、その頭を割った。日大生に暴力団が日本刀で襲いかかったときと同じことで、東大生同士の争いではかけられていた暴力の止め金を日本共産党がはずした瞬間だった。

以後〝あかつき部隊〟は、東大本郷キャンパス内に居つくことになった。宮崎学が責任者となった早大の約百五十人など、全国の各大学から選抜された少林寺拳法、剣道、空手や柔道の有段者などのツワモノたちが、赤門を入って左手、建物としては社会科学研究所、新聞研究所などを経て総合図書館に続く東大本郷構内でもっとも大きな建物の一角、日本共産党系の学生が自治会を握っていた教育学部のなかに寝泊まりした。日本共産党の指導部は東大前にある旅館に陣取って陣頭指揮を行ったと宮崎は書いている。たぶん、本当だろう。

この日の〝あかつき部隊〟の姿を覚えている東大生がいる。その夜は、雨が降っていたらしい。

「この七日の夜、私が講義室から見たのは、御殿下グランドにおける非常に統制のとれた戦闘訓練だった」（唐木田、2004）

赤門付近でたむろしている日本共産党系部隊は、東大にたちこめた暗い雲のようだった。それまでの東大生の闘争が、無期限ストライキを実現しようと各学部で徹夜で激論を交わすなど、ある種の青春の証《あかし》だったのに対して、彼らのむきだしの暴力の背後には露骨なまでの党派の利害が見え、ここから先は闇の世界という感覚があった。

夜に動き出す暴力部隊のこの不気味な姿が、多くの東大の青年たちを日本共産党系の運動から離れさせた理由でもあった。そのことは、東大医学部の青年たちのその後の活動がよく示している。この同じ日、九月七日には東大医学部の青年たちは付属病院院長室の封鎖を行って、"あかつき部隊"の脅しを退けたのだった。

"あかつき部隊"を率いた本人も、この間の事情をよく分かっていた。

「優等生の暴力アレルギーも重なって、東大の一般学生の私たちに対する反発は異常なほどであった」(宮崎、同上)

医学部の闘いに応《こた》えた東大全共闘の運動は一挙に拡大し、十月の全学無期限ストライキに結実する。

注:「学生細胞」の「細胞」とは、日本共産党の組織の最小単位を示す用語である。生き物は細胞を最小単位としているので、たぶん日本共産党をひとつの生命体として見立てているのであろう。

日大バリケード「永久奪還」

「真の大学」をバリケードのなかに見いだした日大生は、自分ではそれと気づかない間に、巨大な闘争を挑んでいた。それは、ひとつの革命だった（注）。日大闘争をそのようにとらえる視点がある。

「かつて、昭和三十六年、マスプロ教育に鋭く対立して馘首《かくしゅ》された日大数学科元講師倉田令二朗氏（九大助教授）の表現をここに借りよう。

『日大は、その後進性によって特徴づけられるものではなく、もっとも近代的な、もっとも資本主義的な「佐藤自民党大学」そのものであることによってこそ特徴づけられるということである。形式的には後進的封建的暗黒政治に見えるものは、まさしくもっとも進んだ資本主義帝国主義に奉仕として機能するものなのである。だから、これらのすべてに対して「ノン」を表明している全学生の闘いは、せめて早慶なみにといった近代化の要求のためではなく、現代日本資本主義の一つの巨大な柱——日本の支配層にとって日大が八幡製鉄より重要性が少ないなどといえようか——を揺るがすもの、つまり一つの革命のはじまりなのである』」（井出、1969）

日大全共闘は夏休みの孤独な闘いを乗り切り、八月二十五日には法学部一号館での全学総決起集会に千人を集め、八人が逮捕されるほどのデモを神田周辺で敢行した。しかし、同じ日、大学当局の手で商学部のバリケードが破壊され、九月早々にバリケードを非合法とする「占有

9月7日、日大全共闘は機動隊による繰りかえし行われたバリケード解除攻撃を退けた。この日、100人を越える逮捕者を出したが、12日にはバリケード「永久奪還」を実現した

排除仮処分」が申請された。全共闘を警察力によって、強制排除するという方針だった。しかし、古田会頭は日大全共闘の学生たちの決意を甘く見ていた。

当時の日大生にとって「バリケードが真実の大学である」という言葉は、実質であり、実感だった。彼らは命がけだった。のちに芸術学部バリケードが襲撃されたときにはプロパンガスのボンベを全開にして、負けるときには火をつけるつもりだったという。それを強権で破壊するときには、それなりの覚悟が必要だった。だが、古田会頭たちはそれを警察に任せ、大学教育の責任の一切を放り投げていた。それが悲劇を生んだ。

九月四日、日大本部、経済学部、法学部のバリケードを機動隊が排除し、たてこもっていた日大全共闘の学生百三十二人全員が逮捕された。このとき、機動隊員一人が重傷を負い、のちに死亡した。この瞬間から日大全共闘の闘いは、国家権力と直接対峙した壮絶な闘いとなり、秋田議長は刑事被告人として全国に指名手配される。

だが、機動隊によるバリケードの解除は、より大きな抗議を生み出したにすぎなかった。この日、抗議集会に参加した日大生は二千人となり、翌五日は五千人、六日にもまた五千人、七日には三千人を集めてバリケード構築と機動隊によるその破壊が繰り返され、学生側は合わせて百六十四人が逮捕された。

これほどの弾圧の嵐のなかで、生産工学部はストライキに入り、郡山市の工学部も封鎖を図書館まで拡大した。そして、十二日には千代田区神田の理工学部九号館予定地に一万二千人を集め、この力で経済学部、法学部のバリケードをとうとう確保した。日大の青年たちは、これを「永久奪還」と呼んだ。彼らは自分たちの根拠地を守りぬいた。バリケードのなかから紙ふぶきが舞い、歓声があがった。

十九日には、板橋区にある医学部もついにストを決定して、日大十一学部すべてがストに入った。二十一日、追いつめられた古田会頭は、「大学の定款を改正した後に全理事が総退陣する」と、発表した。二十四日、日大全共闘は法学部一号館前の二千人の集会のあと、午後七時には大学本部を再封鎖し、二十七日には郡山市の工学部校舎も再封鎖した。そして、歴史的な日が来る。

注：「革命」とは何か？　日本語のなかの他の各概念と同じように、「革命」は英語のレヴォルーションを中国漢字で表記して日本語のなかで使うという複雑な処理がある。そのために、英語の「回転」あるいは「天体の公転」という事実に即した意味は失われ、中国語の「天命が革《あらた》まる」

という中国人独特の歴史観も残されていない。

このごく坐りの悪い「革命」という言葉をもう少し日本語のなかで意味があるものにしようとやまとことばで言い換えるなら、どう言えばよいか？

「世直し」だろうか？　曲がった世のなかを正すということか。日大の青年たちの闘いは、曲がった大学経営を正すということであり、東大では曲がった処分を直すということだった。どういう正し方をするのかを、彼らは無数の実例で示した。それは日本の高等教育とはどうあるべきかという構想や計画を示していたが、まさにそのために、曲がった世を維持したい権力者の側から徹底的な弾圧にあったのである。

その四　ひとつの歴史の頂点

九月二十九日、日大バリケード解除の際に学生が落とした石塊を受けた警視庁第五機動隊西条分隊長の死亡が報じられた。のちに、西条警部には勲七等が遺贈された。この日、日大緊急理事会が開かれ、翌三十日の全学集会が決められた。この決定は、その日のうちに日大全共闘にも伝えられた。

日大両国講堂集会

神田三崎町から二万余の日大生が、日大全共闘のオレンジ色の旗を先頭に日大両国講堂に到着したとき、誰が冒頭の話をしたのかは、記録には残っていない。しかし、それは日大生の心からの叫びだった（注）。

「ぼくたちは、六・一一の、血の弾圧を、決して忘れない。（「そうだ」の声あり）そして、何よりも、いまだに、九月四日の、仮処分の執行すら撤回されていない。（「異議なし」の声多し）何よりも悲しむべきことに、きのう第五機動隊の諸君のうち西条巡査が死んだ。悲しむべきことに、機動隊の人が、一人死んだ。にもかかわらず永田総長は学生に自首しろという。

（「ナンセンス」の声多数）なぜ、学校当局は、仮処分を撤回し自分でつくり出した犯罪性について自己批判しないのだろうか。仮処分の申請は、九月四日から、九月十二日に至る、五百数十名の、学友が、不当逮捕された原因であり、そして、何よりも、芸術学部の学友が、順天堂病院で、九九パーセント失明するという、そういった事態を、生んだ、原因である」（『バリケード』、101〜102頁）

日大生の代表は、この歴史的な集会の冒頭の言葉のなかで「何よりも」という形容詞をつけて、機動隊員の死を悼んだ。このことを銘記しておこう。三十億円の使途不明金問題を隠そうとした者たちが、自前の暴力では解決できなくなったために、国家の暴力を利用して起こした事件によって、学生は失明し、警官は死んだ。それは、日大の当局者たちによって起こされた、拡大された悲惨な事件だった。

午後三時十分、文理学部代表が挨拶《あいさつ》しているところへ、古田会頭が入場した。

「古田会頭がこの会場に来ました。（騒然）すべての学友諸君、すわり込んでほしい。（聴取不能）壇上に坐わっている学友は、場所をあけてくれ。（「古田を倒せ」の声、騒然）」（『バリケード』、104頁）

両国講堂は揺れた、物理的にも。

「学友諸君、聞いてください。四階、三階に多くの学友諸君がのぼりすぎているんで、三階にひびが入っているそうなんです。非常に手を抜いた突貫工事をしたらしいんでね。（騒然）したがって、三階で立っている諸君は申しわけございませんけれども、下に降りていただきたいと考えます」(『バリケード』、116頁)
このユーモア、この余裕、この言葉遣い、すべてが日大生は自分を鍛えたこと、自分を作りなおしてきたことを示していた。
長い討論のあと、ついに古田会頭は自己批判書を読みあげて、それに署名捺印《なついん》した。六月十一日の弾圧、八月四日の大衆団交破棄、九月四日の仮処分執行、機動隊導入への自己批判である。

9月30日、日大両国講堂での大衆団交。3、4階の床が落ちる危険があるほど、建物自体が揺れた

「ならびに、みずからの教育者、学者としての姿勢に間違いがあったことを、徹底的に自己批判します」というものである。出席した理事らがこの自己批判書にそれぞれ署名捺印した。

それは日大全共闘の偉大な勝利の瞬間だった。しかし、このほかに二つの事実に注目したい。ひとつは付属高校校長との議論である。

この席に藤沢高校の直江校長が出席していた。彼は六月十一日に経済学部の建物にいたことが知られていた。「そこで何をしていたのか」と学生たちが追及した。言い逃れる校長に対して、日大生は「あなたは教育者か」と問いただした。

「そういうことを聞いてんじゃないですよ、ぼくらは。ぼくらは日大生だから立ち上がったんじゃない。人間として許せないから、立ち上がったんだ。（騒然、拍手）あなたは人間としてどうなんだ」

「人間としてそれは高校教育に関することを、いちばんに考えております。高校から大学へ行った学生に対しても、大いに考えております。六月十一日の件に関しては、それほどなにも知ったことがありませんので、答えません」（『バリケード』、125頁）

学生たちは「そういうこと」、つまり、校長の自己保身の話を尋ねたのではなかった。「人間としての判断があるだろう」と聞いていた。しかし、校長は「人間として高校教育に関することがいちばんんだ」と、つまり「職務だ」と答えた。この世代の大人たちには、人間としての判断という言葉そのものが通用しなかった。これは、日大闘争のなかで、いや、全国大学闘争のなかで、もっとも核心に触れる議論だった。

もうひとつは、この集会の間に入った緊急報告の伝える暴力である。

「本日、夕方五時ころ、黒ヘルメットの右翼体育会系暴力団、五十名から百名の集団が、トラックで芸術学部正門前に押しかけ、バリケードを破壊し、そして校内に乗り込み、警備にあたっていた五名の学友を蹴《け》ちらし、そしてうち女性二名を屋上において後手に縛りあげ、金品を略奪、各部屋に置いてあった私物から金品の略奪を行なった。あとから知らせを聞いてかけつけた七名の学生が、芸術学部の近所の柔道部の部屋に連れ込まれ、そこで集団リンチを受けるという事態が起こった。われわれはただちに行動隊を編成して、その柔道部の部屋におもむき、七名の学生をわれわれの手に奪還したことを、報告したいと思います。（われるような拍手）」

（『バリケード』、182〜183頁）

女子学生ふたりは、針金で縛られていたことが知られている。また、同じ日、生産工学部のバリケードも破壊された。古田体制には、現在の日本社会と同じように暴力で塗りつぶされた裏の顔があった。

青年たちが大学構内に築いたバリケードとこの日の大衆団交は、ありていに言えば蜂起《ほうき》であり、革命だった。だから、十月一日には総理大臣佐藤栄作が「日大の大衆団交は認められぬ、政治問題として対処する」と発言し、以後日大闘争の徹底的な圧殺を指示する。この最高命令の下で、日大当局は「九・三〇確認事項」を破棄し、十月三日に約束していた大衆団交も反故《ほご》にした。こうして、最終的な決着へ向けて、日大全共闘のぎりぎりの闘争が始まった。

それは、同時に東大闘争の将来とも密接に関係していた。すでに、大学闘争は一大学内の問題ではなくなっていた。いやおうなしに、学生たちは日本政府の権力中枢と正面対決することになった。

注：この歴史的集会については詳細な資料があり、その日の熱気も余すことなく知ることができる。月刊誌『中央公論』には速記録が（中央公論編集部編、1968）、また日大全共闘による詳細な記録もある（『バリケード』、83〜188頁および『叛逆のバリケード』、353〜422頁）。

東大全学無期限ストライキ

「九月に入ってから医学部闘争の性格が一変し、医学部の旧秩序を守ろうとする教授、助教授陣とその根本的改革を迫る一部の若手医師、研究者、学生の連合軍による対決といった様相を日増しに濃くしている」（『朝日』、No.568、158頁）

マスコミにさえ理解できるほどの医学部闘争の質の変化に対して、教授会側の反撃もまた、尋常ではなかった。医学部教授会は、六百人の学生に対し百二十人の教授、助教授がマン・ツー・マンで対応し、切り崩し策をとることに決めた。こうして九月半ばまでには、一九六八年卒業予定組（九十人）の約三分の二が国家試験に応じた。

九月十一日、教養学部基礎科学科（百四十七人）も無期限ストライキに入り、十六日には教養学部長との団交決裂を受けて、駒場全共闘の手で教養学部の事務が封鎖された。翌日、日本共産党系部隊はこの封鎖を一時解除したが、全共闘側は再封鎖した。十八日の教養学部代議員大会では、日本共産党系の議長はリコールされ、全共闘系が議長選挙に勝った。しかし、またしても全提案が否決となった。

無期限ストライキの波は東大全学に広がった。九月十九日工学部、二十七日経済学部、二十八日教育学部、十月二日理学部、三日薬学部と農学部、そして十月十二日には法学部が無期限ストライキに入り、すでに無期限ストライキに入っていた医学部、文学部（注）をあわせて、東大の全十学部が無期限ストライキに入った。日大の十一学部全学ストライキに遅れること約一カ月だった。

9月16日、東大教養学部での青空団交

今まで「闘争」の文字に無縁だった東大の専門学部の学生たちは、徹夜の学生大会での討論を重ねて、この無期限ストライキの結論にたどりついたのだった。たとえば、理学部がそうだった。

十月一日午後五時から赤門奥の理学部二号館大講堂で、理学部の学生大会が開かれた。それまで自治会を完全に牛耳ってきた日本共産党系は、すでに絶対多数者ではなかった。全共闘を支持する学生との勢力が拮抗《きっこう》して、採決は「あいこ、また、あいこ」だった。どちらの提案が通るかは、東大闘争の命運とその主導権をかけた闘いだった。議論は深夜になっても続いた。結局、翌二日午前四時にようやく決着がついた。この結果、東大全共闘の主張する無期限ストライキ方針が通り、私がストライキ実行委員長に選出された。しかし、理学部の学友諸君もよくその人柄を知っていて、副委員長には日本共産党系の学生を選んで、その荒っぽい極左方針へのバランスをとったのである。

もっとも、この理学部学生大会の票数は記録がない。理学部当局も関心を持っていなかったらしく、『弘報』(18頁)にも「二日早暁に至る学生大会」としか記録されてない。

学生大会の長時間記録をたてたのは、法学部だった。夏休み明けから数えて五回目の学生大会は、全学生千四百三十四人のうち六百二十九人が参加して十月十一日午後一時から開かれたが、午前零時をすぎても決まらず、夜が明けた。処分の白紙撤回など六項目の折衷案が二百五十一対百三十七対三十七で可決したのは、翌朝の午前六時だった。十七時間の激論のすえだった。

すでに明るくなった銀杏並木に、法文二号館三十一番教室の学生たちのどよめきが響いた。こうして、「九十年の東大法学部の歴史に例なし」と言われた法学部の無期限ストライキが始まった。

東大全共闘は、十月七日には全学総決起集会を駒場で開催して三千人を集め、その運動の絶頂を迎えた。東大当局が、「現在この『共闘会議』方式による提案が学生大会で可決されている学部自治会は、医、文、教養、工、経の五学部のほかに基礎科学科、教養学科の二学科がある」(『弘報』、3頁)と記録するほどだった。

注：文学部は六月二十五日の学生大会（定足数百八十九人に対して約二百五十人出席）の決議で翌二十六日から無期限ストライキに入ったが、九月十九日に再度の学生大会を開き（三百七十四人出席）、二百二十票対百三十八票で無期限ストライキ継続を決めた。また、九月二十五日には文学部事務封鎖を行った。

9月17日、東大付属病院正面玄関前に出された「全学スト決行中」の「タテカン」

東大病院での闘い

東大医学部と付属病院の青年医師たちの闘争もまた、この全学の無期限ストライキ闘争に呼応し、外来系医局研究棟（九月二十二日）、臨床医局研究棟（九月二十七日）、医学部一号館と三号館（十月四日）の封鎖へ、つまり教授たちの聖域を占拠する方向へ向かった。地上七階建ての医学部三号館の一階から三階には、医学部保健学科（学生数三十七人）があり、このためにそれまで医学部にあってストライキ闘争から無縁だった保健学科の授業は完全にストップした。

「九月二十七日午前三時、東大医学部図書館より出てきた百数十人の色とりどりのヘルメットの集団が医局、研究室のある通称『赤レンガ館』へ向かった。それまで数時間、長く重苦しい議論が医学部図書館三階で続いたのであった」（山本、1969）。「色とりどりのヘルメット」は、各党派が参加したことを示していたが、それ以上に重要だったのは、この封鎖に「医学部基礎・病院連合実行委員会」の医局員、青年医師、医学部研究者、医学部学生という医学関係の青年たちの各層があげて参加したことだった。そのために「長く重苦しい議論」があった。

大学院の青年たちもこの闘いの場に加わった。九月二十一日には都市工学大学院が、十月二日には基礎医学・社会医学若手研究者の会（五十六人）が無期限ストライキを始めた。十月八日、精神神経科医局は医局の解散決議をした。医局制度こそ、研究と医療とそして人事を束ねる教授専制制度の源泉だったからである。こうして、学生だけでなく、その上の世代の青年たちもまた、この闘争に自らの未来を賭《か》けることになった。

十月十二日、東大医学部と病院の青年たちは「全医学部共闘会議」を結成し、若手医師を含む組織が生まれた。翌日、二十二の診療科の教授、助教授からなる「医学部臨床教授会」は「青医連」を認める方向を打ち出さざるをえなかった。

しかし、政府側は攻撃の手をゆるめなかった。十四日、午前三時十五分という深夜をえらんで医学部図書館に押し入った警官数十人によって、読売新聞記者暴行の容疑で逮捕された医学部の三吉譲は、二日後には起訴された。異例の処理の速さだった。

十五日、東大全共闘は東大付属病院内科研究棟（問題の発端だった上田内科医局もある）を封鎖した。十七日には、基礎医学系の若手研究者（研究生と大学院生五十四人の組織）が学生の研究室封鎖に同調する態度を打ち出し、他学部の若手研究者にも封鎖闘争を呼びかけることになった。

マスコミでさえもこれらの若手医師の意見を伝えざるをえなかった。

「穏健派が支配的な他の医局でも、若手医師の〝ただ働き〟によって診療を支える現体制には批判の声が高く、（中略）研究室を学生に追われた当時は、『研究の自由じゅうりんは許せない』と怒る人も多かったが、教授会が会議に明け暮れるだけで解決策を示せないのにあきたらず、ついに▽封鎖闘争を全学化せよ▽全学部若手研究者の会を結成し大学改革を、などを決めた」（『朝日』、No.568、６０７頁）

十八日、東大付属病院神経内科の無給医（インターン）は診療拒否の闘いに入った。病院には教授から助手まで合計三百八十五人の有給医がいたが、その二〜三倍の無給医が診療を支えていた。こうして、青年医師の闘いは新しい段階へ入った。十月中に行われた病院封鎖でも分かるように、さしもの〝あかつき部隊〟も病院に居坐ることはできなかったのである。

「民青中央委員会破産宣告！」

九月三十日、東大全共闘は「民青中央委員会破産宣告！」と題したビラを出した。

「中央委員会は一〇学部中六学部以上三〇名の出席で成立するが、現在医学部自治会、文自治会、教養学部自治会、経自治会（一七日学生大会に於て民青執行部罷免され新執行部が形成された）、工学部自治会（一九日学生大会で民青執行部罷免仮執行部形成）の以上五学部全学生八〇％以上は共闘会議に結集し七項目要求のもとに無期限ストライキを戦っている。よって中央委員会なる名称を民青が僭称《せんしょう》することは以後許されない。民青の私物化団体連合である七者協は中央委員会が破産したことにより存在しないことになる」

いち大事である。東大内の日本共産党系の組織はこれに激烈に反応した。

十月三日、東院協（東大院生協議会）執行部は「東大闘争の勝利とは何か――全学共闘『七項目要求』批判」と題するビラを出した。

「『七項目要求』は、大学の現体制内においても容認できるものにほぼ限定されており、一言でいうなら『民主化』の展望の欠如、すなわち、大学当局との決定的な対決を回避している。つまり、その『戦闘性』『非和解性』にもかかわらず、そこに貫いている思想は、完全な日和《ひより》見《み》主義である」（『砦』、224～225頁）

この日本共産党系東大大学院生組織のひとりよがりの「革命性」は、まともに議論を進めてきた学生たちから総スカンを食った。「東院協」を含む「七者協」は医学部の処分問題以降、青年たちの闘争の邪魔こそしてきたが、何ひとつ前向きの方針を出してこなかった。それが「全共闘は大学当局との決定的な対決を回避している」というのでは、学生たちを説得することができなかったのは当然だった。だが、問題はそれだけではなかった。この東大大学院生組織の「過激化」は、日本共産党中央の神経にも触れた。このために、一ヵ月後、東大内の日本共産党系組織は方針を一転させる。

九月二日の時点では、全国で五十一大学が紛争中だったが、それは壮大な混沌《こんとん》であり、学園紛争に終止符を打つ動きと新たな紛争が渦を巻いていた。東洋大では九月七日から校舎占拠が始まっていたが、九月三十日には理事長が退任した。同じ日、京大医学部は八十七人全員に卒業を認定し、闘争を終結させていた。東京医科歯科大では十月四日に全学大会で一月十九日以来のストライキを解除するとともに、五月末からの病院外来の封鎖も解除した。逆に、十月十一日には使途不明金問題による学長、理事の総退陣に伴って神奈川大で学園闘争が勃発《ぼっぱつ》し、同じ日に東京外国語大が無期限ストライキに入った。

しかも、この年の十月には大学紛争を小さく見せるほどの騒乱があった。

騒乱罪適用―10・21国際反戦デー

十月十七日、東京都教育委員長は高校生の政治活動の禁止を通達した。この時代には、高校生も沸騰していた。政府にとっては、学園闘争と反戦闘争が結びついて社会を動かすほどの大規模な政治闘争になることが、何よりも警戒すべきことだった。そして、実際にその方向へ、青年たちはまっしぐらに突き進んだ。この年の十月と十一月は、ヴェトナム反戦運動に結びついた大学闘争の嵐のときでもあった。

10月21日、新宿騒乱事件

「10・21国際反戦デー」には東大全共闘も三千人（五千人とも）の総決起集会を開き、東大構内を埋めるほどの大デモを行った。一人の学生が権力に殺された前年十月八日の羽田闘争を報告しても、ほとんど表情を変えなかった学生たちのいた本郷構内がまったく様変わりしていた。安田講堂を出たデモ隊は付属病院を回っても、延々と続いていた。

この日、全国六十六大学で授業放棄が行われ、三十万人の労働者・学生・市民が集会とデモに参加した。学生と青年労働者たちは国会、防衛庁、首相官邸と政府中枢にデモを進めたが、特に米軍弾薬、燃料輸送の要《かなめ》となっている新宿駅を目指してのデモはもっとも巨大なものとなり、新宿に集まった市民を巻きこんで深夜までの騒擾《そうじょう》となった。これに騒乱罪が適用され、この日の逮捕者は千十二人に達した（参加者は全国で二十八万九千人、逮捕者は九百十三人、負傷者百四十人という新聞報道もある）。

この日、三島由紀夫は銀座で自衛隊調査学校情報教育課長の山本舜勝《きよかつ》と青年たちの叛乱を見ていた。濃紺のヘルメットとジュラルミンの大楯で身を固めた機動隊の隊列が靴音高く走り、学生たちが角材を振り回してその大楯に立ち向かい、石と火炎ビンと催涙ガス弾が飛び交う様子を、銀座四丁目の交番の屋根の上から見つめる三島は体を震わせていた、という（猪瀬、1995）。戦争に行き遅れた三島の頭に、今度こそは間違いなく死ななくてはならないという想念が根づいた瞬間ではないだろうか？　「楯の会」はその日の直前、十月五日に結成されている。

文部省は全国三百七十七の国公私立大学に対し、「一部の大学が違法行為の拠点となった」として、「学内捜査に協力」を厳命し、警察はつぎつぎに上部団体を一斉捜索した。安田講堂はもっとも重要な捜査の対象になるだろうと、占拠していた青年たちには緊張が走った。講堂だけではない。「寮も危ない」と資料の整理と移動、そして焼却を徹夜でやった。

十月三十一日、アメリカ大統領ジョンソンは北爆を全面的に停止すると発表した。それは、ヴェトナム人をアメリカ人が武力で支配することはできないことが明らかになった瞬間だった。なしとげたのはヴェトナム人自身だったが、日本の青年たちは世界の反戦運動のひとつの勝利だと感じ、世界史とヴェトナム戦争の行方に一筋の光明を見たと思った。

騒乱罪適用後に吹き荒れる警察の捜索や逮捕に身構えていた青年たちは、ヴェトナム戦争に見えてきた光を感じ、世界は動くのだという実感を持った。この勢いで、東大闘争も日大闘争も必ず勝利する、と。

大河内総長辞任

十一月一日の「大河内総長辞任」を知ったとき、私たちは安田講堂にいた。それは本来なら総長がいるはずの建物だった。当時私がいたのは四階にある総長室よりも上、正面玄関、ファサードの上、時計塔の基部にあたる五階の文書資料室だった。その窓をくぐるとすぐに講堂上のテラスに出ることができた。その高さは大講堂の屋根と同じで、なかなかに見晴らしがよかった。そこからは、左右に法文一号館と二号館を従えた銀杏並木が正面に見え、手前の講堂前広場の左右には大きなクスノキが広々と枝を広げていつもつややかな緑の葉を茂らせていた。イチョウの黄葉にはまだ時期がはやく、構内にはどんな花もなかった。

大河内総長は自身の出身学部である経済学部教授会での半月近い討議も、そこでの総長辞任を含む収拾案の決定(十月十六日)さえ、翌日になるまで知らされなかった。総長は激怒して最後の抵抗をしたが、十月二十六日の学部長会議で、総長と全評議員、全学部長の辞任と医学部学生の処分撤回が決定された。

大河内総長は辞任にあたって「学生諸君へ」という声明を発表した(『弘報』、429〜433頁)。東大全共闘は、工学部の一号館と列品館(工学部事務棟)の封鎖で、これに応えた。この「声明」が愚劣だったからである。

正門前に貼り出されていた大河内総長のこの文書は、その冒頭からして変だった。

「私は、これまでの半年間、紛争の解決のために、あらゆる努力を傾けてまいりました。けれども、こと志とちがい、事態の収拾は今日にいたってもなお困難であります」

「これまでの半年間」がそもそもおかしい。医学部のストライキの始まりは一月、処分は三月である。十一月一日の時点では、大河内総長自身がかかわった処分からでもすでに八ヵ月近くが経過している。驚いたことに、総長は自分が最高責任者である学生処分問題を「紛争」の始まりだと考えていなかった。

「こと志とちがい」とは、何か？　総長にどんな「志」があったというのか？　医学部から処分が回ってくれば、手続き上違法という問題にも目をつぶって承認し、安田講堂が占拠されればあわてて機動隊を入れただけではないか。そのどこに、「志」などという大層なものがあったか。

志と言うことができるのは、己の義を志として確立し、それに命をかける決意をした者だけだ。己の義とは何か？　祖先に向かって恥じず、子孫に伝えて恥じないと言える己の生き様ではないか。総長がそれほどの志を持っていたのなら、事態はまた違った方向へ行っただろう。だが、彼がやったのは、夏休み中に出した告示一本だった。

「しかし、ついに諸君の共感と支持を得られず、学生による教室、研究室、事務室、病院等の封鎖が拡大し、一〇学部のすべてがストライキに入るという、東大にとって容易ならぬ事態に立ちいたりました」

十の学部がひとつ残らず、大学当局のやり方が不当だとストライキに突入しなくては、彼の心に学生の訴えは届かず、その頭も回らなかったわけだ。しかし、それでも彼が大学教育の何たるかに気がついた形跡はない。

「しかし、大学の基本的な姿勢や方針が、心ある学生諸君の理性と良心とに満足を与えることができず、それらの諸君が、ストライキや建物の封鎖・占拠に、支持あるいは黙認を与えるようになったとすれば、それは大学にとって最も深刻な事態だと言わなければなりません」

「大学の基本的な姿勢や方針」と聞いて、「何事か本質的なことを総長が考えているのだな」と思う者は、まだまだ東大生のなりあがり者である東大総長、つまり日本型高級官僚の思考様式が分かっていない。彼らにはそもそも「基本」がない。

総長のこの文言に続くのは、「次の措置だけをいたしました」という二項目だけだ。そのひとつは「粒良君問題」での謝罪である。

残るもうひとつの総長の措置とは、医学部学生十一人（粒良邦彦を除く）への処分の取り消しである。なぜ取り消すのかという理由を、総長は三つあげている。

第一は処分の手続き不備、第二は紛争のさなかに行われたという点、第三に総長の言うところの「根本的理由」が来る。その「根本的理由」とは何か？　何度も言うけれど、「東大総長」の言辞に期待してはいけない。

総長は「医学部教授会は、教育的な処分を行なうのに、はなはだ不適格」であったことが根本的理由だ、と言う。こうして、自分自身の責任は逃れてしまった。彼は処分が彼の名前で出されたという事実すら理解しない。それを理解すれば、この間の一切の問題は自分の問題だったと感じなくてはならないからである。「はなはだ不適格」なのは、自分自身だ、と。

そこで、総長は「医学部が悪い、自分は悪くない」と言い張る。「私としては、同僚である医学部の教官について、このような批判を口にするのは非常につらく」云々というような長広舌は、わざわざ公にするほうが悪い（注）。

しかし、こうして自分の責任を回避できたとひとり喜ぶ総長は、学生に教訓を垂れる。長年の教師生活で染みついた教訓癖はなおらない。

「なお、その後の抗議行動の中の、自治活動にもとづくものや非暴力的な行為はともかく、およそ暴力に訴える行動は、どのような目的のためであれ、学園において絶対に容認されてはならないのです。（中略）

諸君の各自が、また諸君相互の間で、このような反省を徹底して実行することは、諸君にとって容易ならぬ試練でありましょう」

こんな無責任なトップを持った大学では、苦労するのは学生のほうで、このために懲役刑になったりするのだから、それは「容易ならぬ試練」には違いなかった。

注：総長の挨拶を一言でまとめてしまったのは、できるだけ分かりやすく伝えるためであって、彼の意図を意識的に貶《おとし》めようというものではない。しかし、世のなかには心の広い人も、どんな文章なんだろうと考える人も、東大総長ともあろう人物の辞任の挨拶文をずたずたにした筆者の

意図を疑う人も必ずいるだろうから、「三つには」の文章をそのまま以下に掲載する。

「三つには、もっと根本的な理由があります。すなわち、大学の処分は本質的に教育的観点からなされるべきものですが、この処分がなされた当時の医学部では、教授会と学生との間の不信の溝はきわめて深く、正常な教育を行ない得るのに必要な、教師と学生との間の人間的な信頼関係が全く欠けていました。学部長や病院長が学生・研修生との面会を避け、また春見事件のような暴力行為をやめるよう教官が学生をその場で説得する熱意と努力を欠き、他方学生は教授会への不信を理由に、事情聴取のための学部長の呼び出しに応じない、というような現実は、医学部教授会が、教育者としての資格と責任を問われていることを示していたのだと思います。私としては、同僚である医学部の教官について、このような批判を口にするのは非常につらく、心苦しいことです。しかし、こうした状況にあった医学部教授会は、教育的な処分を行なうのに、はなはだ不適格であり、したがって今回の処分は、教育的な処分の意味を持ち得ないものであった、と言わざるをえないのです」(『弘報』、430頁)

だったら、東大総長、なぜあなたはこの処分を決定し、「間違いなかった」と言い張ったのか？（いかん、いかん。三十七年を経たというのに、まだ怒っている）。

責任感

機動隊の導入について、総長はかんたんに反省してしまう。その「反省」とは何か？　第一は、学生の衝撃に対して自分の理解が足りなかった、という。

「しかし、もう一つ、それ以上に重要なことですが、あの場合、警官導入を決意する前に、先《ま》ず私自身がすべての教職員・学生に呼びかけて、全学の意思を結集し、占拠学生に対する誠意ある説得によって、あの窮状を打開する努力を試みるべきであったと考えます」

この文章を読んで「なるほど」と、思う人もいるだろう。しかし、これは事が終わって、最初の告示を出し、夏休みも終わり、東大全学が無期限ストライキに入ってからのことである。「努力を試みるべき」だのと反省するのは、下司《げす》の後知恵というものである。

「反省だけならサルでもできる」という二十世紀末の名文句があったが、総長のそれは実にだらけたものだった。しかも、この反省のあとすぐに学生に責任転嫁する。

「同時に、私は、学生諸君に対しても、諸君が『大学の自治』という言葉を口にし、警察官の立入りに反対する時、大学の秩序を自主的に形成する重い責任が、諸君自身にも課せられるということを、強く銘記してくれるように望みたいと思います」

この総長の言葉が完全に間違いなのは、もってまわった言い方の押しつけがましさによるのではない。事実認識がでたらめなのだ。こういう重大なことを言っても、言った本人が、言葉で格好をつけただけで、この言葉どおりにやろうとすると、とんでもないことになるとはまったく気がついていない。

どういうことか？

学生に「大学の秩序を自主的に形成する責任」が課せられるというこの文言を、本気で受け取るなら、学生にも大学の秩序形成に責任があるということになり、学生は教授と同様に管理責任を持つことになる。この言葉を実質にしようとすれば、学生が秩序形成に参加することになる。それは不可能である。

もちろん、総長は「教授会の管理の下で学生はおとなしく秩序を保てよ」と言っただけのことで、実質がそんなことになるとは、思いも寄らないだろう。ただ、自分が悪かったというだけではカッコがつかないから、「秩序を形成する重い責任」などと形容詞をつけて「俺だけが責任を取らされるのはごめんだ。学生にも責任があるんだ」と言いたかっただけなのだ。しかも、言った言葉に責任を持たなくても、責任を持てなくても「もう辞めるんだから、なんでもいいや」という自堕落な文章なのである（注）。

この責任転嫁と言い逃れの文章のどこにも問題解決の鍵《かぎ》はない。「八・一〇告示」は短かったが、今回のは長い。その分、言い訳が長いというだけだ。私たちは納得しなかった。もっとも、納得したい学生たちもいた。そろそろ留年、卒業、就職がタイムリミットに来ていた。大学当局からすれば、入学試験ができないとなると大学の存続にかかわる。お互い、それだけはなんとしても避けたいことだった。当時、「このままでは泥沼化します」と理学部数学科の秀才が私たちに詰め寄ったことがある。「なにがなんでも泥沼化だ！」教育学部で悪戦苦闘の日々を繰り返していたGは、即座に答えた。

同じころ、日大はもういっぽうの正面の敵、右翼・体育会と正面衝突していた。

注：最高責任者が自分にはまったく責任がないと言いつのり、あげくは同僚をそしり、ありえない未来を語って学生に反省を促すという姿勢は、当時の学生には、ある種の絶望さえ感じさせた。東大総長になりあがった東大生のゆがんだ自己意識こそは、自分の将来の自画像だという事実だった。

旧日本帝国陸軍では、司令官は将校からの紹介状を持って訪ねて来た人間（工場責任者）の前でさえ、当番兵にズボンをはかせてもらい、ズボンのボタンまで当番兵にかけさせていた（小松、2004）。このような人格崩壊は、昔の軍隊のなかだけのことではない。

東大卒やキャリアには、官庁に勤めたその瞬間からエリートコースが用意されていて、当番兵ならぬノンキャリアがついてお世話をすることになる。ズボンのボタンをかけてもらうことに、彼らは慣れる。その結果、人格の腐敗が起こる。実際の汚れ仕事は下士官がやる。ノンキャリアがやる。インターンがやる。助手がやる。学生にやらせる。それらに「やらせればいい」と。

そういう人格腐敗の構造が、東大の構造だった。東大の青年たちが大河内総長の文面から嗅《か》いだのは、この腐臭だった。一部の青年たちに東大への未練がなくなったとしたら、それはこの腐臭のためだった。

日大に吹きすさぶ暴力の嵐

十月に入ると、日大当局の動員する右翼・体育会の学生の数は、これまでの数十人から一挙に二百人になった。彼らは明らかに暴力のレベルをあげた。彼らは十月八日、習志野市津田沼《つだぬま》の日大生産工学部に放火し、十四日には郡山市の工学部バリケードを火炎ビンで攻撃し、十一月四日には獣医学部で攻撃をかけた。

十一月八日、日大芸術学部バリケードを暴力団〝関東軍〟に率いられた体育会四百人が攻撃した。この夜の襲撃に加わった一人の証言がある。

「江古田《えごた》（東京都練馬区）の日大柔道部の合宿所には、拓大から国士舘からと続々と人が集まりました。なかには〝関東軍〟と縫い取りのあるバッチをつけたのもいて、総勢四百人かそれくらいだったでしょう。深夜、『青年日本の歌』を歌いながら出発しました。『汨羅《べきら》の渕《ふち》に波騒ぎ』という三上卓《みかみたく》作詞・作曲の、あの歌です（注）。相手が少ないときを狙《ねら》っての奇襲ですから、勝利はあらかじめ保証されていたわけで、堂々の出陣でした」

指揮官は四十代の「飯島某」だった。このとき、バリケード内には約四十人の日大芸術学部闘争委員会（「芸斗委」）メンバーしかいなかった。〝関東軍〟は全員が黒ヘルメット、マスクをつけ、日本刀、樫の木刀、熊手、鉄棒、ライフル銃で武装していた。「芸斗委」側に捕らえられた〝関東軍〟捕虜の自白では、一人あたり四千五百円から八千円の日当を受けとっていたという（奨学金が月三千円の時代である）。

襲撃側は二重三重のバリケードを破って一階、二階と全共闘を追い詰め、午前二時には屋上に通じるバリケード一重が残るだけになった。この圧倒的な敵を前にして「芸斗委」側は死を覚悟した。

「この間の芸術学部でも、屋上にプロパンガスがあるんですが、やられたらガスに火をつけて討ち死にする覚悟でボンベの口を全部あけてたんですよ。ところが、おかげさんで勝った。総括集会やってるときに、くさくてくさくてしようがなかった」（『バリケード』、81頁）

「日大生は既存の価値に対する幻想はぜんぜんない。つい最近芸術学部を襲撃した右翼は、日本刀をふりまわしたし、ライフル銃まで用意していた。人の命なんか何とも思っていない」（秋田明大、『中央公論』1969年1月号座談会での発言）

決死の覚悟の全共闘に比べて、襲撃側は甘かった。

「あとは屋上へのバリケードひとつになった。ここで気を抜いたんですな」と襲撃部隊の一員は語る。

「芸術学部ですからそこにはピアノなんかあって、それを弾いたりして遊んでいたんですよ。外は〝関東軍〟が守っているから安心だと。実際、彼らは『外から来る学生たちは、俺たちが撃退する』と約束していたし、もう電車もないし、学生の応援も来るはずがない、ゆっくりやればいいや、兵糧攻《ひょうろうぜ》めだ、という考えでした。

明け方になって外を見ると、ヘルメットがいっぱいいるんです。それでも、こちらはのんきなもので『ああ、応援部隊がまた来たんだな』と思っていたわけです。しかし、このとき、〝関東軍〟の連中は逃げてしまって、なかに入っていた私たち学生部隊が挟み撃ちにあって、さんざんな目にあったわけです」

急報を受けた日大全共闘は、朝一番の電車に乗って江古田に向かったが、外からは見えないように、全員床に横になって姿を隠していたという。軍師がいたのである。

体育会系学生たちは怒り狂った日大全共闘に捕らえられた。襲撃側の一員は語る。

「全員針金で後ろ手に縛られて、数珠《じゅず》つなぎにつながれて、ひとりひとり自己批判をさせられるわけです。よせばよかったんですが、私の番になったとき『夜分お邪魔して申し訳ありません』と言ったのです。とたんに『こいつふざけている』というわけで、むちゃくちゃに殴られて気絶しました。気がつくと富士見台病院で、看護婦が『この学生の右目のガーゼ、深く入ってとれません』って言っているし、医者は『それじゃあ、失明するぞ』と言っている。これはまずいなと思いましたよ」。彼は幸いにして失明はまぬがれたが、三カ月の重傷だった。

日大全共闘は「緊急アピール」を発表した。

「我芸術学部において十一月八日未明、関東軍をはじめとする国士舘大・拓大・早大・中央大・東海大・専修大等の、そして日大芸術学部の学生会議・民主化推進委員会・スケート部・少林寺拳法部・柔道部・空手部員等の武装右翼学生が暴力的スト破壊をなしてきたが、芸斗委の先進的学友が五十名足らずの部隊で果敢に抗戦し、二時間半後支援にかけつけた全共闘の行動隊二百名と共に徹底的に粉砕したのである」

この事件では「芸斗委」側も重傷者四名が入院した。数において圧倒的に優勢だった〝関東軍〟を撃退したことで、「芸斗委」は勇名をはせるようになる。黒い「日大芸斗委」の旗を見ただけで三派全学連も日本共産党系も「三舎《さんしゃ》を避く」と言われたものである。

日大全共闘は職業右翼に率いられたこの強力な攻撃を撃退したあと、神田三崎町で全学抗議集会を開いた。

「逃げおくれた（右翼）学生約百人が校舎内に連込まれて」いたが、日大全共闘は「午後二時すぎには全員返した」（『朝日』、No.569、257、272頁）。右翼側もずいぶんたくさん逃げおくれたものだった。

この襲撃事件に対して、警視庁の対応は速かった。襲撃の四日後（十二日）、「暴力事件の手入れ」として千五百人の機動隊を動員し、多数のガス弾を浴びせて、芸術学部バリケードを攻撃し、バリケード内の「芸斗委」四十六人（女性一人を含む）を全員逮捕した。しかも、この名目のない逮捕にもかかわらず、全員を検察官が請求できる勾留《こうりゅう》期間限度の二十五日間も留置した。それだけではなく、このとき逮捕された学生全員の家や下宿も家宅捜索された。「まるで国家的な機密書類が盗まれた、といった按配《あんばい》である」（柳田、1969）

だが、決して屈しない日大全共闘は、同じ日の午後四時には芸術学部のバリケードを再建していた。

日大の青年たちは頑強だった。暴力では、決して負けなかった。もしも、より広い社会が彼らの闘いを理解し、応援してその方向を包みこみ、本来あるべき現実的な解決へその主張する社会正義を実現していたとしたら、日大闘争の行方はもっと豊かなものになっただろうし、日本じたいがそれによって恩恵に浴していただろう。

しかし、そうはならなかった。この社会では、「大人」たちが貧弱だった。

注：『青年日本の歌』は、一九三〇年（昭和五年）海軍少尉三上卓の作品。「汨羅の渕に波騒ぎ」という一句に始まる歌で、五・一五事件、二・二六事件の青年将校の愛唱歌のひとつでもあった。汨羅は、紀元前四〜三世紀の屈原《くつげん》（楚《そ》の人）が身を投げて死んだ湖南省洞庭《どうてい》湖近くの川の名前。右翼も、学識は深い。

その五　日大・東大全共闘合流

九月末からの日大闘争の推移は、驚愕《きょうがく》の連続だった。日大当局が開催したはずの両国講堂での全学集会は大衆団交となり、日大生二万人の目の前での日大当局の完全な屈服で終わった。と思われた次の瞬間には、首相佐藤栄作自身が乗り出して、日大闘争を「一個の大学の問題ではなく政治問題とする」と宣言して学生から勝利をもぎ取り、辞職するはずの古田会頭を居坐らせた。そのうえで、これまで使ってきた右翼・体育会と警察機動隊を組み合わせてバリケード破壊を行い、全共闘幹部の指名手配、逮捕という弾圧に乗り出した。「疎開授業」なる名目だけの授業によって、学生を卒業させるだけの体裁を整えて、来年の入試を準備しはじめた。日大一個ではとうていやっていけないことを首相以下政府が全面関与することで、日大の平定化作戦が始まったのである。

これほどの大弾圧に抗すことができる学生たちがいようとも思われなかったが、秋田明大議長の下で日大全共闘は恐るべき粘り強さを発揮した。ますます露骨になる分断工作と暴力的な弾圧、逮捕攻撃をはね返して、日大全共闘はバリケードを解除されれば作りなおし、いくど機動隊を導入されてもまた建物を奪い返し、数で十倍、装備で数十倍の右翼・体育会の攻撃をはね返して、バリケードを死守した。

当時の学生たちは、誰もが、決して屈しないヴェトナムの英雄を見るように、日大全共闘の闘いを見ていた。ことに、黒いヘルメットに黒い旗の日大芸斗委を。

この強靭《きょうじん》な日大の闘いと東大の全学ストライキが結びつくことは、佐藤栄作以下政府側の悪夢だっただろう。しかし、それは実現した。それは歴史的瞬間だった。それは、ふたつの大学の全共闘の連合が生まれたというだけではなかった。それは、全国の大学闘争が合流するきっかけであり、警察と右翼・体育会と日本共産党に押さえこまれようとしていた青年たちの総反撃ののろしでもあった。

一九六八年の十月、十一月には、これら闘争中の大学がヴェトナム反戦闘争の拠点ともなった。学生たちは各大学に集まっては、国会、首相官邸、防衛庁と新宿駅を攻撃のターゲットにした。新宿事件では騒乱罪が適用され、新左翼各派への組織壊滅作戦が始まったが、同時に、この大規模な反戦闘争の拠点となった各大学への締めつけも一段と強化されることになった。

だが、当時である。十月の騒乱罪適用にも屈せず、十一月七日には、中核派、社学同などの青年七百人が首相官邸へ突入しようとして、四百五十六人が逮捕されている。

十一月二十日、灘尾文部大臣は日本商工会議所の会議で政府側の決意を語っている。

「場合によっては、大学の一つ二つつぶれても仕方がない。本当に日本のために害があるとなれば〝断〟の一字を振う以外にない」(『朝日』、No.569、648頁)

学生運動があったのは、大学だけではなかった。十月三十日に警察庁が国家公安委員会に対して、全国三百五十二の高校で、二千七百二十人の高校生が反代々木系の活動家になっていると報告した（代々木系は八百七十校）（『朝日』、No.569、15頁）。

政府の視点からは、日本の教育が根底から破壊されようとしていた。それにも一理あった。

加藤代行の手法

東大では大河内総長と各学部長の辞任を受けて、それぞれの学部で闘争収拾要員が学部長に選出され、新執行部が作られた。タフで、強硬路線を恐れない若手教授たちである。その筆頭が加藤一郎法学部長だった（注）。彼は十一月一日に法学部長になり、四日に総長代行に選ばれた。その動きはすばやく、就任当日に「全学集会」を提案した。

「一一月中旬をめどとして全学集会をもち、全学的な問題点について、学生諸君との討論を通じて紛争の解決をはかりたい。全学集会の議長団の構成、集会のもち方などについて、学生諸君は代表をきめ、至急学生委員会と話合いをはじめてほしい」

この一見何気ない提案は、口当たりのよさのなかに巧妙な意図を隠しているもので、これがどれほど周到に準備されたものであるかを示していた。

この提案では、学生のこれまでの要求については歯牙《しが》にもかけない。それは、大河内前総長時代のことであり、処分の取り消しと大河内総長の辞任で決着がついている、とする。では、何をやるのか？　紛争の解決のための「全学的な問題点」である。何が全学的な問題点なのか？　大学当局としては理解できないが、問題があるというのなら、「学生諸君との討論」とやらをやってみてやろう、と言う。つまり、加藤代行体制には何ひとつ問題はないのだが、学生が「問題がある」と言うなら聞いてやってもよい、という姿勢に終始する。その態度が、十一月中旬をめどにするという期限の切り方にも表れている。決めるのは当局である。学生ではない。

加藤代行のバックには、佐藤政府が控えている。加藤は佐藤の代行でもある。日大闘争は圧殺方針だが、東大闘争では一部強硬派学生は圧殺し、あとは懐柔で十分という枠組みはできている。最後は政府が機動隊導入で強硬派の学生を片付けるから、加藤代行は安心して強腰で行けということである。だから、学生とは決して約束をしない、騙《だま》せばよい。どうせ、東大生である。もともとエリート志向である。騙されたということにして、闘争の収拾に向かいたいのは目に見えている。それを大学当局の責任ではなく、学生同士が内ゲバで自滅したということにして、大学当局はその救済に出たのだという外観をとれれば最高である。ちょうどいいことに衰退傾向に焦った日本共産党は全共闘との正面対決に出ている。これが利用できる。こういう筋書きだった（だろう）。

あとあと、この提案に示された加藤総長代行の手法は繰り返される。この手法ばかりは、覚えておいてほしい。これをマスターすれば、あなたも東大総長である。

その手法の特徴は、第一に、無内容な理想を語る。第二に、現実の問題は語らず、相手（学生）側に投げる。第三に、理想が実現できないのは相手（学生）のせい、とする。こうすれば、自分のほう（大学当局）はまったく傷がつかない。学生たちの分裂と収拾能力のなさが露呈されれば（収拾には権力が必要だが、それは学生にはない）、強権発動による収拾やむなし、となる。まったくめでたし、めでたしである。

この手法は、大日本帝国の大本営文書に似ている。大戦末期にフィリピンで砲兵の観測班を指揮していた山本七平は、ある老准尉が大本営の通達を見せたときのことを語っている。

「『大本営の気違いども』と言った）老准尉は私に一通の大本営通達を見せて、知っているかといった。いわゆる『現地自活通達』といわれたもので、『各部隊ハ極力現地自活ヲ達成セラレタク……』に始まり、例の『ラバウルニ学ベ』がついている通達であった」（山本、1983）。兵隊歴の長くない山本は、この通達をつるつると呑みこんでしまったという。つまり、「これからは大変だな」と。しかし、この通達はそれどころではなかった。

「部隊長や老准尉のように、この道何十年というベテランになると、一種の嗅覚《きゆうかく》のようなものがあって、私が何の感慨もなくつるつると読んでしまう一片の通達から、自分への死刑の宣告文に等しいものを嗅ぎとるのである」（山本、同上）

「各部隊ハ極力現地自活ヲ達成セラレタク」というのは、ラバウルでは実現できたとされている一種の理想郷である。しかし、軍隊はもともと自活できる集団ではない。食糧はもちろん、燃料、弾薬、武器など、必要とする備品すべては特別な生産施設と補給手段ぬきには成りたたない。また、フィリピンでは日本軍が自活できる条件も揃《そろ》っていないし、時間の余裕もない。食料ひとつとっても、稲を植えつけて収穫するまで、どれほどの時間がかかることか。したがって、自活などという理想を語ることは、現実にはまったく意味を持たない。

そうなると、この大本営通達は現実にはこういう意味である。

「大日本帝国としては、今後各部隊への補給も救援もできないので、各部隊をその場に置き去りにする以外に方針はない。各部隊が自活できないのは、そっちが悪い。各部隊は、全滅までは頑張ってくれ」

同じ伝で、加藤代行の提案はどうなるか？

「東大内で紛争があることは問題なので、これを解決するということで学生たちと会ってやってもいい。しかし、大学当局に会えるほどの代表を選ぶことなどは学生の問題だから、それが全学的に解決しないようでは困る。だから、理想的な全学集会が実現できないのは、そっちの責任だ」

こうして、大日本帝国参謀本部以来の日本型高級官僚の理想的な答案ができる。自分には何の責任もない、と。

新執行部の下、各学部の教授たちも重い尻を当局に叩かれて、対話集会などを始めた。理学部でも「全員交渉」なる、「団交」でも「会議」でもない集まりが持たれようとしていた。

十一月二日、医学部処分の責任の一端を担った理学部長と理学部選出の二名の評議員の自己批判を要求していた学生たちは、化学館新館の講堂で行われていた新学部長を選出する臨時教授会に乱入した。

当時である。私たちは並みいる教授たちを前にして、平気でそれぞれに要求を主張した。教授会は私たちの要求を検討するために、時間がほしいと言い、学生たちは講堂を出た。私は後から講堂を出て来た教授に呼び止められた。私はむっとしたか、あるいは驚いたか、覚えていない。振り返った。「なんですか？」

11月10日、文学部無期限団交で「林学部長に会わせろ」と現れた作家の三島由紀夫と阿川弘之ということだが、資料写真のキャプションは「教養学部で」となっている

「君の話だけはね、おもしろかった。ちょっと、ほかと違っていて」

私は物理学科の友人に「誰だ、あいつ」と聞いた。「経団連（注：経済団体連合会）会長の弟だよ」と彼は言った。少しでも得意になったのが、恥ずかしかった。

三日には経済学部の大学院生が、学部長室と研究室を封鎖し、四日には文学部ストライキ実行委員会が林健太郎文学部長と無期限団交を始め、八日には駒場で団交が決裂し、全共闘は教職員会館を封鎖した。

九日、東大全共闘の機関紙『進撃』が創刊され、日本共産党は「大学闘争テーゼ」を発表した。

東大全共闘は、十日工学部七号館、十一日駒場の第一研究室と第二本館を封鎖し、同じ日の農学部グラウンドでの全学教官集会を、乗りこむだけであっけなく解散させてしまった。この教官集会は、安保以来の教官の集まりと喧伝されたのだが、加藤代行はこの集会に出ることをためらって混乱を増長するだけで結局逃げ出し、翌日言い訳の掲示を出したにすぎなかった。

十二日、東大全共闘は、日本共産党系学生行動隊と全学封鎖方針をめぐって正面衝突する。

11月11日、農学部グラウンドに教官を集めての加藤代行顔見世興行は、全共闘の殴りこみのために失敗した

注：加藤代行は一九二二年（大正十一年）生まれ、学徒動員された一九四三年（昭和十八年）の繰り上げ卒業組だが、彼は大学院特別研究生として東大に残ることが許されていた。父親は北海道拓殖銀行副頭取までつとめた人で、彼は幼稚園からの成城ボーイだった。彼は法学部にマイ・カーで通勤した第一号であり、その夫人は東条英機内閣の大東亜相、青木一男（戦後自民党参議院議員）の娘だった（小中、1969より）。日本を平等

社会だと思うのは、庶民の現状認識の甘さを示すだけである。

ドタバタ

十月の間に東大での日本共産党系学生組織の凋落《ちょうらく》は、決定的なものになった。日本共産党にとっては、東大は幹部候補生学校でもあり、むろんほうっておけることではなかった。しかし、ここにはそれ以上の問題があった。先に取りあげた大学院生組織「東院協」の過激化である。宮本顕治《みやもとけんじ》日本共産党書記長はそういう過激化に走りだす傾向に敏感だった。七〇年安保を前に、東大全共闘を「日和見」と断じるほど過激な分子が東大の日本共産党系組織のなかに生まれたことに、六〇年安保を前にして、当時の全学連執行部が過激化して、日本共産党指導部を批判した事件と同じパターンを感じたとしても不思議ではない。

十一月十日、彼は全共闘の主張する大衆団交について、次のように断罪した。

「この方式（大衆団交）だけを絶対化する一部のトロツキストの主張は〝直接民主主義〟だけを主張して、代議制民主主義を否定する無政府主義的見解につうじるものである」（「当面する大学問題の解決のために」、『赤旗』）

したがって、日本共産党の方針は「大学の自治を内部から破壊するトロツキスト、分裂主義者の影響を学生運動から克服すること」である、となる。

「克服」という言葉の実質は、かつての「粛清」、のちの「総括」や「ポア」のようなものである。そして、この宮本顕治論文の構造は、またしても大本営参謀の作文を感じさせる。

それは、まず理想を語る。「多くの人々の要求や意見を十分に反映させる制度的保障を確立」と。だが、それは実現不可能である。実現不可能なのは、妨害する者がいるからである。それは、敵対する「トロツキスト」や「分裂主義者」である。これを排除しなくてはならない。自分の側には矛盾や問題は決してありえない。あるいは、これは日本人の論理の通弊なのか？

宮本論文発表の一日前、九日の『赤旗』は、大学闘争では「自衛権行使もやむをえない」と公言した。「克服する」とは「抹殺する」ことであると同様、「自衛権行使」とは「なんでもやるぞ」との意味であった。

この論文の位置をよく示す情報がある。

「この一週間におよぶ団交の途中（注）、いきなり『赤旗』一面にこれを非難する談話が発表され、日共は団交からの撤退を指令される。これは、東大指導部はおろか、中央の現場指導部をも無視した頭越しの指導であったようで、おそらく宮本顕治の鶴《つる》の一声といった性格のものであったろうと思われる。そして、これを機に『党管理による闘争収拾』が始まるわけである。
（中略）
しかも、それまでの日共系の学内大衆組織『東大闘争勝利行動委員会』に代わる『東大民主化行動委員会』なる組織が用意されており、その幹部もそろえられ、活版のビラまで出来上がっていたそうである」（宮崎、1998）

こうして、日本共産党系学生たちは大学当局との全学集会（大衆団交ではない）へ「統一代表団」を選出しようとし、それができなくなると「統一代表団準備会」を作って、東大新執行部との交渉権をなんとか確保しようとした。それが、宮本論文の言う「制度的保障」の中身だった。

その横車を押し通すための力が〝あかつき部隊〟だった。彼らが優遇されたのは当然だった。「何から何まですべて自弁だった早大闘争とは違って、東大闘争の場合は党からふんだんに金が出た。食事は毎度支給の弁当で、刺身弁当や唐揚げ弁当などなかなかの中身だった。しかも行動隊の連中は食い放題。（中略）

行動隊は常時三〇〇～四〇〇人程度が赤門近くの教育学部校舎に泊まり込んでいたが、私は本郷近辺のふたき旅館に泊まることもあった。ふたき旅館には党の中央委員、統一戦線部長、青学対部長や全学連・都学連の幹部連が大勢詰めて闘争の政治指導にあたっており、毎晩のように彼らとの打ち合せがあったからだ」（宮崎、同上）

注：この団交とは、新学部長林健太郎らを十一月四日から十二日までの約一週間、カンヅメにした文学部の団交のこと。

総合図書館前の激突

十一月十日に工学部七号館封鎖を実行した航空学科ストライキ実行委員会の「封鎖宣言」は、

学生たちの誰もが、それが何かは分からないが、それでもそこに見えているある限界を超えようと苦闘していたことを示している。それは、痛々しいほどだった。

「封鎖という、少なくとも物質的な実践は、我々を決して『自由』な身に放置せず、我々に過酷なまでの闘いを要求してくる。（中略）我々はバリケードを死守する為、我々の能力の限界を尽して言葉を考え、我々の主張を訴えかけねばならぬ立場に立つだろう。（中略）

既成の管理体制からの解放と、過去の否定を志し新たな創造の場を我々の掌中にすべく、院生、職員の方へ、その研究、職務を全面ストップされる事を敢《あ》えて強要したのだ。我々はこの方策を必要としたし、必然性をもって決行したのである。（中略）

航（空）三年封鎖決議　27：1：8　圧倒的に可決」（『砦』、260〜261頁）

大学院生の全学闘争連合や全学助手共闘会議は、さまざまなビラやタテカンや手記などで意見を公にしていたが、「言葉がみつからない」と苦悶《くもん》する、より歳若い学生たちも東大闘争を現場で担っていた。

東大全共闘は加藤新執行部に対して、これまでよりも強硬な路線である全学封鎖方針で応えることに決めた。その焦点は総合図書館（注1）だった。東大全共闘は「図書館の職員の皆さんへ」というビラを配り、全学助手共闘会議も「封鎖闘争宣言　一一月一二日」を出した。

「マスコミがこぞって歓迎したこの戦時内閣が、鎧《よろい》の上にまとった衣は、旬日を経ずして破れはてた。そもそも悪名高い東大パンフ（注2）の起草者である大内力を中心にすえ、佐藤内閣にむらがる太鼓持ち的文化人グループの一員である林健太郎が牽引車《けんいんしや》の役を果している新執行部の正体は、あまりにも明らかである。国家権力の介入、マスコミの世論操作をバックに、また日共、民青の反トロキャンペーンさえ利用して、全学共闘会議を孤立化させようとする意図はみえすいている。（中略）

諸君、闘いは今からだ。この決定的局面を鋼鉄の意志をもって、闘い抜こうではないか。

我々助手共闘会議は、昨日、駒場における一研、二研の研究室封鎖にはじめて公然と名を連ねた。そして本日、助手共闘の旗の下に直接行動に立ち上った。最早《もはや》中間的立場はないことを我々は決意した。我々は本日の工学部一号館封鎖に参加する」（『砦』、３１３〜３１５頁）

助手たちがこのように立ち上がったことは、学生たちには相当な衝撃を与えた。こうして、東大では病院の若手医師に続いて、若手研究者もこの闘争に自らの将来をかけるようになった。駒場では各党派が乱立するなかで、最首悟《さいしゆさとる》助手が年長者として党派間の調整を行い、次第に重きをなすようになった。

十一月十二日、午前二時三十分、林文学部長は法文二号館から担架で担ぎだされ、東大病院に入院した。同じ日の午後二時から午後四時五十分まで、赤門近くの理学部二号館で教官や学生が集まって理学部集会が開かれ、そのあと同じ会場でひきつづき開かれた理学部学生大会ではどの提案も決まらず、延々と議論が続いた。全学総決起集会もあるのに、例によって理学部はのんきだった。

11月12日、総合図書館前での激突。左、日本共産党系〝あかつき部隊〟、右、全共闘。持っている棒の大きさと密集度の違いを見られたい。日本共産党系部隊には統制があった

午後四時すぎ、安田講堂内で東大全共闘の総決起集会（千五百人）が行われた。決戦をひかえて助手共闘もヘルメット姿で参加した。集会後、全共闘部隊は総合図書館前に繰り出した。そこには、宮崎学らが指揮する〝あかつき部隊〟五百人が待ち構えていた。

この午後八時四十五分のぶつかり合いを、私は横から見ていた。当日の理学部の学生大会のために、この戦場に出ることはできなかったのだが、けりのつかない学生大会を抜け出して戦況を見に行っていたのだろう。

総合図書館の広い石段に並んだ五百人ほどの日本共産党系部隊の黄色いヘルメットの集団が、角材で殴りかかってくる全共闘諸派連合の攻撃を受け止めていた。その全員がヘルメットを前向きに傾けて顔を守り、体を斜めにして衝撃に耐えていた。いくら人数がいても、いくら勇ましく見えても、最前列の者しか相手を殴ることはできない。何より、うずくまって無抵抗に耐えているように見える相手の姿に全共闘側は張り合いが抜け、そのうち疲れて殴る手を休めるときが

くる。攻撃態勢の伸びきったときである。

その瞬間、指揮者の笛が鳴った。〝あかつき部隊〟の黄色いヘルメットは、一斉に細い棒を振り上げて全共闘部隊に襲いかかった。杉の角材に比べると細く見えるが、樫の木刀である。殺傷力さえある。しかも使い手が全都よりすぐりの暴力部隊である。伸びきった態勢の全共闘部隊の最前線は、たちまち崩れ去った。実にみごとな水際だった反撃だった。私は傍らから見ていて、「やるな」と思ったことを後々まで覚えている。彼らは暴力のプロだったのである。

この総合図書館前の激突の間、十二日午後四時すぎから翌十三日午前一時まで理学部学生大会が続いた。日本共産党系も全共闘系も提案が通らなかったが、午前一時前になって提出された全共闘方針を否定する「全学バリケード封鎖反対決議」が可決された（賛成百三十四、反対六十、保留二十一、棄権四）。当時の学生たちは実に忙しかった。

十四日の『赤旗』は「相手が凶暴な〝武器〟をもって襲いかかってきたのですから、相手を制圧するにふさわしい用具を必要としたことも当然です。その結果、相手が傷ついたのはまったく自業自得です」と勝ち誇った。

同じ十二日、日大芸術学部のバリケードは千五百人の機動隊による攻撃を受け、芸斗委四十六人が逮捕された。しかし、日大全共闘は夕方までに芸術学部を奪還していた。

注1：総合図書館とは正門と赤門の間にある大きな建物の正門よりの一区画を言う。関東大震災のあと、ロックフェラー財団の寄付によって建設されたもので、ふた本のクスノキを両脇に従え

た中央の水盤のなかの相輪が正面玄関に対している。

玄関左の閲覧室は外から見ることができる。高い天井から吊り下げられた豪華なシャンデリアには、誰しも驚くことだろう。

注2：「東大パンフ」とは、一九六五年に東大当局によって作成された「大学の自治と学生の自治」という文書であり、「発表直後から学生の批判を受けたのは、学生の自治は教育の一環としてのみ認められるものであり、大学が自主的に定める規律に服し《ママ》なければならない、としている点である」（加藤、1969）。この「東大パンフ」の廃棄は一九六九年一月十日の「七学部代表団との確認書」の一項目となっている。

「カエレ、カエレ」

十一月十四日、〝あかつき部隊〟は東大教養学部にも現れて、駒場共闘による封鎖戦術を阻止した。全学封鎖を戦術とした全共闘に対して、各学部自治会レベルで反発が起こったのは、全共闘に不利な風向きだった。十二日の理学部の学生大会に続き、十四日には法学部で「全学封鎖阻止決議」が通った（三百七十一対百二十六）。

十六日、「東大民主化行動委員会」は「トロツキスト暴力集団（『全共闘』一派）の暴挙を粉砕し、大学の自治と民主主義を守りぬこう」と題した活字ビラ、つまり宮崎が言うところの日本共産党本部があらかじめ準備したビラを出した。日本共産党は、この全文を十一月二十七日に『赤旗』で公開した。

「いまもっとも緊急なことは、大学当局が学生、院生、教職員の真の統一代表団との交渉を即時・無条件に開始し、真の大衆団交を実現することにある。（中略）同時に、真の統一代表団との交渉によって、東大の管理運営の民主化を実現するためには、この道を無法きわまる暴力と計画的挑発によって妨げているトロツキスト暴力集団を武装解除し、暴力による妨害を断固として制圧しなければならない。（中略）団結の力によって、学園民主化を妨害するトロツキスト暴力集団の暴挙を粉砕し、かれらの凶悪な暴力を学園から一掃することこそ、東大闘争の真の解決の保障である」

これこそ、日本共産党にとっての東大闘争の「真の」意味だった。それにしても、「真の」という形容詞の多用には驚かされる。得てして、こういうものである。

この時点で、まるで従来の路線とは真反対のように、大学当局との「公開予備折衝」を全共闘が受け入れることになる。怒号渦巻く理学部の学生大会で力を使い果たした全共闘最末端活動家には分からなかったことだが、どうも全共闘幹部連と各党派幹部連はなにやら考えたようだった。あるいは、十二日の総合図書館の戦いで負けたことがよほど響いたのか。

政府は積極的に介入の姿勢を見せた。十六日には、文部省が東大、東京教育大、東京外語大、日大に「授業再開せよ」との通達を出した。

全共闘は十八日に全都総決起集会、二十二日に日大全共闘が総力をあげて結集する「日大・

東大闘争勝利」全国総決起集会を予定し、この力を背景に全学バリケード封鎖を実行することを宣言した。当然、各学部の学生としては「自治会決議を守らないのか」という非難を浴びることになるが、すでに一線は越えていた。自治会の決議は、個々の学生の行動まで規制することはできなかった。

これに対して、十二日の対決で自信を深めた日本共産党は「〝全学封鎖〟断固阻止！」を掲げた。正面対決だった。日本共産党の出方ひとつでは安田講堂の封鎖解除まで進みかねないという危機意識から全共闘側は十七日夜から徹夜で、安田講堂のバリケードを強化した。新聞各紙は「東大紛争で反代々木系が他大学の学生を動員したのは、十七日が初めて」と報道した。全共闘側の動員数は一千人、日本共産党側は三千人が泊まりこんだ。

加藤代行は「流血回避」のための「全学集会の準備」として、十八日に「公開予備折衝」を行いたいむね、全共闘側に申し入れ、安田講堂を奪い返すまでの布石を着々と打っていた。「流血回避」が目的である。東大闘争での全共闘の要求は、すっかりどこかへ飛ばされていた。

十一月十八日。この日、安田講堂前は全共闘の全都総決起集会と「公開予備折衝」に集まった八千人の人波で埋まった。「紛争始まって以来の最大の数の一般学生」が集まったとされ、安田講堂前はもちろん、法文一・二号館や工学部の屋上まで人で鈴なりになった。全共闘と新執行部との話し合いで、あるいは東大闘争が劇的に解決するかもしれないという期待がふくらんでいたのだろう。その人垣のなかを、高校生のヘルメット集団のデモが通った。

11月18日、安田講堂内で開かれた加藤総長代行と東大全共闘との話し合い。中央横向きのヒゲの顔が山本全共闘議長。その右が加藤総長代行

「常識的には、学生側の勝ちだろう。しかもなお学生の怒りはしずまらないらしい」（『朝日』、No.569、428頁）と、傍観者の新聞記者はなげいていた。

午後二時十分前、加藤代行は三人の教授連を引き連れて、安田講堂に現れた。大講堂にはこれ以上入りきれない四千人の学生がいた。同じ数の人波が講堂の外にも溢《あふ》れていた。スピーカーは安田講堂前と法学部の大教室、工学部六号館に設置され、これらの学生たちが議論の内容を知ることができた。

「私は総長代行の加藤です。きょうは私の考え、あるいは新執行部の基本的な態度、考え方というものを諸君に伝えようと思って、予備折衝に来たわけであります。（「ナンセンス！」と激しいヤジ）私が直接話しかけたいということは、新執行部発足以来われわれが基本的に考えてきたところであります」

加藤代行はとうとう巧みな弁舌を披露し、全共闘側は少したじろいだ。

「われわれの要求している七項目について意見を聞きたい」と全共闘側は攻勢に出ようとしたが、加藤

代行はこういうふうに堂々と言ってのけた。

「正しいと信じることを、諸君の前に提示したい。諸君の要求のなかで、われわれが正当と思うことは取上げるし、不当と思うことは取入れることは出来ない」

加藤代行は、こう言い切ることができるほど、全共闘の学生たちをみくびっていた。この日の獲得目標は別にちゃんとあったからである。こうまで言われれば、全共闘側には団交を続ける意味がない。

「われわれは、これ以上、ノラリクラリの答弁に対して、一切の幻想を持つことは出来ない。われわれが現在、確認しなければならないことは、こうした加藤総長代行のギマン的な予備折衝の進め方である。このことをはっきりと確認して、彼をわれわれの集会の場からたたきだす。(拍手。続いてカエレ、カエレのシュプレヒコール。午後七時二十分、加藤代行はそのなかを退場)」

(『朝日』、No.569、570頁)

加藤代行は「予備折衝だ、俺の話を聞け」という態度(言葉遣いは実に穏やかだが)に終始した。

午後七時二十分、「カエレ、カエレ」の声に送られて、加藤代行らは安田講堂を出た。この「カエレ」をただの挨拶と聞くほど神経のタフな代行である。安田講堂から出てきた足で、すぐに新聞用の声明を発表した。

「十分な了解が成立したとは残念ながら申せませんが、最悪の事態をさけ、東京大学の危機を

理性的に解決するために、一歩前進することができたと確信しております」（『弘報』、63頁）

これを言うためだけの安田講堂入りだった。「流血回避」に大学当局が全共闘側と議論したという「実績」ができれば上々だった。官僚というものは、常に「実績」をあげることを考えていなくてはならない。

十九日の日本共産党系学生による「公開予備折衝」は、十八日の翌日とあって五百人の学生・院生しか集まらず、むざんな失敗に終わった。

すべては十一月二十二日へ

このころ、東大本郷の各学部では学生大会が立てつづけに行われた。十九日の工学部学生大会では、在籍学生千六百七十九人中出席者約九百人と工学部大講堂でも入りきれないほどの学生が参加した。ストライキ実行委員会（全共闘系）の提案は賛成三百二十二票で否決、行動委（日本共産党系）提案は賛成百三十四票で否決、有志連合の提案（「七項目要求」と「工学部代表選出」と「全学封鎖反対」）は、賛成四百二十七票で可決保留となったが、緊急提案の「全学バリケード封鎖反対案」、「工学部代表団選出案」の二案が可決された。

二十日、理学部と法学部と薬学部で学生大会が開かれた。こう立てつづけでは、議案書を準備するほうは大変である。理学部の学生大会は午後三時から翌日零時半まで続いて何も結論がでず、法学部学生大会は午後二時から午後九時までかかって無期限ストライキ解除を含むすべ

11月22日、東大教養学部駒場祭のポスターの隣に出された東大生の母親たちが作った短歌入り看板。ふたつながらに、恥ずかしかった

ての提案が否決された。薬学部では午後一時から学生大会が開かれたが、ここでもすべての提案が否決された。しかし、そこでは「全学バリケード封鎖反対案」が否決されていた（賛成二十二、反対二十九、保留十四）。

薬学部（在学者百三十人）は教育学部（同百二十人）とならぶ本郷でも小さな学部だったが、事ここに至っては大小は関係ない。片方では無期限ストライキ終結へ動きが加速されたが、頑強にストライキ体制を維持しようとする部分もまた力を失っていなかった。

二十一日、農学部学生大会でも各派の提案は否決され、緊急提案の「全学バリケード封鎖反対案」のみが可決された。

翌二十二日から、教養学部では「駒場祭」が始まった。この年のポスターは「背中の銀杏が泣いている」という当時はやりの任侠《にんきょう》路線で、同じ学生としてはちょっと恥ずかしかった。専門学部の学生に比べると、将来がより長い教養課程の学生たちには、この闘争のさなかに祭りの景色というか、学生生活を楽しむという余裕も感じられた。しかし、安田講堂を抱える本郷の学部学生たちにとっては、卒業ができない、就職ができないというタイムリミットが迫っていた。

このなかで、「11・22」（当時の学生たちはジュウイッテン・ニイニイと呼称した）当日が来た。「日大・東大闘争勝利」全国総決起集会当日である。

全国動員である。しかも、十月のヴェトナム反戦闘争では、騒乱罪を適用されたほどの大きなうねりがあった。前日から「三々五々」、いやありきたりの形容詞では当たっていない、数人でやってくるのはごく小さい集団で、隊列を組んだ数十人、数百人の規模のグループが全国から集まり、当日の東大構内は朝から騒然とした雰囲気に包まれた。

この朝、奇襲作戦があった。

十時二十分ころ、東大全共闘は図書館職組に総合図書館封鎖を通告し、十分後には総合図書館前に全闘連・革マル派など約三百人が集まり、同時に図書館裏手の新聞研と社研の入り口から約百人の別働隊が入って、十分ほどで封鎖を完了した。

教育学部では日本共産党系学生が午前十時から集会を開いていたが、そのさなかに図書館封鎖の情報が伝えられた。しかし、この日の午前中に文部省抗議デモを予定しており、教育学部を防衛する以外に打つ手がなかった。

それほどに、この日に集まった全共闘側の勢力は圧倒的だった。各党派は、それぞれの色のヘルメットに、それぞれ固有の武器を誇示していた。なかでも社学同（ブント）は、十月に防衛庁の正門を破った、六、七人で抱える十メートルもの大丸太をこの派の新兵器としていた。理学部のデモ隊を指揮していたストライキ実行委員長は、鉄パイプを持ったうえに、背中に棍棒を担いでおり、「あの棍棒を使うときが恐ろしいよね」と、穏健な理学部の女子学生から嫌がられていた。

色とりどりのヘルメットと各派それぞれの武器を誇示する様子は、全共闘側の学生にはもちろん、敵対する日本共産党側の宮崎学にも「それは、もはや、闘争というより祝祭のようなものであった」と感じられたようだが、対照的に日本共産党側に動員された面々の表情は重い。

「この日は行動隊も五〇〇人ほど動員しており、その他にも数百人の労働者部隊が動員されていた。大学生協・職組、国労、全自交、全国一般傘下の《ママ》などの労働者たちだ。彼らは学生部隊が全共闘勢力にやられた場合に投入されるリリーフのごとき存在で、出番までは教育学部の地下に武装してひそんでいる手《て》筈《はず》になっていた。私がそのリーダーとの打ち合せのために地下に下りると、ヘルメット姿の労働者部隊は全員棍棒を握りしめたまま、おし黙ってうつむいていた」（宮崎、前掲）

日本共産党系〝あかつき部隊〟のいる教育学部には、大丸太で赤門を破った赤ヘルメットの社学同の五百人が攻撃をしかけた。これに対して、宮崎は早大の行動隊五十人を率いて立ち向かった。劣勢をカバーするために掌大の石を投げる策（！）が功を奏し、一時は赤門をはさんでの攻防となったが、結局〃あかつき部隊〃は総崩れとなって教育学部に逃げ込む羽目になった。

こうして、十一月二十二日の報復戦は全共闘側の圧勝となった。かつて、総合図書館の封鎖を阻止して名をあげた日本共産党系行動隊の精鋭が崩壊したのである。もっとも、このことは全共闘側の記録にも大学側の『弘報』にも残されていない。

11月22日、日大・東大闘争勝利全国総決起集会前に、全共闘側各党派は正門前に集まって気勢をあげた

日大全共闘、東大に登場

「午後二時頃から全共闘系は安田講堂前に集結し、日大からの集結を待って、四時から蹶起《けっき》集会を開いた。一方、行動委系（注：日本共産党系）は、赤門から経済、教育、医学部に集結し、集会を開いていた。ノンセクト学生は、両派の衝突をさけるべく図書館の東側・西側に坐りこんでいた」（『弘報』、65〜66頁）

駒場からも学生たちが続々と到着した。この日は、八十のクラス、百のサークルが参加したとは言え、例年に比べるとややひかえめの駒場祭の初日だったが、

各派とも午前中に集会を終えて本郷へ向かった。

安田講堂前の広場から銀杏並木と正門前は、数千人の全共闘側の青年たちでうずめられた。新聞は「八十大学から約五千人上京」と報じたが、このいい加減な見積もりでも分かるように、これほどの人数になると数え切れなかった。日本共産党系は教育学部前に、五千人（八千人とも一万人とも）を集めていた。

その両派の中間点が、総合図書館前だった。その脇の藤棚に加藤代行が立ち、各学部ののぼりや横断幕を立てた約五百人の教官が集まっていた。そのまわりに中間派の東大生二千人、野《や》次馬《じうま》など千人以上が集まっていた。

安田講堂前の広場は、赤、白、青、緑、黒、銀色のヘルメットで埋め尽くされ、その周囲に見物、報道、そして一般学生が隙間もなく立ち並んでいた。その数は五千人を軽く超えた。講堂正面は各派と各大学の旗が立ち並び、それを背景に幹部連中がつぎつぎにマイクを握っては大声で叫んでいた。

しかし、ここに集まったすべての者が、「それ」を待っていた。暗闇が迫り、サーチライトが広場を照らし出したが、誰もがたったひとつの大学の部隊の到着を待っていた。

安田講堂の前に集まった数千人の青年たちは、はるかな轟《とどろ》きのようなものを夕闇の向こうに感じた。そのとき、東大全共闘の一人がマイクで叫んだ。

「学友諸君！　列をあけてほしい。今、日大全共闘の闘う学友三千が、機動隊の弾圧をはねのけて、正門前に到着した！」

どよめきが起こった。安田講堂前広場を埋めていたすべての青年たちが道をあけ、銀杏並木から講堂前まで、日大全共闘のための一列の空間を作った。それまで正面の席をめぐって小競り合いを続けていた各党派も、急いで道をあけた。海が割れて道ができるように、人波が割れて、かの無敵の勇士たちの通り道が開かれた。

神田三崎町の日大経済学部バリケードを出発した無届デモの日大全共闘三千人は、二千人の機動隊の壁を破り、銀、黒、赤、青、白と色とりどりのヘルメットのいでたちで、夕闇のなかを東大正門に堂々と登場した。

11月22日、安田講堂前での全共闘派による日大・東大闘争勝利全国総決起集会。中央の列が日大全共闘

正門から安田講堂の正面へ、先導する日大全共闘の数十の旗が翻るあとを低い姿勢で近づいてくる日大全共闘のデモ隊列は圧巻だった。「闘争！」「勝利！」の掛け声を轟かせながら、三千人のスクラムが銀杏並木を抜けて、安田講堂正面に日大全共闘のためにあけられていた人垣の間に入ってきた。

鋭い笛と号令の下で、ひとしきりシュプレヒコールを繰り返した日大全共闘部隊は安田講堂前に静止し、広場は隙間もない人波で完璧に埋められた。この日大全共闘の隊列を見ていた東大全共闘の学生のなかには、泣いている者がいた。

秋田明大日大全共闘議長は、逮捕状をかわしてこの日の演壇に姿を現し、数万の青年たちの前で演説をした。そこには、まぎれもない男がいた。「男《お》の子は、敵の返り血を浴びてこそ」と武士が我が子に語った、その男がいた。

秋田明大は「貴族的東大闘争を変革せよ」と語ったが、その記録は残っていない。すでに十九日に、日大・東大全共闘の共同声明が発表されていた（注）。

午後八時、全共闘の集会が終わって学内デモが始まったが、日本共産党系部隊との衝突は回避された。東大構内の外では四千人の機動隊が待機しており、これ以上の問題を起こすことはできなかった。夜遅くまで、七千人もの青年たちが東大構内にとどまった。立ち去れなかったのである。

こうして、東大全共闘は日大全共闘と合流した。この日の集会は、ヴェトナム反戦闘争と大学闘争を闘っていたすべての青年たち、労働者、学生、市民を含めてそのすべての若者たちの集まりであり、自ら作り上げた青春の壮麗な祭りだった。青年たちの祭りとしては空前絶後のものだった。

だが、それだけでよかったのかどうか。「ただ集まるだけのキャンペーン闘争でよかったのか」という批判は当時から強かった。その声のほとんどが、日本共産党系部隊を叩きつぶすことを主張していた。このとき日本共産党系一万人と正面衝突することは無意味だっただろうが、それだけが実力闘争ではなかったのではないか。安田講堂のなかに日大全共闘の正規の部屋をおき、合同闘争本部を設置するべきだったのではないか。すでに、政府側は一体化しているというのに、青年たちはどうしても大学や党派の枠から抜け出すことができなかった。それは、青年たちだけでは難しいことだった。権力を打ち倒すことへ向けて、あらゆる策略を使うことは、大人の智恵の領域だからである。

そして、このとき、大人たちは若者たちを見捨てて、妥協と権益確保へと走っていた。東大でも、日大でも。

注：「日大・東大の共同声明」の抜粋

11・22東大＝日大闘争勝利全国学生総決起大会に結集せよ

東大闘争全学共闘会議
日本大学全学共闘会議

全国のすべての学友諸君！

東京大学ならびに日本大学の闘う両全学共闘会議は、日本の戦闘的学生運動の歴史的総決起大会への結集を呼びかける。

現代世界の根本的矛盾は、今日、人民の血みどろの闘いの展開をつうじて明らかに激化してい

る。人民の未来をかけた解放の闘いは、疑いもなく、全世界学生の力によってより広く、より深くつき進んでいる。(中略)
東大・日大闘争を天王山とする全国学園闘争の勝利か敗北かの中に、日本全国学生の、そして、全日本人民の未来がかかっている。
「大学問題は政治問題である」という一〇月一日の佐藤発言が雄弁に立証している。(中略)来るべき、人民・学生の総反撃をめざして、東大銀杏並木の総決起集会によって、全く画期的な学生戦線の大統一が実現されようとしている。国家権力の弾圧、右翼権力の跳梁《ちょうりょう》、日共=民青の反革命的台頭のもとで、闘いは困難きわまりないし、安易な連帯は許されない。真の結合は、闘う中に存在する。いま、闘いを通じて、大統一集会がかちとられんとしている。
「東大=日大闘争勝利」の旗のもとに、全国学生は総決起せよ!(後略)(『砦』、340~342頁)

「日大父兄会」の屈服

日大の大人たちの動きは、一筋縄ではいかなかった。十月三十日、日大教職組・教員連絡会議によって全学協議会が結成され、理事退陣を要求し、十一月二日には日大全学協(教職員、大学院生組織)が総決起集会を開き、同じく理事らの即時退陣を要求した。日大十万学生の父兄は授業料納入者という立場で、これらの職員たちとは別の位置から、いわば納税者のようなところから日大当局に働きかけることが期待された。

十一月十日に日大両国講堂で「日大全学父兄集会」が七千人（六千人とも）を集めて開催されたが、主催していたはずの大学当局（日大後援会連合会幹部）は秋田明大以下約二百人（三百人とも）の日大全共闘が現れると同時に、さっさと逃げ出した。

「父兄集会は、食事ぬきで夜の十一時頃まで熱心な討議を重ね、以下の四項目を決議した。

一、授業を即時再開するため古田会頭以下全理事は即時退陣せよ。

一、学問研究の自由を完全に保障する体制を確立する。

一、理事の背任横領を告発する。

一、授業料は授業の再開と同時に支払う。既納の授業料は払い戻しを請求する。

そして、翌十一日には各学部ごとに集まり、学部別の父兄会を結成し、役員を選ぶことになった」（中塚、1984）

だが、この組織作りには大きな欠陥があった。「理事の背任横領を告発する」と謳《うた》いながら、それを専門に行う法律関係者の特別グループを作っていなかった。この弱みに古田会頭はつけこんだ。

十一月二十六日、午後六時から千代田区紀《き》尾《お》井町《いちょう》の料亭「福田屋」で開かれた会談では、古田会頭を告発するどころではなかった。古田会頭は「父兄会から日大理事を」という餌《えさ》を撒《ま》き、それまでも借金の肩代わりなどで一本釣りされていた父兄会はたちまち古田会頭に抱きこまれた。

「時間は九時を過ぎていた。急に空腹感が襲ってきたところに、古田氏が、『中塚さん、わたしの出すものをめしあがってくれますか』と言った。

『ああ、もうビールでも酒でもなんでもやろうじゃないか』と私は半ばやけになって叫んだ」（中塚、同上）

詳しい内容については、十六年を経てもまったく書かれなかったほどに、この悪人の「大人」同士の危うい関係のなかで、父兄会は自分の子供たちを見捨てていった。バリケードの屋上でガスボンベの栓を開けて、死ぬ覚悟で闘っていた自分の子供たちを、その若者たちを。

こうして、日大闘争は勝利の手だてを失った。もしも、父兄会が学費納入者として理事会の「使途不明金」問題を告訴すれば、古田会頭は立ち直ることはできなかった。これは、犯罪だからである。納税者が政府の使途不明金を追及できない国では国家的規模の不正を糺《ただ》す方法がないように、ここでは父兄会が理事会に屈服することによって、不正を糺そうとしたその子供たちは拠って立つ場を失ったのである。これが、この年の大学闘争が歴史から失われた理由のひとつだった。

その六　前夜

一九六八年が終わろうとしていた。APとUPIによる「今年の十大ニュース」には、「ソ連・東欧五ヵ国軍のチェコ侵入」、「テト攻勢」、「スチューデント・パワーの爆発」、そして「ロバート・ケネディ議員の暗殺」と「マーチン・ルーサー・キング師の暗殺」があげられていた。十大ニュースには入っていなかったが、一月二十一日にはアメリカ軍のB52がグリーンランド沖に墜落して四個の水爆が行方不明となり、世界的規模での破滅の予感と青年たちの叛乱と戦争と暗殺に隈取《くまど》られたきびしい年だった。

十二月二日、加藤代行は「紛争解決案」なるものを学内に配布し、五日の『赤旗』は「『加藤提案』検討に値する」とただちに応じた。

六日、日大臨時評議員会は大学定款（寄付行為）の改正を正式に議決して、巨額の試験料、入学金、学費を集めることができる翌年の入試を日程に組み込むことに成功した。

九日、文部省大学問題委員会は「年末までに授業再開の見通しがつかない大学では入試の中止もやむを得ない」と、学生の闘争が続く東大、東京教育大、東京外国語大を恫喝《どうかつ》した。

十日、東京・府中刑務所横で現金二億九千四百余万円を積んだ現金輸送車が車ごと奪われ

（三億円事件）、十一日には川端康成がノーベル文学賞を受賞し、ただでさえ騒然とした年末に無数の事件が重なっていた。

東大全学部の学生大会

この年末は、東大の学生たちにとって、卒業中止、留年が目の前にきており、どの学部でも二回、三回と続けて学生大会を開いた。専門課程の本郷でも教養課程の駒場でも、東大構内はさまざまな色のヘルメットをかぶりゲバ棒を手にした全国から集まった青年たちの乱闘で明け暮れた。しかし、それでもなお東大生たちは、律儀なことに民主主義を守ろうとしていた。全員参加の会議を開いて、無期限ストライキを解除するか、封鎖を拡大するか、代表団を出して東大当局と交渉をするか、という方針案を繰り返して討議し、多数決で方針を決めようとしていた。

たとえば、東大理学部では学生大会が十一月十二日、二十日、二十七日、さらに三十日（流会）と立てつづけに開催され、あらゆる提案が否決されて決着がつかなかった。十二月十九日に自治会正副委員長選挙があり、日本共産党系が勝利したが、無期限ストライキが続いていることにはかわりがなかった。

学生大会は、各学部によってそれぞれ特徴があった。法学部は反ストライキ派が次第に力を増して、その圧力のもとに無期限ストライキ中止のために、学生大会が繰り返された。経済学部と薬学部では、全共闘と日本共産党系の中間を目指す執行部が闘争収拾への模索を繰り返していた。工学部では全共闘系仮執行部に対して、日本共産党系がストライキ解除派と結びついて多数派を工作していた。農学部と理学部では日本共産党系が力を持っているとは言え、最後の最後までストライキ解除はできなかった。革マル派が自治会執行部を握っていた文学部では、日本共産党系の提案を反故《ほご》にし、無期限ストライキと自治会代表権を固持した。教育学部では日本共産党系が執行部を握り、〝あかつき部隊〟の常駐のもと、全共闘派は身動きできなかった。

(上)11月29日、加藤総長代行は「全学提案集会」を提案して、総合図書館前に学生、教官らを集めようとしたが、全共闘に演壇を占拠され、本人もそこに連れて行かれた
(下)同日、加藤代行は東大全共闘の集会で追及され、憮然として腕を組む

しかし、医学部と教養学部では、全共闘方針を覆すために日本共産党は全国から集めた部隊の全力を投入して、医学部学生大会と教

養学部代議員大会を強引に開こうとした。これが、他の学部では見られない暴力による激突の原因となった。

教養学部の騒乱

一九六九年度の入試実現は加藤執行部の強迫観念となった。入試が行われるためには、まず駒場が正常化していなくてはならなかった。入学した学生はまず駒場に入るからである。そのためには日本共産党系学生の暴力であれ、なんであれ利用する方針が採られ、この無原則なやり方が駒場での流血の惨事を拡大した。

十二月六日、全共闘系のふたつの党派、社青同解放派（反帝学生評議会とも）と革マル派との間で、流血の内ゲバが始まった。両党派の早大での主導権争いが飛び火していた。この日から駒場構内は、日本共産党系と全共闘派間だけでなく、全共闘派のふたつの党派間との二重の激突が繰り返された。この二重の内ゲバは、ただ東大闘争を混乱に陥れただけではなく、その激突が深刻で、青年たちに癒《いや》しがたい傷を精神と肉体の両方に負わせたことで特筆される。

十一日、ストライキを中止するための代議員大会の開催要求を、今村自治会委員長がはねつけたため、代議員大会を強行しようとする日本共産党系学生とストライキ解除派学生は、委員長たちがたてこもる第八本館のバリケードを攻撃した。東大全共闘は革マル派、解放派を含む全力でこれに立ち向かって乱闘となり、入院した者が十七人という流血の惨事になった。

この日本共産党系部隊と全共闘との間の乱闘のなかで、十三日午後五時ころ、教養学部「代議員大会」は全学集会のための代表を選出したとした。

この事件は大きな問題を含んでいた。第一に、東大教養学部代議員大会という学内の会議を、日本共産党系部隊の公然たる暴力のなかで開かせ、その暴力で実現した会議決定を「民主的」と呼ぶような流れを作ったことである。ここから東大では議論のときが終わり、むき出しの暴力のときが来た。

もうひとつの問題がある。この「代議員大会」では「全学集会のための代表団選出」だけで、無期限ストライキを終結しなかった。なぜ、そうなったのか？　日本共産党系学生たちは無期限ストライキを誇示して大学当局に譲歩を迫り、自派に有利な戦後処理（東大闘争終結後の論功行賞）を目指していたからである。

そのために、年明けすぐに今度は無期限ストライキ解除のために代議員大会を、ふたたび流血のなかで強行しなくてはならなくなる。この時代には、党利党略に比べれば、学生の血は安いものだった。青年たちの血が党派の利害に利用されるようになったこと、これが第二の問題だった。

同じ手法は医学部でも使われる。だが、それでもなおほかの学部では、いちおうは東大生自身による議論が尽くされて、無期限ストライキの解除か継続かを決めようとしていた。この年末まではともかく。

ストライキ解除―法、経済学部および教養学部教養学科

法学部（在学者千四百三十四人）

十一月三十日の学生大会では「法学部学生懇談会」が無期限ストライキ解除の提案を出したものの、日本共産党系の「緑会委員会」と全共闘系の「法学部闘争委員会」および「法学部連絡会議」などが反対にまわり、ストライキ解除提案は、賛成二百四十五票、反対三百八十票、保留四十三票で否決された。これを挽回しようとしてストライキ解除派は、続けて十二月四日の学生大会を要求したが、この学生大会でストライキ解除提案は百六十九票と得票数を減らした。

東大法学部は、もちろん高級官僚へのエリートコースにあり、この得票結果に、政府、大学当局および高級官僚への道をかけたストライキ解除派学生らが危機感を持ったのは当然だった。政府、大学当局、ストライキ解除派学生が一体となった猛烈な説得工作が続けられ、十三日に再々度の学生大会が開催された。ストライキ解除派は三百十票を集めたが、それでもまだストライキは終結できなかった。

一九六八年最後の法学部学生大会は年末二十五日に開かれ、ストライキ解除提案は四百三十一票を集め、無期限ストライキの解除が決まった。マスコミはこの決定を大々的に取りあげ、東大闘争の終結を宣伝した。この得票数を見れば分かるとおり、それまで日本共産党系の無期限ストライキ継続提案を支持してきた学生たちは、ストライキ破りに転じた。わずか二週間で、彼らは意見を変えたのだった。

経済学部（在学者七百人）

経済学部では、構造改革派のストライキ実行委員会が自治会の執行部を握っていたが、十二月三日の学生大会は、定足数に足らず流会した。

十日、五百人以上が出席して学生大会は成立したが、ストライキ実行委員会百七十二票、全共闘系百八票、日本共産党系五十八票であり、「ゼミ連絡会議」によるストライキ解除提案は百八十二票を集めたものの、他の提案と同じく否決された。このために、十九日に再度の学生大会が開かれたが、ストライキ解除提案は百九十四票を集めただけで、ふたたび否決された。

法学部のストライキ解除が決まった翌日の二十六日、この月三度目の学生大会が開かれ、ストライキ実行委員会自身がストライキ解除を提案し二百六十六票を集めて可決された。このとき、全共闘系の「闘争委員会」は百十六票、日本共産党系の「行動委員会」は五十八票だった。

教養学科（在学者百二十人）

教養学部教養学科では、十二月十日と二十七日に学生大会が開かれ、日本共産党系の理事長提案が二十七票から十三票に、闘争委員会も同じように二十票から十六票へ得票を減らし、ストライキ解除提案が五十二票から六十票となって無期限ストライキが解除された。

こうして、クリスマスと年末商戦に沸く年末のさなかに、東大のエリートコース志願者たちは、つぎつぎに闘争から脱落していった。しかし、すべての学部がそうなったわけではなかった。

ストライキ越年―教育、農、工、薬、文、理学部

教育学部（在学者百二十人）

十二月二日の教育学部の学生大会（九十七人出席）では、日本共産党系提案四十八票、全共闘系二十九票で、ストライキは継続となった。教育学部の建物には、日本共産党系の部隊が居坐っていたから、実質的なバリケード・ストライキ（?）ということだった。

農学部（在学者四百十一人）

四日、農学部の学生大会（二百十三人出席）では、日本共産党系提案百一票、ストライキ解除派六十二票、全共闘系の農学部闘争委員会五十九票と決着がつかず、十二日、二十日と続けて学生大会が開催された。この間、全共闘系の提案は、六十九票、八十一票と得票数を増したが、日本共産党系は百四票、百三票と変わらなかった。ストライキ解除派は百十五票、百二十九票と賛同者を増やしたが、定足数の二百五十九人には達せず、ストライキは越年した（出席者の最大数は二百七十一人だったが、採決時にはいなかった）。

工学部（在学者千六百七十九人）

七日、理系の最大の学部、工学部の学生大会（千百三十九人出席）では、日本共産党系提案

は四百四十九票、全共闘系のストライキ実行委員会は四百四票、ストライキ解除派四百三十五票と拮抗していて、何も決まらなかった。「加藤提案断固拒否」という電気・電子学科学生による緊急提案だけが可決され、年を越してストライキが続くことになった。

薬学部（在学者百三十人）

九日、薬学部では百四人が出席して学生大会が開かれ、ストライキ実行委員会提案は三十六票、日本共産党系の個人名での提案が二十九票、ストライキ解除派提案は五十二票だった。しかし、十七日の再度の学生大会では、ストライキ実行委員会は四十六票に増え、ストライキ解除派は四十一票と数を減らし、同時に日本共産党系提案は十票と大幅に減って、薬学部のストライキ継続が決まった。

文学部（在学者七百七人）

十二日、文学部の学生大会（五百五十五人出席）では、革マル派系のストライキ実行委員会提案は三百十五票で、無期限ストライキ続行が可決された。日本共産党系提案は二百十四票だった。

理学部（在学者四百三十九人）

理学部では、十九日の自治会委員長選挙が終わった直後の二十四日に学生大会が開かれる予定だった。この学生大会会場をめぐっての騒動はあとで述べるが、この騒動を経て年末の二十七日に学生大会が開かれた。

二十七日の学生大会は午後四時ころから午後十一時半まで七時間余におよび、日本共産党系自治会委員長派の提案（スト続行、全学大衆団交実現）も全共闘系のストライキ実行委員会の提案（封鎖貫徹）も有志学生の提案（スト解除、理学部全員交渉実現）も、すべて否決され、またしても決着はつかなかった。こうして、理学部の無期限ストライキも越年することになった。最後に賛成百三十六票、反対八十一票で可決されたのは「東大闘争の実りある早期解決をめざし、全学友は毎日登校し、具体的な意思表示を行なおう」という、だらけたものだった。この提案への反対票は、むろん全共闘系のものだった（『弘報』、172頁）。

この二十七日の学生大会では全共闘系八十九票、日本共産党系七十三票とそれまでの得票とは票数が逆転していたが、二十四日の自治会執行部の裏切りに温厚な理学部学生も怒ったためだった（注）。

注：理学部では、年明けすぐの一月七日の学生大会でもストライキ解除提案は百十六票に達したものの、またしてもストライキ解除には至らなかった。結局、日本共産党系部隊の包囲下での一月十一日の「学生大会」で無期限スト解除提案が賛成百五十三票、反対三十八票で可決したというのだが、全共闘系学生はこの学生大会にはすでに関係していなかった。

「医学部学生大会」強行

医学部医学科の無期限ストライキ終結のためには、あらゆる策略が蠢《うごめ》いていた。

医学部医学科の学生数は、M1と呼ばれる医学部一年生（他の学部の三年生に相当）から43青医連（昭和四十三年＝一九六八年卒業予定医学部生だが、ストライキのために卒業できないでいる学生）までの五学年で合計四百七十三人だった（東大側資料の五百人ちょうどとは合わないが、こちらが実数）。このうち、ストライキ終結者と休学者が十九人いた。「ストライキ終結者」とは聞き慣れない言葉だが、実態はこうだった。

八月二十二日には医学科百十八人によってストライキ終結が宣言されたが、十二月十三日になって、M2クラスの三十六人はストライキ終結宣言を撤回し、翌十四日にはM3クラスの四十一人もストライキ終結宣言を撤回した。しかし、ストライキ終結宣言を撤回しなかった医学科学生（ストライキ終結者）は十四人だった。これに休学者が五人ということだった。

「ストライキ終結宣言」を撤回したこれらの医学科学生たちの思惑を、医学部当局が説明している。

「その（注：撤回者の）主張は、ストライキを一方的に終結したことを反省して、自治会民主主義を確立した上で、改めて事態を解決しようとするものである」（『弘報』、144頁）

それにしても、彼らはどういう学生たちだったのか？　「自治会民主主義」によってストライキに突入したが、個人にとっては都合が悪いので一方的にストライキを終結した。それによって、自分の授業単位は足りたものの、全体のストライキが終わらないのでは進学できない。そこで、もう一度「自治会民主主義」を発揮しようというのである。権力に直結している東大医学部である。その道をまっしぐらに進みたい学生たちには、この程度の陰謀は簡単だっただろう。しかし、このたびの陰謀はあまりに暗く、手がこんでいた。

ストライキ終結のためには、医学科の学生大会を開いて、「合法性」(の外観)を整える必要がある。しかし、会場が問題である。そこで、理学部二号館を使うという案がでた。理学部二号館は赤門の東隅にあり、医学部の建物に近く、かつ日本共産党系の牙城《がじょう》である教育学部にも近いという地の利を得ているうえに、理学部自治会はどうにでもなる。その建物にいた者としては非常に腹立たしいが、理学部の学生諸君はそれほどになめられていた。

「医学科学生大会の開催を主張する、ノンセクトを中心とする学生等は、出席資格者である、医学科学生でスト体制にある者の総数四五四名の過半数の署名賛同を得て、医学科学生大会を決行した」(『弘報』、167頁)

大学当局の『弘報』にしては、「ノンセクト」や数字なしの「過半数」に「決行」は変だが、うさんくさい文章は続く。

「医学科学生等は、教育学部前で隊列を組み、学生大会開催を支援する多数の他学部学生の援護のもとに、一二時五五分に理学部二号館に入った」(『弘報』、167頁)

同じ状況を理学部当局は、同じ『弘報』でこう報告している。

「この(注:理学部学生大会に予定された)会場に午後一二時半頃医学部医学科学生約一八〇名が民主化行動委系(注:日本共産党系)の学生約三〇〇名によって導入され午後一時過ぎより

12月24日、理学部２号館での医学部学生大会強行で乱闘となる。手前は東大全共闘系学生たち

医学科学生大会が開催された」（『弘報』、171頁）

医学部の学生は〝あかつき部隊〟に護衛されていたのだが、この事件の内幕を大学側が説明している。

「このように理二号館が、突然医学科学生大会に使用されはじめた直後、二号館長の木下教授は責任者に会見をもとめ、東院協（注：東大院生協議会）石津副委員長（工）らから次のようないきさつをきいた。（一）医学科学生大会の会場変更の件は二三日夜決定していた。（二）しかし全共闘による妨害をおそれ、同大会開始（二四日午後一時）の直前まで発表できなかった。（三）このことについては、笹尾理自治会委員長の了解をえており、（中略）理学部学生大会は他所にうつしてもらった」（『弘報』、171頁）

この日、〝あかつき部隊〟が封鎖を強行したため「二号館の女子職員約三〇名は地理学講義室に避難していたが午後五時頃裏側地下室から救出された」（『弘報』、171頁）ほどだった。平和な時代なら、四時間もの間、東大の女子職員が三十人も監禁されたのは大変な事件だっただろうが、この年にはそれは単なる挿話、それも誰もがほとんど忘れてしまった事件にすぎない。だが、忘れてはならないこともある。

第一に、理学部学生自治会とは別の東院協という組織の副委員長が、なぜ理学部二号館問題の責任者なのか？　医学部の学生大会の責任者が、なぜ工学部の大学院の副委員長なのか？　第二に、学生大会会場の変更は二十三日に決定ずみで、理学部自治会委員長も了解ずみとは、どういうことか？

この簡単な報告は、理学部自治会委員長から「民主化行動委員会」なる組織、そして医学部の一部学生を指導する裏の組織へのつながりがあって、はじめて「医学部学生大会」なるものの「決行」ができたことを物語っている。こうして、各学部で学生たちがストライキ継続か否かを、「民主的に」議論しましょうと言っている間に、これらの組織はさっさとストライキ終結に向けて歩調を揃えて、暴力に訴えて出たのである。

医学部当局と政府厚生省、そしてこの権力構造のなかに生存価値を見いだす医学科の学生たちはそろって、この医学部の闘争に弾圧を加えた。日本共産党系部隊が理学部二号館の防衛にあたり、赤門の外では警察機動隊が控えている体制は、駒場の代議員大会とまったく同じ構造だった。

医学部当局の語る「自治会民主主義を確立した上で、改めて事態を解決しようとする」とは、その暴力の正当化だった。この正当化のために、この日、十人が怪我をし、一人が重傷を負っていた。東大医学部や東大関係者たちは、よほどのことがなければ信用してはならないという教訓である。

理学部二号館事件の補遺

この二十四日の事件については、個人的にもよく覚えている。昼すぎ、安田講堂の私たちの部屋に物理学科のMが駆けこんできた。

「今、理学部二号館で医学部の民青が学生大会をやっている」

Mは律儀と秀才と丁寧とを絵に描いたような人だったから、冗談を言えるはずはないが、他学部の建物で医学部の学生大会とはほんとうとも思えなかった。いぶかりながら、赤門の先にある二号館に行った。

二号館の屋上や窓から黄色いヘルメットがちらちらと見え、正面玄関は大きな材木で打ちつけられている。日本共産党系部隊の計画的行動である。屋上からは音をたてて石が飛んでくるから、危なくて近づくこともできない。建物のまわりのケヤキの木の陰から様子をうかがっていた。あたりには、急を聞いてかけつけた理学部の学生や医学部関係の学生がいて、隙を狙っては正面玄関に突入しようとしていた。

一目で守りが固いのは分かった。他学部の学生大会会場を横取りするほどの連中である。日本共産党系の青年たちは、そういう党中央の命令にはごくごく忠実な人間だった。当時、理学部二号館の二階には地質鉱物学科があり、その標本の石は廊下に並べられていたが、それが投げられているようで、かなり大きな石が飛んでくる。

「彼らなら標本だろうとなんだろうと、かまったことではないだろうな。人類学教室の廊下にあった槍《やり》や土器などを、さっさと資料館に運び込んだのは正解だったなあ」と思っていた(注)。

理学部二号館の建物の前で、投石をよけながら接近していた全共闘の学生のなかから赤いヘルメットが飛び出して、正面玄関を棒で叩く。無謀な男だなあと見ていると数学科の男である。その男は、投石の雨のなかから目を吊り上げて戻ってくると、私を見つけて言った。

「S(理学部自治会委員長)を捕まえて、つるしあげよう」

それはより危険性の少ない、より効果的な道である。私たちは理学部自治会室のある理学部一号館へ向かった。理学部闘争委員会の面々はみな棒だの角材だのを持っていたが、私は素手だった。日本共産党系とは言え、理学部のひょろひょろ学生である。彼ら相手に武器はいらない。

理学部一号館は安田講堂裏手にある。その建物の裏門のそばに自治会室があった。委員長はいなかったが、副委員長たちがいた。そのとき、日本共産党系の諸君は何人いたか? とにかく、ドアを開けてドヤッと入ると彼らが総立ちになった。さきほどの無謀な男と理論派のMが詰問するより早く、副委員長は女性の特権で、むちゃくちゃな金きり声で叫びはじめた。たぶん、よほど恐かったのだろう。

「だれが、お前なんかに手を出すか」と思ったが、この金きり声には参った。相手かまわず飛びかかろうとする闘争委員会メンバーを制して、こちらの言い分を言うだけ言って帰った。『弘報』によると、共闘系学生は理学部「教官数名の制止もあって短時間ののちひきあげた」というが、彼ら教官にそんな度胸はない。

注：十二月二十四日の理学部二号館攻防戦で日本共産党系の防衛部隊が投げた物のなかには、以下の標本が含まれていた。

「この事件による物的被害として重要な学術資料には

一、マラヤ地質調査所より鑑定を依頼された化石標本約一五〇個の逸失。

二、満洲地方（その他外国各地産）の鉱床標本の混乱。

三、タイ国ニコン氏（採集）標本の紛失。

四、人類学石製標本の紛失。

などがあり、施設、物品関係では約二三〇万円にのぼる被害があった」（『弘報』、172頁）

当時の理学部二号館には、生物学科（動物、植物、人類）、地理学科、地質鉱物学科の各教室が入っていて、階段の踊り場や廊下にはそれぞれの学科の標本が陳列されていた。人類学教室の標本のなかには、埴輪《はにわ》や土器や各種の槍や棍棒なども並べられていた。これらは東大闘争が始まった時点で資料館に移されて、難を逃れた。これらが残されていたなら、屋上から狩猟民の槍が降ってくることになっただろう。

一九六八年末、東大生は何を考えていたのか

二十四日の「医学部学生大会」に出席して無期限ストライキを解除した学生数の実際は、よく分からない。『弘報』の医学部報告でも理学部報告でも出席したとされる医学生は百八十人だが、新聞報道では百五十人で、百十八人がその基礎数だったようである（今井、1969より）。つまり、医学部医学科学生の二十四・九～三十八パーセントによってストライキが破られていた。

では、十二月段階で医学部のなかで無期限ストライキを支持していた青年たちの数はどれくらいだっただろうか？　医学部での当初の無期限ストライキの表決は、賛成二百二十九人である。これ以降、医学部医学科では学生大会が行われていないから確かな数字は分からない。しかし、なお二百人以上はストライキ支持だったのではないか。それは、東大全学を巻きこんだ闘争の火付け役としての責任感もあっただろうが、青年医師連合の将来は自らの将来に直結していただけに、彼らはゆずれなかったのである。

一九六八年末にあたって、東大の学生たちは何を考えていたか？　無期限ストライキの継続か否か、日本共産党支持か全共闘支持かという点だけに絞って、法、経、文、工、理、薬、農、教育の各学部と医学部医学科（スト解除派と全共闘派だけに二分）、教養学部教養学科の学生た

表1　専門課程の9学部と教養学科における年末の勢力

スト解除派	1596	38.5%	（医学科118として）
全共闘系	1406	33.9%	（医学科229として）
日本共産党系	1142	27.6%	
合計	4144	100.0%	（全学生数6300）

ちが十二月に学生大会で示した各動向の割合をまとめてみた（表1）。医学科の学生の数がスト解除派に辛く、全共闘系に甘いのは、公然たる「えこ贔屓《ひいき》」である。

この数字を見て分かるとおり、十二月末という東大闘争の最終段階にあっても、ストライキ解除派は四割に満たなかった。もしも、日本共産党系学生が、ひたすらスト解除だけを考えていたのでないとすれば、という限定つきだが。

東大生への信頼を完全には失わないですむのは、「一般学生」と自称し、何事であっても変革しようとは思わない自己保身派が決して多数派ではなかったということであろうか。たとえば、法学部では千四百三十四人の在学者に対して、ストライキ解除賛成票は最大で四百三十一票である。これを「にすぎない」と見るか「にも達した」と見るか。それを言えば、このぎりぎりの段階になっても、決定を他人まかせにした二千人以上の学部学生がいた。こんなものである。

しかし、「秩序派の一般学生」が多数派に見える理由はあった。十二月には、日本共産党方針に賛成する学生の数は、学生大会に出席する学生の三割（全在学者数の十八パーセント）を切っていたが、それでもなお単独の党派としては最大の数を誇っていた。これが「スト解除派学生」と結びついて、「多数派」を工作したのである。

専門課程の学生のこの割合は、駒場の教養学部でも同じような傾向か、より過激だっただろう。つまり、法学部、経済学部、教養学科というエリートコース志願者の多い学部や学科以外では、スト解除派は少数派だった。日本共産党系学生がスト解除に微妙な態度を続けているかぎりは、強権発動以外には東大闘争の終結はないという事実があった。このキャスティングボートを日本共産党は利用しようとした。しかし、強権発動があれば、この立場は幻想だと分かる。それもすぐに。

前夜の風景

十二月には、正門から安田講堂に続く銀杏並木はいちばん美しい季節を迎える。どの木も競うようにつぎつぎと黄色に色づいて見わたすかぎり続き、あたりを明るく染める。散りしいたイチョウの葉は並木道を彩り、恋人たちはその金色の葉を踏んでいることにも気づかずに通りすぎてゆく。もっともこの騒然たる年にあっては、春にコブシの白い花群れを愛でる人がいたかどうか怪しいように、あたりを輝く色に染めて落ちてゆくイチョウの風景を「金色の小さき鳥の形して」と愛でた人がいたか、どうか。

東大闘争の最終局面と年の暮れが重なり、繰り返す学生大会と日本共産党系と全共闘と党派間の内ゲバが東大構内の喧騒《けんそう》を極限にまで高めていた。そこには無数の「タテカン」（立てられた看板の略）が並べられていた。タテカンとは角材で枠組みを作ってそれに数枚のベニヤ板を打ちつけ、そのベニヤ板に紙を貼って闘争スローガンや日程などを書いたものだった。タテカンには大きな文字だけで、細かい内容についてはビラを読むことになっていたが、東大闘争の間にはさまざまなタイプのタテカンが現れた。

乱立するさまざまな政治党派や学生グループやクラスや個人が出したタテカンは一種不定形の騒擾であり、危うい華やぎでもあった。青年たちはたとえ恋人と一緒であっても、銀杏並木の金色の風景を愛でるよりも、タテカンの伝える過激なメッセージの間を縫って歩かなくてはならなかった。

正門前から安田講堂までの銀杏並木には、全共闘系をはじめとして実に各種のタテカンが乱立していた。そのなかには一万語に達する長文のもの、定規で引いた几帳面《きちょうめん》な文字の上にビニールカバーをかけた芸術品もあり、ときには教官側のタテカンもあった。

「工学部学生委員会」という教官グループは「最近助手共闘諸君の立て看板が多く見られる。しかし、このいくつかはわれわれのものを盗んだものであることを知り、一驚を喫した。諸君はいかなる理由でこの盗用を正当化しうるのか」とタテカンを助手が盗んだと嘆じていた。

帝国大学以来の伝統と学内規則によれば、本来あらゆる掲示物は当局の許可を得て、掲示専用の場所にしかるべき体裁で行われなくてはならない。不体裁なタテカンは学内規則からはむろん違法であり、これを「盗んだの、盗まれたの」と言うような対象ではない。

この視点から「助手共闘資材調達部」は、この抗議を一蹴《いっしゅう》する。もっともこんな部があるはずもないが。

「そもそも時計台というどでかい大学の財産が奪取されているのだ。今後ともわれわれは旺盛《おうせい》なゲリラ活動で、君らのカンバンを没収するだろう。ごらんのとおりこのタテカンも君らから頂戴《ちょうだい》したものだ。ウラを見よ」

裏に回って見て、私はニヤッとした。そこには「工学部学生委員会」とあった。

駒場では、正門の脇に「母に一分の瞑想《めいそう》を」と題するタテカンさえ出た。キャラメルを学生たちに配った母親たちがいたと聞いて、本郷の少し先輩学生連中は「ゲッ」と言ったものである。

決戦準備

日大全共闘の活動家への弾圧は、十二月早々から集中的に行われた。三日、高橋全共闘副委員長の逮捕、四日、芸術学部闘争委員長の逮捕、六日、警官死亡事件の容疑での日大生逮捕と続き、十三日には合計八人の学生が警官死亡事件で起訴された。同時に東京から離れた場所で、疎開授業を行って卒業生を出すことに大学当局は全力を傾注した。決して屈しない日大全共闘の青年たちははるばると地方の疎開授業に乗りこんでこれを止めさせ、でたらめな授業にあきれて受講をボイコットする学生たちが四割に達したので、群馬県館林《たてばやし》市での疎開授業は十九日に打ち切られることになった。

しかし、年末ぎりぎりの二十八日になって、日大の新大学定款が文部省に認可され、晴れて来年の入学試験ができることになった。

だが、東大では入試実施をめぐって最終の局面に入り、青年たちは来るべき決戦を準備していた。それには、安田講堂の防衛責任者を誰にするのかという問題もあった。

一九六八年の年末のことだったと思うが、浦井（理学部生物化学科、神奈川県出身）が「ちょっと話がある」と、私を呼び出した。それも、安田講堂のなかの部屋だったか、追分寮だったか、あるいはまた本郷三丁目の地下の名曲喫茶店「麦」だったか、はっきりしない。とにかく、例によって浦井は深刻な顔をしていた（注）。

「安田講堂の防衛隊の件だが」と、彼は切り出した。「守備隊長は青医連の今井澄に決まったんだが、どうも躊躇《ちゅうちょ》しているらしい。しかし、経過から言ってそうなるしかないだろう。だが、彼は大学院と医学部の代表で、問題は学部学生の守備隊長だ。お前、引き受けてくれないか」

「俺がか？」

「そうだ。いろいろ話し合ったんだが、どうか？」

「他に適任がいるだろうが」

「いや、いない。引き受けてくれないか？　理学部からAは時計台に入って、党派の代表となり、俺は地下に潜って後の闘争指揮を取ることになっている」

理学部ではいちおうストライキ実行委員長ではある。安田講堂にこもるのは理学部を代表してという面もある。それに迷いはない。しかし、東大全学の学生部隊の責任者というのは、考えたことがなかった。だいたい、そういう組織的な動きができる性格ではない。会議という会議がきらいだから、東大全共闘結成以来、その「代表者会議」なるものに一度も出ていない。

しかし、守備隊に責任者がいないというのなら、誰かがなるべきなのだろう。そんなに長く考えなかった。

「分かった。ほかにいないと言うなら、俺がやる」

それで、こちらは決まった。各学部でもそれぞれ誰が残るか、討論が続き、安田講堂の防衛隊のメンバーが決まって行った。それは、相当に生死をかけた決意だった。

同じころ、三島由紀夫たちも本格的な訓練を始めていた。品川駅近くの駅弁屋「常磐軒《ときわ》」の座敷で、自衛隊の山本舜勝を講師として「楯の会」の合宿が行われた。

「講義内容は、遊撃戦（ゲリラ戦）概説八時間、図上訓練の遊撃戦闘一般要領を八時間、遊撃戦運用を八時間、遊撃戦闘要領を八時間、四日間にわたり合計三十二時間の集中講義。さらに質疑応答もある。

山本は本気なのだ。三島も本気だった」（猪瀬、1995）

三島由紀夫は、青年たちの巨大な運動のなかにほのみえる、迫り来る日本革命の予感に身を震わせていた。このとき、大人世代のなかでは三島由紀夫ただひとりが、この大学闘争のなかにある種の本質的なものを感じとっていた。それを理解できるのは自分ひとりであり、その革命に自らを反革命として立たせ、それによって革命と反革命の側に日本文化の精華としての意味を付与するという誇りを持っていたのだと、私は思っている。

注：浦井は理学部闘争委員会のリーダーであり、解放派の指導者の一人だった。彼は、この事件から数年後、小さな男の子を残して自ら命を断った。その直前に出会って冷たい声を出してしまった者としては、言うべき言葉もない。

その前夜に

決戦を控えた一九六八年の年末には、いろいろな人間模様が交錯した。安田講堂には差し入れもあった。ミカン一箱は、正門前の中華料理屋「白楽」のおやじさんからだった。この店ほど青年たちが世話になった食堂はなかった。いつのころからか、おやじさんは私たちが行くと生卵をつけてくれるようになり、ときには「これ、注文がちがっちゃったから」と理由をつけて他の料理もわざわざ作って出してくれた。そのおやじさんからの差し入れなので、青年たちは喜んだ。

「白楽のおやじさんな。この間、民青に石投げてんだよ。参ったよ」

本郷界隈《かいわい》のいろいろな店には大迷惑をかけた東大闘争だったが、そういう人もいた。

「で、正月はどうする?」という話題になった。東京や近郊に自宅がある連中は、「帰る」というのが大半だった。

「どうせ、一日か、二日しかいないが、洗濯とか」

年明けすぐに機動隊導入という説がささやかれ、一月七日(注:と噂《うわさ》されていた)の学生代表団への大学当局の説明会がひとつの山である。それまでには、すべてを準備しなくてはならないが、ほんの二、三日なら空白はある。年末が近づくにつれて、少しずつ人が減って、安田講堂は妙に広くなった。

「聞いたか?」「何を」「民青は『団結餅つき大会』だとさ」「あ、それいいなあ」「なんだよ!」ただ単に食い気だけである。「で、こっちは何やるの?」「大晦日《おおみそか》の計画はないらしいよ」

大晦日には日本共産党系学生たちはタイマツデモをやり、東大全共闘は「時計台放送」からベートーベンの第九を流したという(岡本・村尾、1969)。しかし、すでにはるかな昔である。

それが、安田講堂のなかで起こったことだったか、その外に出ていたときのことだったか、そもそも、どういう状況でそういう話になったのか、それもすでに定かではない。とにかく、ひとりの女子学生が現れた。

彼女がどんな格好をしていたか、それはまったく覚えていない。化粧はしない人だった、と思う。なにしろ人の顔を覚えない上に、名前はすぐ忘れる性質である。

「お正月はどうするの？」「ここで越年かな」

「ふーん」と彼女は言った。ほんの少し間があった。

「それなら、家にくる？　お雑煮くらいは、あると思うよ。海も見えるし」

私は意表をつかれた。他にはまったく何も覚えていないのだが、その言葉だけは妙にはっきりしている。今となっては、彼女がどこの大学のどういう学生だったのかも定かではないが、「美しい人だなあ」と見つめた覚えはあった。その女性に、この年末に出会うとは思わなかったし、「家にくる？」と言われるとは、もちろん想像もしていなかった。「これは好意というものかもしれない」とも思っただろう。なにしろ、はるかに遠い昔のことで、記憶が定かではない。たぶん、私はしばらく「ああ」とか「うう」とかだけ言って、言葉にならなかったのではないか、と思う。

ともかく、私は彼女の家に行った。どこで二人が落ちあったのか、彼女がその家の近くの駅に迎えてくれたのか、それも定かではない。人の記憶は儚《はかな》いものだ。しかし、彼女の家でご両親に迎えられたこと、ほんとうにお雑煮が出たこと、海を見に行ったことは、少しだけ覚えている。そのほかのことは、もうまったく覚えていない。たとえ、私の記憶力がアフリカゾウ並みで、ふつうの人間の数倍だとしても、これ以上はまったく何も覚えていない。

正月元日の一晩を彼女の家に泊めてもらって、私は安田講堂に戻った。そして、安田講堂占拠の最後の日々が始まった。

その七　安田講堂前哨戦

一九六九年正月は、まぢかな大弾圧の予想に身構える青年たちに同じように明けた。バリケード封鎖で越年した大学は、全国で十五校（東大、日大、東京教育大、東京外語大、電通大、中央大、明学大、青学大、芝浦工大、山梨大、富山大、大阪大、神戸大、関西学院大、長崎大）だったが、その数はこの年になってさらに増えていった。

前哨戦

一月五日、東大全共闘は翌日に予定されていたストライキ解除のための農学部学生大会を阻止するために、農学部の三つの大教室を封鎖した。六日、午後三時ころから農学部三号館教官会議室で農学部学生大会が開かれたが、これに「日大学生等を含む全共闘系学生約三〇〇名が完全武装で乱入し」（『弘報』、175頁）、学生大会は流会となった。

七日、理学部学生大会が理学部二号館で午後四時から開かれ、午後九時にすべての提案が否決されて終わった。理学部闘争委員会は「七学部集会粉砕」などを提案したが、賛成六十八、反対百五十九、保留十八の結果となった。しかし、日本共産党系の提案も同時に否決された。

最後は、日本共産党系と「有志」と名乗るストライキ解除派とが合流して、「全学団交」と「理学部全員交渉代表団選出」が可決されたが、無期限ストライキは解除されなかった。

八日、東大全共闘は農学部一号館を封鎖し、二号館新館と応用微生物研究所屋上に石を運びあげ、農学部グラウンドでの加藤総長代行と七学部代表団（注1）との集会を牽制《けんせい》した。

このころ、安田講堂の前に「歌を忘れたカナリヤ」という題のタテカンが出た。

「一、歌を忘れた民青は　代々木の森に捨てましょか　いえいえそれは可哀想　二、歌を忘れた民青は　いっそゲバ棒でぶちましょか　いえいえそれも可哀想　三、歌を忘れた民青は　機動隊をちょっと入れて　催涙弾をもらったなら　忘れた歌をおもいだす」

靴を脱いで寝ることさえなくなった青年たちは、このタテカンを見ては大笑いして、安田講堂からそれぞれの現場へ棒を担いで出かけていった。

九日、安田講堂前は「東大闘争・日大闘争勝利全都総決起集会」に集まった都内九大学全共闘と各派学生三千人であふれたが、日本共産党側も三千人を動員し、彼らはそのまま教育学部と理学部の建物にたてこもった。これに対して、全共闘系の青年たちは教育学部とその前の経済学部へ攻撃をかけ、日本共産党系部隊を追いつめた。激烈な乱闘になった。

「加藤総長代行は（午後）八時一六分に『第一に経済学部で危険な状態にある学生の救出、第二に教育学部で包囲されている学生の救出、およびそれに伴う必要な措置をとるため、警察力の出動を要請する』旨を警察当局に伝えた」（『弘報』、176頁）

全共闘側が日本共産党系学生を追いつめる同じ状況は、理学部一号館でも繰り返されたが、機動隊は午後八時十六分と九時三十五分の二度にわたって構内に入り、全共闘派青年のみ五十一人を逮捕し、午後十一時四十五分まで駐留した。「機動隊による安田講堂封鎖解除か？」と緊張が走り、青年たちは安田講堂前で機動隊と対峙した。

1969年1月9日、加藤執行部による機動隊導入の際、安田講堂前で対峙する機動隊と学生たち

しかし、この日の勝利者は、日本共産党系部隊を追いつめた全共闘ではなく、機動隊を導入した加藤代行だった。日本共産党といえども全共闘の全都部隊に対抗できないことが明らかになったが、それを機動隊によって守ってやることで、加藤代行は自己の優位を内外に示した。このときから、東大のさまざまな組織に勢力を張りめぐらした日本共産党を、加藤代行ははばかる必要がなくなった。

午後十一時三十分ころ、「かりに代表団の一部に異論があったとしても集会を予定通り、秩父宮ラグビー場で（明日十日）午後〇時三〇分より開くつもりである」（『弘報』、176～177頁）との掲示が学内に貼り出された。

こうなれば、学生の代表団さえ問題ではなかった。「一部の異論」は無視できる。学生代表の合意というポーズさえいらない。学生大会決議もまったく意味がなくなった。この加藤代行の独演会に対して、「七学部代表団」側の最後の抵抗はすでに負け犬のものだった。

十日、午前六時半という早朝から「七学部代表団」幹事は大学側に繰り返し集会拒否を伝えた。大学側はこれを無視した。「代表団」側は、大学当局の強腰にあって後退する。

「一一時四五分、七学部代表団幹事より、次の二つの条件がみたされるならば本日の集会に参加すると伝えてきた。その条件とは、（1）集会の時間をなるべく短くすること、（2）集会終了後直ちに代表団団交を行なうこと、である」（『弘報』、185頁）

「そんなことかよ！」と言いたくなるほどの条件であり、こうして「代表団」はすでに大学当局に屈服していた。もっとも彼らは全共闘が開いた水路で、船を乗っ取ってみただけである。水路を開鑿《かいさく》する力がなければ、座礁は目に見えている。あとは、捕虜として陸地を歩かされるだけだ。

この十日の集会は機動隊が管理し、学生証が示されなければ入場できなかった。日本共産党系学生は、午後二時ころまで入り口で集会に賛成できないむねの演説をやっていたが、会場に入ろうとして学生証を機動隊に差し出し、「民青！　機動隊に学生証を見せるんかよォ」と野次られたという（朝日ジャーナル編集部、1969）。

しかもその集会自体が、だらけたものだった。

「最大の焦点たる医学部の問題を他学部、それも教養学部の学生が代弁してたどたどしく追及するという始末。早くからかけつけて（加藤総長）代行の発言には何でも拍手するような、積極的集会支持派が陣取ったと思われるスタンドからも、たまりかねたか、『しっかりやれ』『代表団、もっと追及しろ』といったヤジがとび、代表団の発言に失笑が上がるほどだった」（朝日ジャーナル編集部、同上）

１月10日、秩父宮ラグビー場での７学部集会を防衛する警察機動隊とその連ねた楯の前を集会へ集まる学生たち

この十日の集会では、「十項目の確認」が行われたという。「十項目の確認」とは、「一・医学部処分、二・文学部処分、三・追加処分、四・今後の処分制度、五・警察力導入、六・捜査協力、七・青医連、八・『八・一〇』告示、九・学生・院生の自治活動、十・大学の管理運営」である（注2）。

この確認書は学生側の「降伏文書」だった。獲得できた項目は「処分撤回」、「追加処分をしない」ということだけだが、それらはすでに十一月一日の大河内声明で確認されていた。

西村学生部長（東大教養学部）は、この集会の自己矛盾を言い当てている。

「大学当局も、入試復活を第一目的とする学生たちも、機動隊に守られた七学部集会の成功を喜んだ。しかも、その集会での団交の成果としての確認事項には、『大学当局は原則として学内「紛争」解決の手段として警察力を導入しないことを認める』という一条が含まれているのである」(西村、1969)

警察当局の報告では、この集会に反対して集まった学生たちは「約九百五十人」という。警視庁は五千九百七十九人を動員し、言わば戒厳令下の集会だった。この日、全共闘側は百四十九人が逮捕され、このために東大全共闘は最後の局面で重要な活動家を多数失うことになった。屈服路線によって自身の将来の保全を図る学生たちと袂《たもと》を分かって、加藤代行らの魂胆をはっきり見ぬいていたものもいた。それが、安田講堂などにたてこもった青年たちだった。

注1：日本共産党主導の「統一代表団準備会」が姿を現すのは、六八年十一月十九日であり、この日、加藤代行と法学部二五番教室で会合を持っている。しかし、「統一代表団」そのものは実現せず「七学部代表団」が、一月十日の集会に出席した。この「七学部代表団」とは、医学部、文学部と薬学部を除く法、経済、教育、理、工、農、教養学部の代表という意味だが、これらの学部の代表選出が正規かというとまったくそうではない。また、一月九日の加藤総長代行の声明を見ても分かるように、その形式も問題にされなかった。

注2：この「集会」で議長をつとめたのは、日本共産党とは関係がない経済学部闘争実行委員会書記局町村信孝（のち衆議院議員）だが、彼が当日、午前六時半から右往左往したかどうか、そ

れは分からない。のちに、彼は語っている。

「私が国会に出たいと考えた動機の一つは間違いなく東大闘争にある。文部大臣も二回にわたってつとめさせてもらった。しかし、あれだけの大騒動があったにもかかわらず、大学は自己改革をできず、国際競争にも大きく取り残されていった」（町村、2003）。文部大臣にしては他人事《ひとごと》である。

確認書は大学当局が、事態収拾と自己保身のためにつくった「珠玉の作文」であり、何ひとつ問題の本質には触れなかった。たとえば「三・追加処分について」では、「新しい制度のもとで、これをとりあげる」とする。そしてこの全文を加藤代行自身がのちにまったく無意味なものと解説するのである（第十章参照）。

「お前たちは政府の走狗にすぎない」

一月一日の『赤旗』は宮本書記長の談話を掲載した。

「運動のこういう性格からみて、一部の評論家などにみられるように、あたらしい大学像をつくるということで、なにかいまの力関係や社会全体の状況のもとで、大学だけが社会主義的な、理想的なものになりうる条件があるかのように考えることは、それこそ、現在の対米従属下での独占資本主義の実態をみないで、たんなる主観的な願望をならべているのにすぎないのであって、われわれは、そういう空想的な立場にはたたないものです」

かつて日本政府に長い獄中生活を強いられたこの元闘士は、日本の戦後社会に覆いかぶさっているアメリカの暴力の影を強く意識して、この現実の下での理想的な大学像など「空想的」と一蹴している。もちろん、東京大空襲で十万人の市民を虐殺したルメイが勲一等に輝く日本であってみれば、この書記長の「恐れ」は現実である。しかし、それを突きぬける方策を現実の問題のなかから探るのが、政治というものであるはずだった。問題は、この立場に合わないものを「克服」したがる内向きの攻撃精神だった。このために、血を流すことになったのは青年たちだった。

一月十日の夜、〝あかつき部隊〟千五百人と全共闘部隊千五百人は東大教養学部構内で正面からぶつかりあい、三階建ての三棟の古い居住棟と食堂からなる駒場寮をめぐって血みどろの闘いとなった。午後八時十五分に始まり、十一時五十分まで三時間半に及んだこれらの建物をめぐる攻防戦では、部屋のひとつひとつの取り合いという市街戦に似た抗争となり、逃げ遅れた両派の学生たちが相手に捕まってリンチにあう凄惨《せいさん》な場面があちこちでくりひろげられた。この乱闘劇を、いつでも出動できる状態で警察機動隊が見ていた。

翌十一日午後、教養学部「代議員大会」が強行されようとしていたが、その前に奇妙な光景が見られた。

「一一時三五分、早朝から計画されていた、両派の抑留者交換が、教官立ち会いのもとに無事実現。共闘側から七名（かなりけがしている模様）、民主化行動委側から八名（ひどいけがはない

模様)」(『弘報』、203頁)
「両派の抑留者」とは何か? それは十日夜の駒場寮での攻防戦で捕まった両派の「捕虜」であり、教職員が両派の仲立ちをして、捕虜交換を実現させたのだった。赤十字の旗を掲げた教職員約六十人の前に、双方が捕まえた学生を連れてきて交換した。ひどいものは歩くこともできないほど痛めつけられていたので、担架で運ばれるほどだった。この捕虜交換のあと、ふたたび戦闘が始まった。

1月11日、東大教養学部駒場寮屋上で開催された代議員大会で、スト解除に賛成する学生たちとそれを数える学生

駒場寮の屋上で開かれた「代議員大会」では、午後五時二十分にストライキ解除提案が四百九十一票で可決したとされる。このストライキ解除決議は駒場の全学生による投票での確認が必要であり、一月十五日の開票によって有効投票数三千七百七十五、うち賛成三千百七十八、反対三百二十九、保留二百四十九、白票十九(『弘報』、214頁)で確定されたという。

投票期間を当初の決定から丸一日延長しても、賛成は教養学部の総在籍学生数六千八百三十七の過半数に達しなかった（『東大百年史』資料では、教養学部在学者総数七千百十九人で、うち教養学科百二十人）。この結論は合法的なのか？　しかし、もともとが暴力での「代議員大会」である。ストライキ解除決議に合法も何もなかった。

一方、本郷構内では一月十日の夜から翌朝にかけて、日本共産党系部隊が安田講堂を襲った。彼らは千五百人で構内デモを行って気勢をあげたあと、午後十一時すぎから安田講堂を包囲した。一部は法文一号館・二号館を襲い、これらの建物のバリケードを取り払ったと『弘報』には書かれているが、そこに書かれていないのは、このバリケード資材を彼らが安田講堂包囲に使ったことである。

この夜、東大全共闘の主力部隊は駒場に行っていて、安田講堂内には数十人しか残っていなかったから、日本共産党系部隊はいつでも安田講堂に突入できる状態だった。その実数は千五百人とはいうが、暗闇で見る彼らの隊列は圧倒的で、この部隊との乱闘でどれくらいの闘いができるか、いささか心もとなかった。

安田講堂の屋上から見下ろすと、日本共産党系部隊は講堂前の広場に法文一・二号館から運びだした机や長椅子で作ったバリケードを、次第に正面玄関へ寄せていた。安田講堂からの投石と火炎ビンをこの机などで防ぎながら、包囲網を近づけてくる様子はなかなか迫力があった。

「よく訓練されているなあ」と、ある全共闘幹部は言った。

日本共産党系部隊は強力なサーチライトと投石機（ピッチングマシーン）を用意してきてお

り、その光は強く、投石機からの石もまた風を切って屋上に届いた。その明るさと石の強さが、日本共産党の資金力を示していた。この攻撃のために、安田講堂の窓ガラスは全部割れた。全共闘側はせいぜい石を投げる程度だが、それでも高度差がある。当たると怪我をしただろう。よろめきながら隊列を離れる姿があった。

1月10日から11日早朝にかけて、日本共産党系部隊が安田講堂を包囲し、教室の長椅子と机をバリケードに仕立てて正面玄関に近づいた。その部隊に火炎ビンが投げられる

浦井は安田講堂五階のテラスに立って、足下に押し寄せる日本共産党系の部隊に、こう叫んでいた。

「君たちは、何のためにそこでデモをしているんだ？　それが分かるか？　君たちは幹部の命令に従っているにすぎないだろうが、その幹部はちょうど今、政府自民党と相談している最中だろうが。安田講堂は日共が自分で解放するから、東大と日共の存続についての保障をしてほしいと、取引しているんだよ。その取引がまとまらないから、いつまでもそこでデモっているんだよ」

「なるほど」と私は思った。全共闘部隊の主力が駒場へ代議員大会粉砕に出かけているときに、空き巣狙いによってかんたんに安田講堂の封鎖を解除できると、日本共産党幹部は正しくも見てとったわけだ。安田講堂さえ落ちれば、闘争の目途がつく。しかし、闇夜の乱闘は不測の事態を生む。たぶん、死者が出るだろう。機動隊は駒場に張りついている。規制に出ることもできない。何より、政府が日本共産党に世話になりたいわけもない。この談合は不成立だろう。しかし、日本共産党と東大当局にとっては、封鎖解除が自主的に進んでいるという擬制は取りたいわけである。

「分かるか！」と浦井は、彼の声が決して届かない相手に大声で、喉《のど》を嗄《か》らして叫んでいた。

「お前たちは政府の走狗《そうく》にすぎないんだ！」

それが、深夜まで及んだ安田講堂を取り巻く日本共産党系部隊千五百人のデモの意味だった。この説明に納得した私も怒鳴ろうとすると、浦井が制した。

「お前の声は大きいから、俺の喉が嗄れて声が出なくなったらやってくれ。頼むぞ」

日本共産党系部隊のサーチライトの光と投石が鋭く交錯する屋上の闇のなかで、浦井は私にそう言った。私たちには大型の拡声器さえなかったから、自前の大きな声が頼みだった。私は浦井のこのときの言葉を、つまり、三十六年間忘れなかったことになる。

生死をかけて

十一日、夜明けまでには間があるという午前二時すぎ、日本共産党系部隊は教育学部に引き上げた。その早朝、「安田講堂危機」という連絡によって、中央大全共闘の赤いヘルメット部隊

（約百人）が、明るくなった御殿下グラウンドを横切って安田講堂に増援部隊として入ってきた。日本共産党系部隊数千の重囲のなかを、よくもやってきたものと防衛隊は拍手で彼らを迎えた。頼りになる強者《つわもの》たちだった。

しかし、安田講堂を包囲した日本共産党系部隊の数は、朝になって数を増した。講堂前広場を埋め尽くす黄色いヘルメット部隊の波を屋上から見おろしていると、全共闘幹部から連絡が入った。

「駒場から引き返してきた全共闘部隊が、東大正門前の先の裏小路で待機しているが、武器がまったくない。安田講堂から正門まで日共部隊を突破して武器を持って行ってくれ」

突破はいいが、相手は数千人である。こちらは、全部あわせても三百人もいない。浦井が臨時の全共闘幹部会議の決定事項をもって、私に告げた。

「お前が突出部隊を指揮して、正門まで民青を突き破って、武器を届けてくれ」

納得した。その瞬間に、自分の死を覚悟した。それは実に鮮明な覚悟だった。瞬時に、そういう覚悟ができるのも不思議だった。前夜以来ほとんど眠っていないこともあって、思考停止状態に近かったのだろう。また、若者は自分の死に無関心になることがあるのかもしれない。

安田講堂正面入り口に近い階段に坐りこんだ学生たち約三十人に対して、一言だけ言った。気の利いたアジテーションはできない性分だった。

「私が先頭に立つ。諸君は私に遅れずに、正門前まで走りぬいてほしい。民青のなかを突破する。各自二本ずつの棍棒を持て」

安田講堂正面バリケードの扉を開けた。死を覚悟した朝空は、まぶしかった。

だが、外に躍り出た学生たちが見たのは、講堂前広場から銀杏並木へ後退していく日本共産党系部隊の後ろ姿だった。その先にどれほどの部隊がいるのかは、こちらの視界には入らない。その部隊が反転して襲いかかってくることは覚悟していた。彼らの大群を蹴散らせるか？

「ままよ」と後に続いて安田講堂から出てきた三十人足らずの学生たちをバリケードの前で揃えて、講堂前広場から一気に銀杏並木に走りだした。

驚いたことに、あたりにいた青年たちが「民青、帰れ」と叫んで、石を投げていた。私たちが突っこんでいく前を、その石に追われるように、日本共産党系部隊は引き上げる歩みを早めた。それは追わない。青年たちの拍手のなか、銀杏並木を走りきって正門を開ける。待ち構えていた全共闘部隊と合流するころには、事態が呑みこめていた。全共闘部隊はあちこちから塀を越えて構内に入って、一般学生といっしょに日本共産党系部隊に石を投げ、安田講堂からの突出部隊を守ったのだった（注）。

十一日、日本共産党系部隊の後ろ楯によって理・農・教育の三学部で「学生大会」が開かれ、ストライキを解除した。理学部二号館は昨年末の医学部「学生大会」を開いて以来、日本共産党側はこれを手ごろな建物と評価したらしく、十日の午後からバリケードを築くなどして多数の武装部隊を宿泊させて拠点としていた。ここで開かれる「学生大会」に全共闘派が出られるわけもなかった。これらの「学生大会」もまた、東大を存続させるため、入試を実施して、全学が平穏になったと装う策動の一環だった。

『弘報』（191〜192頁）によれば、この理学部「学生大会」の提案はこうだったらしい。

「一　歴史的な東大闘争の成果を更に発展させ、全学友は奮闘しよう。（中略）

四　一〇日七学部団交の成果を踏まえ、無期限ストを解除する」

「歴史的」闘争の発展がストライキ解除に直結するのが、東大理学部の学友諸君らしいところだった。

十二日、革マル派が法文一号館、二号館を封鎖して正門で検問を行い、解放派（反帝学生評議会）は工学部一号館、七号館、八号館を再封鎖した。

同じ日、日本共産党系部隊の援護下で、法学部学生大会が三時から理学部二号館で開かれ、工学部の学生投票は赤門で行われた。つまり、この時点では学生大会や投票の公正さはまったく保障されなくなっていた。

十三日、薬学部学生大会でストライキ解除案が可決された（賛成五十六、反対三十七、保留十一、棄権二、無効二）。

十四日、ストライキ解除に関する工学部学生投票の結果が発表された。有効投票数千四十、賛成九百六十八、反対三十、保留四十二、無効十六という。十二月七日に「加藤提案断固拒否」の緊急提案に賛成した四百四十人の工学部の青年たちは、ここにはいない。学生大会に千百三十九人も集まる工学部（在籍数千六百七十九人）で、投票が学生大会の出席者数に達しないという事実こそが、ストライキ解除に反対する学生たちの数を示していた。

同日、医学部「学生大会」で封鎖解除案が可決したという。出席二百十三人、賛成百八十一、反対二、保留十三、棄権五だと。医学科学生は四百七十三人で、この「学生大会」出席人数も在学者の半数に達しなかった。

注：「しかし、代々木系のこの〝苦労〟も、十一日、時計台周辺で非武装の学生たちから非難の投石を浴びた」（朝日ジャーナル編集部、1969）

「とうとうルンペン・インテリだ」

一月十五日、安田講堂前に三千五百人の学生・青年労働者が集まって「東大闘争勝利・全国学園闘争勝利労学総決起集会」が開かれた。全共闘側は弥生《やよい》門を封鎖し、そのそばにあったガソリンスタンドを急襲したが、間一髪で大学側はタンクの電源を切って脱出し、全共闘はガソリンを大量に手に入れるチャンスを失った。この日、機動隊導入が確実とされていた。

銀杏並木沿いの法学部研究室、工学部列品館、法文二号館、医学部図書館（中央館）、そして安田講堂のバリケードが強化され、全共闘の部隊は、資材と食糧を運びこんだ。

理学部一・二号館に泊まりこんで、ストライキ解除のための理学部や法学部の学生大会を防衛してきた日本共産党系部隊に対して、理学部長が掲示を出していた。曰く。

１月15日、安田講堂前で開かれた「東大闘争勝利・全国学園闘争勝利労学総決起集会」は、この日の機動隊導入の噂もあり、浮き足立った集会になった

「このような緊迫した現時点において皆さんが理学部の建物内に滞在されることは、皆さんの意図とは異なって、いたずらに暴力の誘発を生み、重大な危機を招く危険性が極めて高いと考えられます。

そこでこのような不測の事態を未然に防ぐために、現在理学部内に居《お》られる学外者の皆さんには直ちに学外に退去するよう強く要求致します」

（『弘報』、２２０頁）

「もっといてくれ」と頼んでも、機動隊が入ることが分かっている東大構内に日本共産党系部隊がこれ以上とどまるわけもない。学部長の言は茶番以前だったが、それにしても「皆さんが滞在される」「理学部内に居られる学外者の皆さん」である、か？　不法滞在者に敬語を使う理由が、どこにあったか？

これが、十四日の理学部長の掲示だった。

十五日には、同じ理学部一号館を全共闘系学生が占拠した。理学部長はまた掲示を出した。それに曰く。

「諸君はこの建物の管理責任を負っている教官の制

止にもかかわらず、不法にも侵入し占拠しました。これは不退去罪を構成し得るものと考えます」(『弘報』、221頁)

前者は「皆さんが滞在される」であり、後者は「諸君は不法にも侵入し占拠」である。理学部のストライキ実行委員長は乱暴な学生で、この理学部長を十一月の学部集会で「クボッて呼びつけに」したと、人類学教室主任教授はのちのちまで言ったものだが、相手によってこれほど態度を変える人物が学部長では、のちに文化勲章を貰《もら》った方であっても、学生に怒鳴られるのはやむをえなかった。

十五日午前九時半には、正門前の法学部研究室(三階建ての独立した建物で、「室」とはいえ重厚な建物である)を中核派が封鎖し、銀杏並木を隔ててその向かいにある工学部列品館は社学同ML派が封鎖し、占拠した。赤門脇の教育学部では、十三日から十四日にかけて日本共産党系学生は角材や石などを持ち去り、十五日は大学側の許可したバリケードのなかで(注)閉じこもっていたが、十六日には全員退去した。その向かいにある経済学部では十四日の学生大会で七学部集会での確認事項の批准をしていた。

このころ、山本義隆東大全共闘議長に逮捕状が出た。そのときの様子をM(東大理学部物理学科、東京出身)が覚えている。彼は議長と同じ学科ということでもあったか、連絡将校として山本議長に同行して、安田講堂との電話連絡を担当していた。

「あの電話番号は812の2111だったかなあ。その東大の大代表に電話して、『安田講堂を』と言うと、交換手がつないでくれた。むこうで誰が出たか？　今井（安田講堂守備隊長）ではなかったなあ」

山本義隆議長に逮捕状が出たとき、彼は日大理工学部一号館のバリケードのなかにいた。

「その連絡拠点で、ひとつのコタツに我々四人が足を突っ込んで寝ていた。一人は覚えていないが、一人は山本義隆、もう一人は秋田明大だった。逮捕状が出たという新聞を読んで、山本が言った。

『これで俺も、とうとう完全なルンペン・インテリになったなあ』

コタツの向こうから秋田が答えて言った。

『これからは、俺は完全なルンペンだよ』

この会話だけは鮮やかに覚えている、今まで誰にも話したことはないけれど」

十六日、午後一時に加藤代行らは警察共済組合に出向き、警視庁に機動隊出動を要請した。機動隊指揮の先頭に立つ佐々警備第一課長は「一万人の機動隊で、一万発ガス弾をうちこんで、一万人逮捕する」と豪語した。しかし、警察の留置場に一万人を入れる能力はない。語呂《ごろ》合わせで威勢だけというのが、旧帝国陸軍の参謀以来の、日本高級官僚の伝統だった。

十七日には、日本共産党系学生は東大本郷構内にまったくいなくなったが、安田講堂のなかにあふれていた全共闘系の学生の数もめっきり減った。大講堂下の二階の各学部闘争委員会の部屋部屋は人けもなく、ガランとして、いやに広く見えた。そういえば、医学部学生大会が理

１月17日、安田講堂攻防前夜の集会。講堂前を埋めつくした人波は去る

学部二号館で開かれたとき、いきりたって正面玄関に突進していた数学科の男の姿も見えなくなっていた。全共闘派として日本共産党系学生と渡りあっていた物理学科の男もいない。生物化学科には弁士がいろいろいたので一人くらいは残るかと思ったのだが、ことごとくいなくなっていた。この最後の局面で、はるかに仰ぎ見るこれら抜群の秀才たちが逃げ出したことで、理学部での秀才の序列の末端にいた人類学教室所属者としては、秀才たちへのコンプレックスを完全に持たなくなった。この闘争を通じてよかったことは、このあたりかもしれない。東大理学部では、数学科を頂点として最底辺に人類学教室が位置する「頭のよさ」についてのコンプレックスの序列というものがあったからである。

「あいつもこいつも、日ごろの大言壮語だけあって逃げ足は速いなあ」と、ぼつぼつと集まってきた守備組のメンバーと話し合った。

なにしろ、東大全共闘は本郷だけで五千と称したのだから、守備隊が百に足らなかったのには少々あきれた。もっとも、医学部図書館と法文二号館にはそれぞれ医学部と文学部の部隊が入り、教養学部では第八本館を全共闘駒場部隊が防衛していたので、安田講堂はそれ以外の学部で防衛しなくてはならないという事情はあった。集まってきた学生たちを見ながら、安田講堂防衛隊の数としては、まずこんなものかと納得はした。

だが、そのなかでさすがと思ったのは、法学部の全共闘だった。法学部闘争委員会のメンバーは、自他ともに日本の柱石を担うと自覚している法学部の学生たちのなかでもトップクラスにいた異色の学生たちの集まりで、彼らの結束は堅く、最後は生死を共にしてもというところがあった。そのため二十人もまとまって、大挙して安田講堂に入っていた。これは、他の学部には例のない大量の志願者たちだった。

例によって記憶の確かな高崎通浩（法学部、香川県出身）は、その二十人のうちわけをすらすらと語る。「青ヘルが十四人、のこりが緑ヘルと赤ヘル」と。

青いヘルメットをかぶって安田講堂に入ったWは、言う。「法学部では、安田講堂にはエリートしか入れないという原則があったよ。だから、お前はあまり活動してないから入れてやらない、くらいの気持ちだったね」

彼らの参加は力強いことだったが、長い目で見たときには、それがよかったか、どうか？

高い社会的地位についてなお一身の進退をかけて義を貫くという人物をあらかじめ排除する役割を、この日大・東大闘争などの全国大学闘争が果たしたとしたら、それは日本社会にとって真実の損失だった。同じ世代で高級官僚や銀行・企業役員になった者が、つぎつぎに汚職の波に沈み、構造的汚職にすぎない「天下り」に身を貶《おと》しているのを見ると、高い社会的地位に達してはじめて「義」を貫くことに意味があるのだと思わないではいられない。この志を持った法学部のメンバーは、むしろ高級官僚になりあがって、そこで力を振るったほうが、日本のためにはよかったのではないか？　と。

工学部都市工学科は石井重信を自治会委員長として出している拠点学科で、安田講堂に誰が残るかを決める会議を開いたという。

「緊迫の状況が状況だけに、誰も顔を上げられず沈黙が支配した。皆誰かが残らないといけないとは思っているが、自分が残る、という決断はなかなか下せないのだ。私自身、もしかしたら生きて出られないかもしれない、という怖さと、母一人子一人の生活、高齢の母のことを思うと、下を向いて黙っているしかなかった。暫《しばら》く経って、『じゃ俺が残る』と石井君が言ってくれた時は、正直、ホッとした」（石井重信君を偲ぶ会編、2005）

彼が最初から覚悟していたか、どうか、それは分からない。しかし、彼の生涯はこのときに決まった。もっとも困難な道を、彼は自ら選んだのだった。

安田講堂に学外からの支援学生が続々と到着するなかで、東大全共闘の学生たちの数はたしかに減っていった。しかし、当の警備当局者から「東大全共闘が〝城攻め〟の直前の土壇場で安田講堂から脱出して」（佐々、1993）と言われる筋あいはない。理学部では浦井がその後の闘争指導のために講堂外に残り、安田講堂に留まる者と外に出て闘争を続ける者は、それぞれの自由意志で分かれた。全員が逮捕されることの分かっている、逃げ場のない安田講堂に全員がたてこもって、その後の闘争を引きつぐ者がいなくなるという選択は、明らかに愚かなものだった。

警察当局が、山本義隆は全共闘議長として安田講堂にたてこもっているだろう、と考えたのは勝手だが、彼には彼の自由意志があり、自分で責任を取る自分の選択があった。そして、安田講堂にたてこもった側にもその自由意志があった。

注：「一月一四日（火）（教育）学部内は無武装、東大生のみ約二〇〇名による防備の状態となった。また学生の要求により、攻撃の危険を考慮し、やむをえない措置として防衛のバリケードをつくることをみとめた」（『弘報』、２１３頁）

四人の自由意志者

最後の日に安田講堂に入ってきた東大の学部学生たちは約四十人だった（注1）。

「本郷学生隊長」にしては、正確な人数を把握していないのは不見識というそしりは免れないが、もともとずぼらな性格であるうえに、まったく見知らぬ学生も現れるという火事場騒ぎだった。自分の指揮下に誰が入ったかは十七日の夕刻のそれぞれの自己紹介で知ったくらいで、それも人の顔を覚えない、名前はすぐ忘れるという性格である。あっと言う間に、誰が誰だか分からなくなった。まして、暗がりである。ヘルメットをかぶりマスクをしている者もいる。分かるわけがない。そのうえ「本郷学生隊長」などという肩書は、起訴を伝える『朝日新聞』の報道を後に読んで知ったくらいである。「適任者がいないから、お前が指揮をとれ」と言われたからやっているだけで、そんな肩書があることもまったく知らなかった。だから、どういう責任を取ることになるのか、そのときは分からなかった。

ただ、責任者としての任務上、新しく参加した学生たちを知る立場にはあった。そのうちの四人、それまでほとんど安田講堂に顔を出さなかったのに、また誰にも頼まれないのに、安田講堂に入ってきた薬学部の長田智博、文学部のT氏、工学部のSそして法学部の松原脩男については、ことに「なぜ?」という思いがある。

長田(福岡県出身)は前年の十一月に個人でビラを出していた。

「戦術としての実力による封鎖拡大と戦術としての実存意志による留年を叫ぶ!!」という標題のビラは、表だけでは足りずに裏に続いていた。

「自己実存と未来において新大学に入学してくる共闘実存の為に21世紀においても存続し得る新しき大学を創造しよう。

確立実存よ、永久確立化運動を展開せよ。

断固実存留年!!

闘争は破壊と創造である。闘争は一瞬の安息を許さない。

封鎖を恐れるな。まさに封鎖に突入すべきなのだ。
留年を恐れるな。まさに留年に突入すべきなのだ。
1968―11―18　独立実存派　文責　長田智博」

東大闘争のなかでは実にいろいろな学生が現れたが、彼はまったくユニークだった。このわけの分からない文を、それでも発表せざるを得ない長田の気持ちは分かる。

彼は紫の房飾りをつけた新品の鉄パイプを握って、十七日に安田講堂に現れた。足元は新品のバスケットシューズで、頭にはこれも新品の黒のオートバイ用ヘルメットをかぶっていた。たしか、新品のジャンパーにジーパンかなにかを着ていたと思うが、それは定かではない。ヘルメットには白いペンキで「薬共闘」と書いていた。

「責任者はこちらと聞いたので、伺いました。薬学の長田です。どこででも闘います。どこに行きますか？」と直立の姿勢で、彼は志願兵であると申告した。私も、そのときいっしょに部屋にいた連中も、一様に彼の真新しい姿に驚いた。私たちはもう何日も靴を脱いだこともなく、着たきりのひどい格好だった。

「どっか、そこらへんにいてくれ」と私は答え、意気ごんでいた彼をがっかりさせたらしい。

「隊長はなぜ、安田講堂に残ったんですか？」と長田は聞いた。私は「最初から出るつもりがなかったし、その決心を変えなくてはならないようなことには何も出あわなかった」と答えた。

そのとき、私は長田にある男の遺書のような文書について話した、と思う。その内容は、こうだった。

「生死を賭けた飛躍は不可避だ。それはわれわれの古い限界を超えようとするときに避けられない血みどろの飛躍だ。われわれはその飛躍の根拠に共産主義革命を見出す。ヴェトナム人民の悲惨を見る。課題はこう立てられる。生きた感性を持ってこの社会の悲惨を感じえるのかどうか？　ヴェトナムのみならず、血の海に沈められて行くアジア人民の悲惨が見えねばならぬ。こうして、われわれは一歩前に出る。生死を賭けて前に出る。今もなお、ヴェトナム全土で殺《さつ》戮《りく》されている人々の悲鳴が聞こえねばウソだ。闘いに立ち上がり、それ故に殺されていく人々の苦痛を自らの苦痛として感じることができねばならぬ。われわれの顔に殺気が現れていたとしたら、不自然だろうか」（注2）

長田は何かを納得した顔をした。しかし、それがよかったか、どうか。青年の時期をどのように過ごすかは、彼のように繊細な神経の持ち主には非常に難しいところがあるからである。

文学部のT氏（長野県出身）は他の学生たちより少し年長だったので、皆から「T氏」と呼ばれていた。彼はいわゆる「活動家」ではなかったので、逮捕されたあと完全に黙秘したために、警察と検察側はついに彼の本名を明かすことができず「水上《すいじよう》二六号」という水上警察署の留置人番号で告訴するしかなかった。少し口ごもって話す癖のある彼の内心は、彼が獄中から出した手紙ではじめて明かされた。

「われわれの掲げる七項目要求は、全有産階級の『人心の最も烈《はげ》しく最も狭量で最も厭《いと》わしい情念』即ち『私的利害からする激怒』を呼び起こし、『自らの狭小な利害がおびやかされることに対する恐怖』を感じた彼らは、プロレタリア的団結を血の海に沈めようと急速に『秩序党』（＝生産階級に公然と対抗して、所有階級のあらゆる競争的分派、朋党《ほうとう》によって形成された連合）を形成した。それに対抗して、『一個の人間としてここで踏みとどまろう』と決意した時、僕の中で何かが確実にふり捨てられ、打ち毀《こわ》された」（『獄中書簡集』第三号、3頁）

彼は「母親を殺す」という夢を説きおこし、獄中の青年たちの心の底に轟く驚愕《きょうがく》を与えた。それは、古いしがらみを断ち切るというあまりにも重い課題の反映だった。彼は何かを「打ち毀して」、「一個の人間としてここで踏みとどま」ったのである。

工学部のSは、どこかひょうひょうとした四国出身の人物だった。彼は自分の独特の世界を持っていたのだろう。彼が安田講堂に残ると決めたのは、どういうわけだったのか？

山本議長と同じ大阪の大手前高校出身の松原脩雄は、駒場時代には自治会委員長に何度も立候補した「活動家」だったが、法学部に進学してからは本格的に司法試験の勉強を始めて、着々と将来の布石を打っていた。しかし、安田講堂の最終局面に、逮捕されることを覚悟で彼は現れた。

松原は当時の法学部闘争委員会の雰囲気をたくみに語っている。

「こうしていると、一月、猛々《たけだけ》しく、かつ、にぎやかに、あの〝ルビコン〟を渡って行った諸君のことを思い出すよ。

ゲバガワ（注3）流に云えば、『前衛』ならぬ『一志願兵、一民兵』みたいな連中が多かったから、引き出した反動の形相の物凄さに、吃驚《びっくり》モタついた野郎も出て来てはいるがね。かく云う僕も『危機にひんしたバリケードに駆けつけた一民兵』である点では変りない」（『獄中書簡集』第十一号、6頁）

「ルビコン」や「ロードス」は当時の学生たちの間では、常識だった。それは、自らの決意というものの世界史的な位置を自分で見つけようとする気取り、あるいは気負いだった。しかし、本心だった。そういえば、安田講堂に残った青年たちは、皆「志願兵」のようなものだったか。

注1：東大の学部学生のうち起訴されて統一公判を要求した者だけに限っても三十三人いた。分離裁判を受け入れた者もあるので、逮捕者数は四十人を越していたと考えてよい。

注2：長田に伝えた文章は共産主義への言及といい、当時の若者の未熟さを示しているが、「他人の苦しみを感じる心」はある。人は結局自分がいちばん可愛いのだが、それでもそれを優先できない場合もある。そこに、現実に生きている人間がある。そうでなければ、良心とか、正義という言葉そのものが成立しないだろう。

罪のない子供たちの上に爆弾を降らせ、銃撃と毒薬を浴びせて平気なアメリカの行う戦争に、当時の青年たちは犯罪を見てとった。日本政府はその犯罪に加担していた。その政府は大学当局への抗議を行っているにすぎない学生たちに対して、圧倒的な暴力装置によって弾圧に現れた。そのことに、青年たちは激しく反発したのだった。

安田講堂攻防戦から何年も後になって、長田智博はまるで武士の切腹のような壮烈な死に方をした。彼は周囲の人に手を焼かせながらも愛されていた。そのことを、もう少し考えていてくれるとよかったのだが。

注3：ゲバガワとは「ゲバルトの稲川」というほどの愛称で、ゲバルトはドイツ語の「暴力」。当時の学生たちは実力闘争をゲバルトと呼び、マスコミもそのように使っていた。

それぞれの理由

安田講堂には東大の女子学生は一人もいなかったと警備関係者は言う（佐々、1993）が、それは事実ではない。そこには一人の女性がいた。Kさんは大学院のグループの一員として安田講堂にいた。警察側はKさんの名前さえ明かすことができず、T氏と同じように「菊屋橋一〇一号」として起訴した。

Kさんの手紙は、安田講堂にとどまった青年たちの共通の思いをはっきり文字にしたという点できわだっている。

「一・一九に講堂内で逮捕されたとき、私がすでに背負っていたのは、それまでの東大闘争の不徹底さゆえに、全国学園闘争、なかんずく日大闘争の闘う同志たちに負わせてしまっていた精神的・肉体的打撃の重さであり、ファッショ的な十項目収拾路線によりもたらされた全共闘の後退局面でした。これらの負荷を受けて立ち、はね返すために私たちは闘ったのです。

一・一八、九のゲバルトは、それゆえ、単に国家権力の貫徹を一時的にせよ阻み、拠点を防衛する事自体以上に、あの十項目ファッションの中で、機動隊の導入がまさに行われようとしていた日々に、自分の将来のかかった東大という資産の資産価値を守れたということに素直なよろこびだけを示していた何人かの人々の感性に示されていた日本社会の、『東大人』の精神空間を打ち壊すことに向けられていました。

投げ降ろされる石の一個一個に、火炎ビンの火柱の一つ一つに、このような感情がこめられていたのを、外に居た人々は見たでしょうか」(『獄中書簡集』、第十号、1頁)

彼女はこの手紙の文章そのままの人で、トラックの運転手などをして子供を育て、家庭を守り、党派を分け隔てせず、私たちのような中途半端な学生の面倒を見つづけてくれた。彼女の清澄な意見は、私たちが困難に出あったときの確かな指針だった。

法学部闘争委員会第一の理論家だった稲川慧(栃木県出身)は、幼年時代の楽しい思い出を語ったあとで、初等教育の出発点で彼の繊細な心に傷を与えた出来事に触れている。

「この社会に適合することを強制する学校の教育は、僕を少しずつ変えていった。その象徴的で決定的な事件は小学校2年の時起った。国語の時間だった。先生は黒板に、『いちのかわ、にのかわ、さんのかわ』と書いた。僕は威勢よく手をあげて『先生は漢字を知らないんですか!』と叫んだ。先生は猛烈に怒って舌打ちをし、(あー、この舌打ち! 僕はいまでも夜中に誰かが舌打ちをした時などは背中に悪寒が走る)僕を立たせて、梅干しと称する刑罰を僕に科した。

（中略）

僕らは未来に光をみたから立ち上がったわけではない。未来に光があることなど誰も保障しない。僕らは現在が陰鬱《いんうつ》で空《むな》しい暗闇だったから、闘いの火を掲げたのだ」（『獄中書簡集』創刊号、1～4頁）

子供たちは大人が思うよりもずっと早くに、自分の心を鎧いはじめる。そうして、未来にも光が保障されないことを、知るのである。東大に牢獄《ろうごく》を感じた青年たちは、その公的な教育課程の始まりのときから心に傷を受けた者たちだったと言える。

人は東大生を日本の教育課程の勝利者だと考えるかもしれない。稲川のように宇都宮高校で一、二番を争い、東大文科I類に軽々と入った者は受験競争の勝利者のように見える。しかし、ほんとうはそうではない。彼の繊細な心はすでに小学校二年生のときに教師によって傷つけられたまま癒《い》えることがなく、ただひたすら受験勉強で高い得点を上げることによって、自分の心の傷をそれ以上広げないように守ってゆくしかなかった。日本の教育は若者の心を育てないという面では、それほどに過酷である。教師たちは誰も、若者が自分の心を発展させるやり方を示し、教えることができず、自分の心のいちばん大切な部分の守り方を教えるどころか、傷つけるだけだからである。

のちに稲川は家族には「僕が安田講堂で最初に火炎ビンを投げたんだよ。誰にも言えないけどね」と、繰り返し語った。彼にとっては、安田講堂は自分の心を守る砦でもあった。「敵」

に対して焔《ほのお》を投げつけずに明け渡すことはできなかった。

高崎は法学部だったが、党派代表の一員として安田講堂の時計塔部分にたてこもった。彼は法学部の学友の様子を見に、ときどき時計塔から下りてきていて、十八日の夕刻には時計塔にあった食糧を全共闘部隊に届けてくれた。

「私に関して言えば、五年間は社会運動をやる、と思って東大にきたので、安田講堂に入ってもよかった。しかし、法学部ではほはじめから決意していた数人以外は、まさか二十年戦争になるとは思わなかった者が多かったのではないか」と高崎は言う。「二十年戦争」とは、起訴、有罪判決、控訴、上告、入獄と続く一連の裁判闘争である。

安田講堂防衛戦ではたてこもった青年たちそれぞれの人生がかかった。「デモに行きました。警察に捕まって三泊四日の留置場暮らしをしました」とすませるわけにはいかなかった。法学部闘争委員会の青年たちはホメロスの描く戦士のように「この流血の戦いのなかで、戦友が君を何と言うかを恐れよ！」と感じていたのだろう。

法学部に比べると、他の文科系の各学部で安田講堂に残った学生は少なかった。文学部と経済学部からはそれぞれ二人程度で、なかには動機がよく分からない学生もいた。薬学部からは前記の長田ただひとりだったが、農、理、工学部からはそれぞれ数人の学生が集まっていた。工学部の石井重信（宇都宮高校出身）には、明朗さと意志の強さがあった。

石井はいつも簡潔に意見を述べた。東大闘争に立った動機も明瞭《めいりよう》だった。

「何だか、この大学が息苦しかった。そして手をあげてみたら、同じように思っている学生が意外に多かった」と。

「僕らはとにかく、すばらしく危険なつなわたりをはじめようとしているのであり、それは誰もが同じ条件にあるものだと思います。去ってゆく学友諸兄によろしく伝えておいて下さい」(『獄中書簡集』第六・七合併号、4頁)

彼は、ストライキから脱落して去ってゆく学生たちを「学友諸兄」と丁寧に呼びかける人だった(注)。

これらの青年たちを現場で束ねる位置に偶然に置かれた学生守備隊長(山口県出身)の動機は、よく分からない。とにかく、「安田からは出ないぞ」と決めていたらしい。

「ちょうど、日大生の闘争が東大闘争に『占拠した校舎を破壊しないなんてナンセンスだ』という衝撃を与えた時、日大闘争は、校舎が資本の現実の姿として、日本大学資本の圧制の肉化として見えなければその闘争は嘘だということを東大闘争に指し示した。東大生は『退廃しているのは我々自身だ』という鋭い自身の切り込みを行いつつ、自由な自己活動の外観の下、万人の万人に対する戦いを闘いつつ競争を通じて資本の下に隷属して行く、エリート＝東大生＝自らを見いだしたと宣言した」(『獄中書簡集』第十三号、6頁)。

言っていることが受け売りだったり、ごちゃごちゃだったりするが、この青年もまた、東大と日大を含めて日本の教育をゴミだと感じていたことは確かである。

東大の学生では、教養学部のM（山口県出身）と理学部のA（茨城県出身）と法学部の高崎が、ともに解放派（反帝学生評議会）の代表として、安田講堂の時計塔部分にいた。彼らは安田講堂の攻防戦の間、外部の目に曝《さら》される場所におり、またときにはマイクを使ってアジテーションをやった。

Aは佐世保闘争でガス放水のために全身火傷《やけど》を負った人で、折り紙付きの秀才だった。

「むかしはね、胸のまん中にポッカリと穴があいてしまっていても立ってもいられなくなると、穴からどくどくと血が流れ出てしまいに血がなくなってしまうのじゃないかと思われる時には何がしかの金をつかんで安酒場へ行った。そこでビールをがぶ飲みし、ウィスキーをがぶ飲みし、ウォッカやジンもがぶ飲みして、カウンターにまともに坐っていられなくなるとそこを出てポケット・ビンを買ってラッパ飲みしながら線路沿いの暗い道をふらふら歩いた。自分のベッドまで帰れるかどうか試しながら、二回に一回は路傍に寝ている自分に気付くという仕かけだ」（『獄中書簡集』第十九号、12頁）

安田講堂にたてこもった青年たちは、これらの東大の学部学生だけではなかった。大学院の院生たちもまた、青年医師連合の今井澄防衛隊長以下二、三十人が安田講堂に残った。

一月十七日に、「猛々しく、かつ、にぎやかに」安田講堂残留を決めた青年たちの多くは、別に「前衛」も「指導者」も気取らず、せいぜい「一志願兵」だった。だから、あんなにも晴れやかに機動隊との対決を迎えることができたのだった。もっともその結末は、晴れやかどころではなかったが。

しかし、皆が皆、そういうふうににぎやかだったわけではない。「完全勝利が見えた十一月のときにやめていればなあ」という気持ちを持って残ってしまった者もいた。

「今でも、心の片隅から十一月段階でやめておくんだったとささやく声が聞えないわけではありません。十一月段階において、僕たちには闘い抜く以外に行く所も帰る所もなかったし、事実十二月・一月の闘争を闘い抜いてきたわけです」（『獄中書簡集』第六・七合併号、1頁）

このようなすっきりしない感じは、大学院生に多かったかもしれない。本郷と駒場を比べると駒場のほうがもっと不定型の青春のただなかにいた分、よりすっきりとお祭り気分が強かった感じがあるように、より大人に近い年齢のほうがより割り切れないのだった。

安田講堂にたてこもった東大以外の青年たちはたくさんいた。こちらが是非にと頼んできてもらったわけではなかったが、一様に昂揚《こうよう》していた。「義によって助太刀」という大時代な学生もいたし、闘争に行くからとついてきて、気がついたらここだったというのんきな学生もいたが、なかには東大生を指導にきた学生もいた。

「僕達は、決して、東大闘争を支援に来たのではなくて、東大に、革命をするためにやってきたんだということを、東大の諸君は知っているのだろうか。我々がなおも、大量の勾留者としてて、ここに存在するのは、諸君が飛躍することを願ってであり、逆に言えば、領導しなければならないということだからです」（『獄中書簡集』第十七号、6頁）

「領導」とは「教育し、指導する」というほどの意味だった。人はいろいろである。青年はかくも愚かである。しかし、皆がなんと胸を張っていることか。

注：石井もまた稲川と同じように繊細でまっすぐな心の持ち主で、生涯そのままの姿を保って二〇〇五年一月に亡くなった。語るべきことは、無数にあった。

その八　安田講堂攻防

一月十七日午後四時三十分、大講堂の演壇下にある台所で一団の女性がゆで卵を作り、演壇の上ではパンや握り飯に並んで、そのゆで卵が一個十五円で売られていた。広い大講堂の椅子には、ポツンポツンと十数人のヘルメットのままの学生が坐り、なかには眠っているのもいた。演壇の左ソデに置かれたグランドピアノはこの日までは健在で、その前では小柄な女性がひとり椅子に坐っていたが、やがてクラシックの曲を弾きはじめた（杉岡、1969）。こちらは忙しくて、せっかくのその音楽を聴いていなかった。

ニトログリセリン？

夜になって、総長室の電話が鳴った。全共闘幹部がとりあげると「私は加藤代行です」と名乗り、つづけて妙なことを言ったという。

「ニトログリセリン（注1）などの危険物があると、その撤去のために、機動隊を入れなければならない。すぐに外に出してください。そのかわり、黙っては機動隊は入れません」（小中、1969）

小中によれば、電話を受けたのは山本義隆議長だったという（注2）。断ると、加藤代行はまた電話をして「外に出てくれませんか」と言ったという。むろん、これも拒絶した。

午後十一時、「学外者と学内者とを問わず、直ちに全員、本郷構外に退去せよ」と東大当局は「退去命令」を広報車で告げて回った。同時に加藤代行は「警察力導入に関して学生諸君に訴える」という声明を十七日付で発表し、配布した（一般への配布は十八日）。

「封鎖の解除そのものは教職員と学生とが一体となって、あくまで平和的な手段で自主的に行なうというわれわれの態度は、今も少しも変わっていない。解除の段取りについては、学生諸君の代表と協議して決めるつもりであるので、諸君の積極的な協力を望みたい」と。

事ここに至って、この声明はまったく変だった。「一体となって」とは警視庁機動隊八千五百人とであり、「平和的」とはもちろん一万のガス弾のことであり、「自主的」とは当局主体の通告だということとなのだろう。「積極的な協力」は、むろん「教養学部の日本共産党系部隊の」ということだった。こうして、東大構内に戒厳令が敷かれた。

構内の各建物にたてこもった約五百人の青年たちは、「ついに来た」と決意を新たにした。この夜、工学部列品館では三階の風呂を使って下着も替えたらしい（U・S生、1969）。しかし、安田講堂にはそういう特典はなかった。

電気が切られたのは十八日（ガスは十九日）で、この夜はまだ、安田講堂のなかに電灯がついていた。

ジャーナリストによる安田講堂内の記録は、この夜の午前零時で終わっている。「午前〇時（中略）部屋の空気は、おそろしく冷たかったが、学生たちは何事もないかのように、落ちついた動きをしていた。釘を打ちつける音、石を割る音なども、一時的かどうか、気にならなかった。すべては、まるで静止しているようであった」（杉岡、同上）

注1：ニトログリセリンとはダイナマイトの原料となる爆発物で、非常に不安定なものである（映画『恐怖の報酬』〔一九五二年、クルーゾ監督〕をご参考に。まことに古い映画だが）。機動隊導入は、全共闘が安田講堂に持ちこんだニトログリセリンを撤去するため、万やむを得ずという理屈だった。もちろん、誰もこんな不安定な爆発物を持ちこむはずがない。このあたり、二十一世紀初頭のイラクに対して、アメリカが「大量破壊兵器がある」と称して無理やりの戦争を始めたことに通じるものがある。

この危険なニトログリセリンの件は、当時のマスコミが政府筋に煽《あお》られて流したデマだったが、安田講堂にはニトログリセリンがあると断言した新聞もあった。

「トロツキスト集団は、安田講堂などの中に、大量の石、コンクリートブロック、ツチ、クギのついた角材、鉄パイプ、ガソリン、手製爆弾、さらには爆薬のニトログリセリンなどのきわめて凶悪な武器をはこびこんだ」（『赤旗』一月十七日1面トップ「政府、自民党がトロツキスト分子を泳がせていることに抗議する　日本共産党春日幹部会員が談話」）

注2：これは「事情通」のジャーナリストの持つ情報の常というもので、すでに触れたようにこ

のときすでに山本議長は日大理工学部一号館にいて、そこを連絡中枢にしていた。

一月十八日

籠城《ろうじょう》した青年たちは眠れる場所を探して眠ったが、ほとんどは徹夜で夜明けを迎えた。救援対策室となった総長室は別として、大講堂などには寝具はなかったから、ただ椅子に坐って仮眠をとっただけである。この日はよく晴れていた。

午前五時四十五分、安田講堂の「時計台放送」が機動隊の出動を報じたという。

「こちらは時計台防衛司令部。ただいま機動隊は全部、出動しました。すべての学友諸君は戦闘配置についてください。われわれのたたかいは歴史的、人民的たたかいである」（朝日新聞社編、1993、464頁）と。

講堂内にいた青年たちにこの放送が聞こえたかどうか。私はこの放送には覚えがない。しかし、騒音は聞こえた。午前六時前には、講堂の椅子でうとうとしていた青年たちも目を覚ました。本郷の学部学生の防衛範囲は、大講堂の後ろ側だったから、それを回ってもう一度防衛体制を確認した。下の二階からも大講堂の四階からも、各派の青年たちが演説している声が聞こえる。ただ本郷学生部隊ばかりはことさらの演説はなく、各員の防衛分担範囲を決めただけである。

「十分ひきつけてから石を投げること」とか「顔を外に出さないこと」とか、そういう指示をしただけだった。

警視庁は一機（第一機動隊の略、以下同じ）から八機までの八個機動隊計四千六百七十八人を総動員し、二個方面機動隊（注1）計二千五百六十五人をこれに加え、そのほかに予備隊、本部要員千人強を含めて、合計八千五百十三人が出動した。携行したガス銃は五百挺、ガス弾は一万五百二十八発だった（佐々、1993）。

午前六時、林健太郎文学部長以下文学部の教授、助教授たちは本富士《もとふじ》警察署に集合し、出動してきた機動隊といっしょに行動したという。他の学部では教授たちがこれほど警察と一体となった行動をとらなかったところを見ると、これは林文学部長らの性格だったのだろう。

警視庁機動隊四千余の部隊は龍岡門（東大付属病院への入り口で、その出たところに本富士警察署がある）から本郷通りまでを埋めつくし、あらかじめ決められたそれぞれの配置についていった。

午前七時、一機（七百二人）と七機（百六十九人）は、本郷通りから農学部正門を通って陸橋から工学部構内へと入り、一機は銀杏並木の法文一・二号館と工学部列品

1月18日、東大赤門を固めて、外部からの応援を遮断した機動隊

館を担当した。七機は工学部の一、二、七、八号館の封鎖を解除し、一号館で不退去の学生一人が逮捕された。

それ以外の六隊は龍岡門から東大構内に入ったが、そのうち四機(六百六十四人。青年たちは「鬼の四機」と呼んだ)は、医学部図書館(中央館)に向かった。二機(六百三十四人)は法学部研究室に向かい、三機(六百四十三人)は工学部三号館(安田講堂北側)と弥生門の警備を行い、五機(六百六十三人)は理学部一号館(安田講堂東側)のバリケード封鎖を解除後、安田講堂の東側を担当したという。

むろん、講堂内の青年たちにはこの配置は分かるはずもないが、安田講堂のまわりのヒマラヤスギやケヤキの木立の向こうに現れた、ジュラルミンの大楯を構えた濃紺の機動隊員のカブトムシのような姿を見て、包囲の網がせばまるのをひしひしと感じた。

安田講堂の三階で、石井重信は「ほー、たくさん来たね」と明るい声を出し、法学部のWははじめて彼の声を聞いて、振り返った(石井重信君を偲ぶ会、2005)。

六機(百五十八人)は、多くは遊撃部隊として使われたらしく、一機とともに正門前の学生デモの規制にあたり、のちに四機とともに本郷三丁目に押さえとして置かれていたという。

八機(百五十六人、特殊車両部隊)も龍岡門から入り、三百四十六台の機動隊車両のつくる渋滞に自ら巻きこまれて配置が遅れた。

七時五分、機動隊は医学部図書館(中央館)の封鎖解除を始めた。

機動隊は猛烈にガス銃を使った。用意された一万発余のガス弾は、五百人の学生一人あたり二十発ずつである。ガス銃とは火薬を使った銃であって、飛び出す弾丸が催涙ガスの入ったガス弾というだけであり、この弾は二十メートル離れてベニヤ板を撃ち抜く威力がある(注2)。このために、直接人を狙った水平射撃は、禁止されている。むろん、危険だからである。しかし、この日、ガス銃の射撃は学生に当てることが目的となっていた。機動隊は相手が医学生であっても容赦はしなかった。

「機動隊はガス銃の銃手十人を並べ、学生が少しでも顔をのぞかせるとねらい撃つ戦術をとった。ガス弾が一人の学生の口元に当った。のけぞる学生。(中略)午前八時半、十六人全員が逮捕されたが、顔にガス弾が当った学生はくちびるがさけてぶら下がっていた」(『朝日』、No. 571、473頁)

七時三十分、医学部の封鎖が解除され、学生二十二人が逮捕された(注3)。六百六十四人の「鬼の四機」対二十二人の医学部共闘会議である。勝負ははじめから見えていた。

午前八時十五分、本富士署長が構内全域で退去を命令した。

「こちらは、本富士警察署長です。学生諸君に警告する。ただちに東大構内から退去しなさい」というあの聞き覚えのある声だった。

同じ時刻に、東大全共闘の青年たち三百人が正門を押し開けて、銀杏並木でデモをした。彼らは朝から正門あたりに三々五々集まっていたらしい。

「正門前を見ると、百人を越える通常の服装の学生たちが、集団で構内に入ろうとしていた。私はそんなことは考えてもみなかった。私は慌てて、機動隊員の脇を抜けて本郷通りを渡り、学友たちに混じった。（中略）

私は夢中になって進んだ。講堂前に出た。講堂では、立て籠った学友たちが、あちらこちらの窓や講堂の各部分の屋上に姿を現していた」（唐木田、2004）

彼らはたちまち学外へ押し出されたが、列品館からはこのデモ隊が見えたようで、ただ一人の列品館脱出者「U・S生」は「『ありがとう』僕は彼らの鼓舞激励に心の中でそうつぶやいた」と記録し、「機動隊にテロを受けていなければよいが」（U・S生、1969）と心配している。安田講堂のなかにいた青年たちもこのデモ隊の動きを知った。

ちょうど同じころ（八時十五分）、機動隊は教育学部での捜査を始めようとした。しかし、学部長は捜査令状の提示を求め、一時間後の九時十五分にようやく「約一〇〇名の機動隊員が入り建物内を一巡した」（『弘報』、213頁）。

午前八時半、安田講堂への催涙ガス弾による攻撃が始まった。安田講堂の屋上に出た学生たちを、直接狙ったガス弾の攻撃だった。

ヘリコプターがガス弾に火をつけ投下したが、講堂屋上の学生がそれを拾って、下におとしたという。八時半には安田講堂への一斉射撃があり、時計塔は白煙に包まれた。

警備車による放水も始まったが、安田講堂などの占拠した建物の窓はベニヤ板でふさがれていたので、放水をはね返すことはできた。しかし、各建物の屋上と時計塔は別で、ここにいた学生たちは一月の凍る空気のなかで、まともに冷水を浴びた。時計塔の部屋のなかには、膝《ひざ》まで水がたまった。それだけではない。催涙ガスとはいうものの、それは佐世保で使った糜爛《びらん》ガスと同じもので、これに長時間曝された青年たちは、重度の火傷を負うことになった。

1月18日、安田講堂上の青年たちへ向けて機動隊はガス銃の筒先を揃えた

それぞれの建物にこもった学生たちは近づく警備車へ火炎ビンを投げ、石を投げ下ろした。大講堂にいた学生たちは窓をふさいだベニヤ板を開けて下をちょっと見るくらいで、視界はほとんどなかったが、あたりをヘリコプターの音、放水がベニヤ板に当たる音、催涙弾の破裂する音、警察のマイクの声が包んで、騒然としていた。「機動隊が近づいてきます」という稲川の連絡を受けて、南側の窓に行ってみると、大胆にも窓を広く開けて外を見ている法学部の学生がいる。そこからは講堂裏手のヒマラヤスギの立ち木の向こうに、機動隊員と東大教職員の姿が見えた。石を投げて届くところではなし、こちらの出番は階段が突破されて機動隊が登ってきたときだから、と窓を閉めるように言った。

ここから落とした火炎ビンに当たった機動隊員がいた。法学部の松原は「打ち方やめ、やめ」と火に包まれた警察官への投石を止めた。「武士道に悖《もと》る」と彼は言った。

ときどき安田講堂左右の報告が入る。「警備車がきています」、「一階に機動隊が侵入しました」と。そのたびに、見に行く。機動隊はひとりふたりと近づくだけで、とうてい本気の侵攻ではない。私は警察の方針をはかりかねた。講堂裏手から侵入する計画ではないらしいと思った。もっとも可能性があるのは、正面玄関のバリケードを破壊して大講堂へ直接侵攻することである。そうなると、東大全共闘の受け持ち部分である大講堂の一階（下からは三階）は背後から攻められることになる。また、中核派が守っている二階は、上から攻撃されることになる。この侵攻方法こそは、いちばん効果的に安田講堂を落とす方法だった。

時計塔部分や屋上から石が落とされる、火炎ビンが投げられると言っても、山のように放水車を持っている警察である。束になっても飛んでくる火炎ビンは一度に数本である。接近攻撃用の檻《おり》などはとっくに作っているだろうから、これを正面玄関のバリケードに接続して、電動カッターか削岩機を使えば、ロッカーや机で組み立てられたバリケードはそう長くはもたないだろう。青年たちはそう思っていた。それには前例がある。

一九六八年十一月十二日、日大芸術学部のバリケード攻防戦は、午前九時三十分から十一時五十六分までの二時間半足らずで、四十六人が逮捕された。十二月十四日の上智大バリケード封鎖解除は、午前六時三十分に始められ、七時十三分には全共闘の学生五十二人全員が逮捕された。つまり、一時間ともたなかった。

これらの前例から見て、安田講堂でも機動隊の攻撃開始後、なんとかして半日もたせることができれば成功の部類だろうと私たちは思っていた。しかし、案に相違して、機動隊の正面からの攻撃は実にとろいものだった。これは、東大全共闘幹部も警察幹部も同じ東大生であり、日本帝国陸軍と同じ日本人の発想で機械力よりも人力だのみの攻略作戦だったからである。

この攻防の警察側現場責任者として、佐々警備一課長は後に浅間山荘で使った鉄球をぶつけて正面を破壊する方法を考えたらしいが、安田講堂は文化財なので破壊は許されなかったという。しかし、クレーン車よりも高い時計塔から火炎ビンを投げ下ろされたら、鉄球を操作する者の安全は保障されない。鉄球をぶつける作戦は、ただのポーズでなければ、安田講堂の攻略方法としてはそもそもまったく現実的ではなかった。

鉄球作戦以外には、「一万発の催涙弾、一万人の機動隊」を豪語するだけというのは、警備指揮官が日本帝国陸軍の体質を受けついでいたということだった。火炎ビンと石しか持っていない学生には、機動隊と催涙弾の数だけで十分という驕《おご》りがあったのだろうが、街頭での学生デモ鎮圧ならともかく、建物を攻略する城攻めにはおどろくほど無知だった。それは、列品館攻略に端的に現れた。

注1：東京都の警察は八地域を分担する八方面本部が置かれていて、このうち神田、本郷方面本部からの二個機動隊が出動した。また、佐々のあげた資料では八個機動隊合計三千七百八十五人

でこの合計とは矛盾する。

注2：「ガス弾は長さ二十センチ、直径約四センチ。プラスチックの弾体の先端に木部と長さ約一センチの鉄パイプがついている。重さが約百五十グラムあり、二十メートル離れてベニヤ板を撃ち抜くほどの威力」（『朝日』、No.571、489頁）

注3：逮捕者は新聞報道では十六人、佐々によれば十五人。しかし、医学部で起訴されたのは十七人である。新聞も佐々の情報も間違いであることが分かる。

列品館

東大正門から入ってすぐ左にある工学部列品館への機動隊の攻撃は、午前九時前に始まった（注1）。

午前八時五十分、正面玄関に向けガス銃が一斉に撃ち込まれた。午前十時二十分ごろ、ケガ人がでた。「一時休戦」。高さ約四メートルのバルコニーにはしごがかけられ、一人は自力でおりたがもう一人はよほどの重傷らしい。ロープでタンカにしばりつけられたまま六人がかりでようやく下ろす。十一時すぎ火事（『朝日』、No.571、473頁より）。

「まったく拙劣」の一語に尽きる列品館への攻撃は、その形から「かまぼこ」と呼ばれる大型警備車を三方向から建物に寄せて、破壊工作班がドアや窓枠を破壊して、その後ろのバリケードを撤去するという方法だったという。この工作班の持ち物は、ハンマー、斧《おの》、鳶口《とびぐち》、電動カッター、長さ四メートルの衝角材（ドアなどを突き破る材木）、ロープ、消火器などで、八機の大型放水車三両がそれぞれの警備車の援護にあたったらしい。また、法文一号館の屋上からは、催涙ガス銃を並べて、列品館屋上の学生たちを狙い撃ちしていた。

だが、列品館に近づいた大型警備車は、その建物のまわりの植えこみや瓦礫《がれき》のために、一階の窓に密着して横づけできなかったという（注2）。勢い機動隊員は楯をかざして窓に接近することになる。そこへ火炎ビンが落とされる。しかも、放水車から水が出なかったらしい。

「寄せ集めのオンボロ放水車め、だから高圧新鋭放水警備車の調達を催促したのに、財政当局をはじめ、官僚主義の役人どもめ、いつもこれだ」（佐々、同上）と警備責任者は言うが、水が出るかどうかくらい、テストもしないのか。だいたい、植えこみも地形の凹凸も車と建物との隙間も計算に入れないようなずさんな計画は、誰が立てたにしても責任を問われてしかるべきだろう。

1月18日、列品館から負傷者を担架で下ろす。一時、重体となったのは、機動隊のガス銃の直撃を頭に受けた学生だった

裏玄関に寄せた警備車も同じことだった。

「裏玄関には出入口に石の階段があ

り、警備車と裏玄関ドアの間にはどうしても約三メートルの隙間ができてしまう」（佐々、前掲）

そんなことは、当たり前である。佐々自身が東大の出身である。今回の攻撃にあたって一機の指揮者をわざわざ東大出身者に替えたほどだ。列品館や法学部研究室の建物の構造くらい覚えていなかったのか？　覚えていなかったのなら、なぜ事前に調べなかったのか？　警察側の攻撃計画は実にずさんだった。

ずさんは確かだが、誤算も続いた。警視庁航空隊のヘリコプター「はるかぜ二号」は催涙ガス弾を警備車に「誤爆」し、警備車も見えないほど催涙ガスに包まれた。こうして、列品館の封鎖解除は一時中断した。

この間にも、他の建物の封鎖解除は進んでいた。

午前十時、法文二号館（文学部）への機動隊の攻撃が始まった。

「（法文）二号館については、各階（屋上を含む）の立会い責任教官が、九時ごろから、機動隊および捜査官とともに、図書館側の研究室入口から屋内に入ったが、こちらには革マル系の学生が少数いたため、最初は若干の抵抗があり、三、四階から石などを投げおろすなど、危険な状況であった。これらの学生はまもなく屋上などで逮捕された（人数は一二、三人といわれるが未確認）」（『弘報』、212頁）

このあたりについて警備当局は、『弘報』とはまったく違うことを言っている。

「ここ（法文二号館）は数百名の革マル派が守っているはずだった。当然激戦が予想されたので、精鋭四機の担当となっていた。ところがここも（注：法文一号館同様という意味）もぬけの殻、革マル派は一人もいない」（佐々、前掲）

この警備責任者の文面は理解できない。法文二号館では、学生十三人が起訴されている。もっとも、ここでの学生側の抵抗は微弱で（東京地裁の分類によれば、この建物での「公訴事実」は不退去罪だけで、他の建物で逮捕された学生たちには必ずついた公務執行妨害罪も凶器準備集合罪もついていない）、午前十一時、文学部の封鎖は解除された。

この間、列品館では攻防が続いていた。

午前十時四十八分、裏玄関に接近した警備車と玄関との間にジュラルミンの大楯を渡して投石を防ぐというその場しのぎの方法で玄関に達した機動隊は、バリケードを解除し、六分後には一階に入った。

午前十一時ころ、列品館三階から屋上に通じる階段のバリケードから火災が起こり、十一時三十九分には機動隊員全員が館外に退避するほどの火災になった。午前十一時五十分、八機の放水量は五トンに達したが、火は消えなかった。

「『警察や消防は自分たちを見殺しにはできないだろう。必ず消し止めるから安心して燃やせ』という、甘ったれ根性にちがいない」（佐々、前掲）と、警備担当者はいう。だが、燃える列品館から逃げ出したのは機動隊員であり、とどまったのは青年たちだった。

そのとき、列品館の屋上にいた学生は、のちに獄中でこう書いている。
「僕達はすべて催涙液でずぶぬれだった。とても寒かった。機動隊の水平狙い打ちが激しい。一人の同志が僕の目前でやられ、あお向けに倒れた。顔面いっぱいに鮮血がふき出ている。彼は意識もうろうとした中で鼻血が出たにすぎないと思っている様だったが、眉毛《まゆげ》の上から鼻にかけて大きなさけ目がポッカリあいていた。重傷だ。だが、彼はしっかりしていた。階段を伝わって炎がゴウゴウとものすごい音をたてながら屋上に吹き上げていた。向い側の建物から東大の教官が、機動隊と一緒になって『君達の生命が危ない。屋上は燃えやすいものでできている。すぐ抵抗をやめなさい』と何度も絶叫している。

確かに屋上でたき火をすると自然に一面に広がるということを知っていた。僕は激しい炎を見ながら、ベトナム南部解放戦線戦士のサイゴン米大使館でのそれこそ英雄的な闘い、そして勇気ある死をはっきりと思い浮べた。『僕達も死ぬかもしれない』これまで多くの闘争の中で考え、そして相変わらず漠然としていた『死』の実体感がふっと空から降ってきたように僕の身体を占領した。後で他の同志にきいたら、彼もその時一瞬そう思ったと言っていた。(これ以上詳しくは、今、書けない)」(『獄中書簡集』第十五号、16頁)

このとき、安田講堂内では「列品館が炎に包まれ、学友に重傷者が出ている模様」という情報が流れた。総長室の電話は通じていたようだから、そこからの情報かあるいは時計塔からの観察情報だったかもしれない。大講堂内の青年たちは、目の前の戦闘に引き付けられてすぐ近くの様子しか見えなかったが、先に「列品館では火炎放射器を使って抵抗中」という情報も入っていたので、相当に激しい戦いになっていることだけは分かった。

「死者が出るかもしれませんね」と、稲川は私に言った。「列品館のML派は火炎放射器を使っているといいますし、そうとうなことまでやりそうですから」

ML派とは「マルクス・レーニン主義派」の略で、毛沢東主義派のことだった。正門に掲げられた「造反有理」は、中国の文化大革命のスローガンだったが、彼らの党派のスローガンとしていた。中国共産党は彼らの活動を評価し、それが日本共産党には気がかりだった。

火炎放射器まで出てくると、事態は東大全共闘の闘いというレベルを越えていた。しかし、それでもやりぬく以外はなかった。列品館で火炎放射器を使ったという武器のエスカレートが、この闘いの先行きを暗示していた。いよいよ自分の命にかかわる闘いになったという戦慄《せんりつ》が、たてこもった青年たちの背筋を走った。

1月18日、列品館は燃え上がり、青年たちは屋上に取り残された。煙の後ろに安田講堂

佐々が言う「学生たちの甘え」は事実ではない。青年たちはヴェトナム反戦闘争の間、それが羽田でも佐世保でも成田でも王子でも、

警察が自分たちを殴り殺すことはあっても、助けてくれるなどと考えたことはまったくなかった。青年の心のなかには激しいものがあって、自分の生死を越えて闘うということがある。

土日出勤に文句をいい（一月十八日は土曜日である）、攻撃計画がずさんでも大学が悪いと言い訳し、自分たちが確かめなかった放水車の整備不良を予算の問題と逃げ、昼食休憩しながらの封鎖解除でも食事代の不足を言うことができるのは、国家の庇護《ひご》と予算に完全に頼りきっている公務員の甘えでしかない。

自分一個の判断で闘いに立った学生たちには、そういう庇護も予算も何もなかったが、死ぬ覚悟はできていた。そうでなければ、結局は自分一個の責任で自分の一生にかかわる闘争の場に出て、国家権力の暴力装置（といっても自衛隊が出るほどではないので、その一部分にすぎないが）に立ち向かうことはできなかった。

午前十一時三十六分、列品館の火災の消火に消防車が到着した。駆けつけた消防に対して非協力的だと佐々警備課長はなじるが、あらかじめ手配すべきことを現場で繕い、しかも相手に泥をかぶせるという手法は、それまで東大闘争のなかで東大教授たちが一貫して使ってきた、使いふるした手法そのものだった。

警察の突入が原因で起こった火災が警察の力では対応できなくなったものを、消防が本来の力を発揮して、焼け死ぬところだった青年たちを救ったことを、警察としてはまず感謝すべきだっただろう。救われた青年たちは、もちろん消防隊に対して心からの感謝をすべきであるにしても。
十二時五十五分、列品館の学生たちは重傷者を救うために抵抗をやめて屋上に集まったが、警察側は最後の最後までこの屋上の青年たちをガス銃で狙い撃った。十秒間に六発という数だった。
「午後一時、機動隊のガス銃隊員十数人が法文一号館屋上にのぼり、ガス弾を一斉射撃、一発が、屋上を走っていた学生に当り、学生は顔を押えてバッタリ倒れた」（『朝日』、No.571、473頁）
「午後一時九分　機動隊員が屋上に現われ、一人が三角旗を振る。他の隊員たちは一斉にスクラムの先頭にいた学生を警棒で力まかせになぐりつける。昏倒《こんとう》する学生たちの襟をつかんで立ち上らせると、下腹部を蹴りあげる。女子学生を柔道で投げとばす。乱打。
法文一号館屋上から撮影していたカメラマンや記者、教官から『やめろ！　やめろ！』の叫びがあがる」（杉岡、同上）
午後一時すぎ、三十八人全員が逮捕された（注3）。うち女性三人。重傷者は二人で、一時は死亡と報道されるほどの傷だった。
列品館に残された食糧は、「インスタントラーメン二ダース入二箱、味付いかのカンヅメ三十個、（中略）ソーセージ、ミカンの皮、ジャムパンの空袋、マホービン」だけだった（『朝日』、No.571、490頁）。

この工学部列品館と銀杏並木をへだてて向かいあった法学部研究室への攻撃は、二機によって午前九時に始められた。午前十一時四十二分には機動隊員は昼食休憩をとり、十二時四十分から攻撃を再開した。

午後三時三十分、「建物の中、階段の途中で、一人の学生が後手錠《うしろてじょう》で機動隊員に蹴おとされて階段をころがりおちた。『ギャー』という悲鳴。切羽詰った学生三人が、傍《そば》の木に決死的に飛び移る。だが、木を伝わって落下。下に待っていた機動隊員に逮捕される」（杉岡、1969）。

午後三時三十五分（四十五分とも）、屋上に追い詰められた最後の学生たちが逮捕された。法学部研究室で逮捕された青年たちは、合計百六十七人だった。

「法学部研究室〝落城〟のとき、屋上の一角に追いつめられた中核派の外人部隊は頭をかかえてうずくまるだけだった。機動隊員の乱打を、無抵抗に受けるだけだった。ひとりの隊員は、ヘルメットの頭を、サッカーのフリーキックのようにけりつけた」（松尾、1969）

注1：佐々警備一課長によると、午前十時三十分に工学部列品館への一機の攻撃が始まったことになっているが、新聞報道で分かるように攻撃開始は九時前からである。佐々自身の記述でも、すでに七時から一機は列品館の配置に向かっている。それなのに攻撃開始まで三時間半もの遅れがあるはずもない。当日の警備責任者がなぜ時刻を違えているのか？　法文二号館の件といい、佐々警備課長の言には、細かい事実に疑問の点が多い。そして、「神は細部に宿る」。

注2：実際に列品館を見ると分かるが、密着できない理由は、植えこみのためではない。そもそ

も車と建物が寸分のすき間もなく密着できるはずがないのに、図上ではそれができると思った、というだけのことである。

注3：事実は「全員」ではない。一人は火事が起こったときに二階に取り残され、そのまま翌朝まで留まって、脱出している。彼は工学部から農学部へ渡る陸橋を歩いたようで、農学部で職員に道を聞いている。職員は警備が手薄な場所を教えた。

「職員はそう言うなり、何も見なかったような素振りで立ち去っていった。負傷しガスのにおいをプンプンさせているはずの僕の様子を不審に思わないはずがないのだが」と脱出したU・S生は書いている。

街頭の闘い

機動隊の総力をあげた東大構内の封鎖解除が進められている間に、青年たちは神田に集合した。十二時十五分、中央大学生会館前で全都学生総決起集会が開かれた。二千人の青年たちが集まり、ただちに東大へ向けて押し出し、午後一時十五分には国電御茶ノ水駅付近で機動隊と衝突した。この機動隊は、八機までの警視庁機動隊とは別に動員されていた神田方面本部の機動隊（百九十二人）だった。

全共闘側に立ってみたときに実に残念だと思うのは、この日の総決起集会が正午すぎに始まるというその遅さである。もしも、機動隊の封鎖解除と同時に外の青年たちも動きだすほどの目的意識があれば、機動隊はほんとうに二正面作戦を強いられることになっただろう。

この全共闘側の出遅れのために、東大構内での封鎖解除を終えた機動隊がつぎつぎと神田、お茶の水の街頭へ転進して、青年たちのデモを抑えることができた。青年たちの行動は集まっているから何かができる群衆行動にすぎず、これをゲリラとして小部隊に分けて、各駅、各方面から東大構内に攻め上るという戦術はまったく使われなかった。青年たちはあくまで学生として闘っていた。それが、生死をかけた局面とは言っても、青年たちの限界だった。

午後二時すぎ、デモ隊は湯島交番、お茶の水交番を占拠し、機動隊と一進一退の攻防を繰り返し、夜八時すぎには本郷三丁目近くまで達した。しかし、それがデモ隊の最大到達点で、東大構内に入ることさえできず、午後九時には解散した。

安田講堂のなかで

安田講堂のなかには、いろいろな落書きがあった。講堂正面を入ったところにあったのがいちばん有名な落書きで、それは三段の大文字の横書きだった。この落書きは、すでに夏休みに入ったころにはあったと思うが、誰も汚さず、そのまま東大全共闘のスローガンのようになっていた。

「連帯を求めて孤立を恐れず
力及ばずして倒れることを辞さないが

力尽くさずして挫《くじ》けることを拒否する」
そのあたりにもうひとつ有名な落書きがあった。
「君もまた覚えておけ
藁《わら》のようにではなく
ふるえながら死ぬのだ
一月はこんなにも寒いが
唯一の無関心で通過を企てるものを
俺が許しておくものか」
私もまた、ちょっとだけ書き残したい気持ちになった。「あたかも祭りの朝《あした》に、農夫が野良を見に行くように」（ハイデッガー、1962）というヘルダーリンの詩の冒頭の一句は、この場に実にふさわしいものだったが、書いたのは「Wie wenn am Feiertage」だけだった。それ以上を書くのはやめておいた。まだ自分の歌がないことに、気がついたということだったかもしれない。
東大本郷の学部学生部隊約四十人の面々を左右に文系と理系の学生に分けて、文系を法学部闘争委員会の稲川慧に、理系を工学部自治会委員長の石井重信に、それぞれ連絡将校としての役割を頼んだ。
この本郷学生部隊の守備範囲は大講堂一階（基礎からは三階）の裏手全部、および講堂両翼にある左右の階段と裏手の左右にある階段ふたつ、合わせて四つの階段を防衛していた。「本郷学生隊長」は安田講堂の大講堂一階のたくさんの椅子が並んだいちばん後ろ、中央に坐って、正面演壇を睨《にら》みながら左右から入ってくる情報に適宜応答する、ということになった。

午後になって「機動隊が右の階段下に入りました」という情報が来た。狭い階段の暗がりの攻防の様子を見た。まだ出番ではない。階段上の防衛要員に「二階の中核さんは頑張っているなあ」と声をかけた程度である。

安田講堂の玄関のある正面は、社学同や第四インターなど各派の精鋭が混成部隊で守っていた。大講堂の二階部分（基礎からは四階）と総長室などには、東大大学院生の「全闘連」と青年医師連合の幹部たち約三十人がいた。全共闘幹部の籠城組は、この総長室あたりに陣取っていた。総長室の電話は攻防戦の間ずっとつながっていたようで、これによって加藤総長代行からの最後通牒《つうちょう》も伝えられていた（注1）。

安田講堂の上部、時計塔では解放派が五階左翼、中核派は六階中央、社学同が五階右翼にいた。四階と五階の塔部分の間には小さな鉄扉があって、講堂部分と塔の部分を仕切っていた。

午後一時十六分、四、五、七機が八機の放水警備車四両の支援のもとに、三方向から安田講堂への本格的な攻撃を始めた。五機が正面から、四機が裏側から、七機は正面向かって左側から、それぞれ大型警備車を接近させた。

五機の装甲車が朝から安田講堂に近づいては、投石と火炎ビンを浴びて引き下がっていたのは、石や火炎ビンの消耗を狙ってのことだったと言うが、安田講堂にはこの日の戦いには十分なだけの量があった。

午後一時十八分、五機は東側出入り口に鉄製金網、通称「とりかご」を押してきた。

「真上からひとかかえもあるほどの石が落ちてきて〝鳥かご〟の屋根でものすごい音を立て、屋根の板がくだけて飛散る。逃げだした隊員が警備車にたどりついた瞬間、屋上からこんどは火炎ビンが投げられ、車の下で爆発、猛烈に燃え上がった。後方の指揮者が『ひけ、ひけ』と叫ぶ」（『朝日』、No.571、473頁）

1月18日、安田講堂に接近した警備車に火炎ビンがあたり、警備車は後退した

この「とりかご」は三十秒で残骸《ざんがい》となったというが、安田講堂にいたほとんどの青年たちは、この「とりかご」を十八日には見た覚えがない。それはこれほどやわなもので、出てきて三十秒で消えるほどのものでしかなかったからである。

午後三時三十分、安田講堂裏手から一階へ最初の機動隊員が入った。しかし、二階へ続く階段に作られたバリケードを取り除く作業は、二階の中核派の火炎ビン攻撃で阻止された。

1月18日の間中、安田講堂正面は火炎ビンと投石によって機動隊の接近を防ぎつづけていた

正面玄関のバリケードの解除では、機動隊の装甲車が役に立たず隊員の肉弾攻撃となった。

午後三時十五分から警備車二台が安田講堂へ。しかし、火炎ビンのため後退。三時四十分、決死隊が車寄せへ。三時五十五分、ひさしの下の機動隊員が燃えた（『朝日』、No.571、488頁より）。

正面玄関のバリケードに六人の機動隊破壊工作班が取りついたが、火炎ビン攻撃と放水のために体力を消耗して交代が必要になり、正面バリケードの破壊が難航したという。しかし、これが分からない（注2）。

安田講堂正面五十メートルのところに、警察側は本部をおいていた。そこには参事官二人、前警視総監、副総監など警視庁最高幹部や参議院議員石原慎太郎も来ている。その正面を受け持った五機（六百六十三人）には、六人しか人手がなかったのだろうか？ このあたり、どういう戦《いくさ》をするつもりだったのか、さっぱり分からない。ヘリコプターからの催涙ガス液の散布という「史上初」の試みも、派手なだけで実効のない無謀なものでしかなかった。

強力な放水車を持っている消防に協力を頼むという発想は、計画のなかにそもそもなかった。安田講堂裏手で試みて失敗した「とりかご」の強度不足と放水車の「老朽化」が警察側の口実だが、彼らには明らかに「城攻め」の工夫が足りなかった。安田講堂前の広場でしっかりした攻城機械を組み立てて押し寄せるのが、本筋だっただろう。筒抜けのコンテナ一、二本を運んできて正面の車寄せにとりつければ、それを楯に作業ができる。そうすれば正面玄関のバリケードは、簡単に解除できたはずだ。警察には当然戦略はなかっただろうが、戦術もなかった。

午後四時、お茶の水から駿河台下《するがだいした》で青年たち一万人が機動隊と対峙した。先に転進した三機に加え、列品館の封鎖解除を終えた一機も派遣された。この日、神田から本郷三丁目にかけて街頭で逮捕された者は、五十七人だった。ほとんど市街戦だったのである。

午後四時四十分、講堂左側からの攻撃が始まった。しかし、接近した警備車両は石塊と火炎ビンを浴びて後退し、五時すぎには、あたりは暗くなった。

午後五時十分、警視庁機動隊は安田講堂の封鎖解除をいったん中止した（注3）。足場の悪い安田講堂の屋上から催涙弾攻撃と放水に耐えて、周辺に迫る機動隊に火炎ビンと石を投げ下ろしつづけた、死を恐れない青年たちの意志の力の勝利だった。

「午後五時一九分　時計台放送再開。

『闘う学友諸君、いかなる機動隊の暴力にもわれわれは屈することがない。この十数時間の激闘はそれをはっきり示してきた（中略）。機動隊の諸君、この安田講堂に一手でもふれてみよ

（中略）。一手でもふれてみよ！　半径一キロ以内のすべてのものが、爆破されるであろう（中略）。われわれは、戦争と抑圧の中に、日本国民をひきこもうとする、叩きつぶそうとする国家権力をゆるすことはできない』」（杉岡、1969）

この時計台放送の「半径一キロ以内」は、ただのブラフ（はったり）だったが「ゆるすことはできない」という発言は本心だった。

突然、あらゆる騒音が絶え、講堂内は静まりかえった。放水の音だけは続いているが、それも窓を狙ったものではない。その放水が入り口へ向けられているのは、何を狙ってのことか分からない。しかし、とにかく静かになった。丸一日持ちこたえたことが信じられなかった。青年たちは暗がりのなかでお互いの顔をみつめあった。「いよいよ大変なことになった」と。

そこへ、「高崎さんから」とリンゴやチーズの差し入れがあった。ミルクもあったかもしれない。食べ物だけは覚えている。時計塔部分には人数不相応の食糧があるから分けるということだった。何しろ、補給ということを考えない日本人の伝統を引き継いでいる。大講堂の学生部隊には水の貯えさえなかった。皆にこの食糧を分配して回って、最後に大講堂の座席のいちばん奥の定位置に坐った。そこから見ると演壇は遠く、大講堂の天井ははるかに高い。大講堂の広い空間は煙と催涙ガスでけぶって、その天井はことさらに高く見える。疲れはまったく感じない。恐怖もない。最後の最後には恐怖を感じるのだろうが、今はない。めずらしいことに空腹も感じないことが、緊張を示しているのだろう。

とにかく初日はもった。籠城戦としては記録的な長さである。明日の戦闘は、もっときびしくなるだろう。講堂内は真っ暗闇だった。電気は切られていた。

この夜、警備中の機動隊員に安田講堂から声をかけた青年がいたらしい。

「おーい、お前ら、ゲリラってなにか知ってるか。二時間もたてば教えてやるぞ」（『朝日』、No.571、490頁）と。

夜になっても機動隊は安田講堂にライトを当てて、放水を続けた。1月18日

ほんとうに夜襲をやれば、また違った結果になったかもしれない。だが、このあたり、籠城側にも戦闘に工夫がなかった。

その夜、大講堂と時計塔の部分を仕切っていた四階と五階の間の鉄扉が、熔接されて閉ざされた。時計塔の防衛のためだった。

機動隊は夜通し放水を浴びせ、「ゲリラ」を警戒したためか二十キロワットのキセノン投光器で安田講堂を照らしつづけて、アリ一匹通さない厳戒態勢をとっていた。

注1：これが縁だったかどうか知らないが、今井澄と加藤一郎はのちのちまで関係を絶たず、二〇〇二

年五月二十二日の今井澄の出版記念会には、加藤一郎が不自由な体で出席したという。

注2：実際に安田講堂の正面玄関前に行ってみると分かるが、時計塔のてっぺんさえ見えない。そこはあらゆる方向から死角の場所である。ここにとりつけば、楽々とバリケード解除ができたはずなのである。道具さえ持ってくれれば。「肉弾」ではむりだ。

注3：「午後五時十分、機動隊は安田講堂のアタックを断念した」（『朝日』、No.571、490頁）はずだが、警備側の記録は「五時四十分終了」である。なぜ、半時間も違うのか。

一月十九日

安田講堂裏手の四機と正面左手の五機は、十八日のうちにバリケードの一部を壊してなかに入る入り口を作っていた。そこへ向けて一晩中続けられた放水はバリケードの再構築を防ぐためだったというが、夜の間にバリケードは作りなおされていた。また、警察側は講堂の周囲で徹夜で攻城用の防火、防石トンネルを作ったという。お互い、やっつけ仕事である。

安田講堂内の青年たちも徹夜でバリケードを補強するかたわら、歩哨《ほしょう》を立てて交代で眠ることにした。眠ることが最大の戦力補強だった。だが、眠れた者がどれくらいいたか？　大講堂内では椅子に坐って眠る者もいたが、時計塔のなかはすべての窓ガラスが割れていたところへ、放水のために部屋のなかには膝まで水が溜《た》まっていた。そのなかで、立ったまま眠るしかなかった。

寒さのなかで、夜はすぎた。

一月十九日午前六時三十分、機動隊は安田講堂のバリケード封鎖解除を再開した。放水用の警備車両十二両が安田講堂を包囲するように取り巻き、四、五、七機と特殊車両部隊の八機、合計千六百五十二人が攻撃を担当した。一、二、三機（合計千九百七十九人）は、神田方面本部の機動隊とともに神田地区の制圧に向かっていた。六機（百五十八人）は本郷三丁目に待機して、神田方面から攻めのぼる全共闘部隊をくい止める役目を担っていたという。

1月19日、放水のなか、安田講堂屋上から火炎ビンを投げる

この配置を見ても分かるとおり、警察にとってはすでに、東大構内よりも神田地区のほうが警備の重点地域になっていた。
午前六時四十分、安田講堂のマイクが、この日の第一声を送った。全共闘側では、これを「解放放送」と呼んでいた。
「すべての学友諸君、大学闘争の天王山として勝ちとろうではないか。全国の闘う学生のこの砦を守り抜こうではないか」

午前六時四十五分、機動隊が急造した防火、防石トンネルの「とりかご」が、安田講堂裏手に接近した。これは東大全共闘部隊の分担範囲である。

「ようやく出てくると思ったものが現れたな」と石を投げ下ろすが、この「とりかご」には石は役に立たない。火炎ビンを投げて、はじめて機動隊員が後退する。しかし、裏手に配置された放水警備車もタイミングよく放水で機動隊員を守り、ついに「とりかご」は安田講堂裏手の学生部入り口の玄関に達した。

講堂の一階が急に騒がしくなった。機動隊が入ったのである。警察側の記録ではこの防石トンネルは陽動で、こちらに注意を引き付けている間に、講堂裏手の車庫に待機していた機動隊員が用務員室の窓から講堂内に入ったのだという。

午前八時には安田講堂の一階に各方向から機動隊が入りこみ、バリケードの解除が始まった。だが、夜通しの放水のなかでも二階の中核派の青年たちは、階段のバリケードを補強していた。これにぶつかった機動隊は、ふたたび昨日と同じように二階までのバリケードを壊す作業を始めなければならなかった。

安田講堂二階は、もとは東大全共闘の各学部闘争委員会や各党派の部屋になっていたが、十七日夜からは中核派が守備についた。中核派は全国動員態勢をそのまま東大に投入して、法学部研究室と安田講堂二階、そして時計塔の六階を担当していた。機動隊が安田講堂の一階から二階へのバリケードを解除しようとすると、最初にぶつかるのは中核派の部隊だった。東大全共闘本郷学生部隊は、二階の中核派によるバリケード防衛を、三階から支援する形になった。

このころ、安田講堂内の火炎ビンはすでに残り少なくなっていた。二階をのぞきに行った稲川は、戻ってきて冷静な声で報告した。

「火炎ビンを使い尽くすまではバリケードは持つでしょうが、火炎ビンがなくなったときにはバリケードを維持できないでしょうね」

1月19日、安田講堂内裏手、階段の防衛には火炎ビンだけが効果的な武器だった

「なるほど」と報告を受けた「本郷学生隊長」は、この期に及んでの稲川の冷静な判断に、ある種の驚きをもった。たしかに安田講堂の屋上から地上に投げるほどなら石にも衝撃力があるが、二階から一階へ投げたくらいでは、ジュラルミンの大楯にはじきかえされて、ほとんど役に立たない。機動隊が持っている電動カッターや削岩機に角材や鉄パイプが太刀打ちできるはずもないから、火炎ビンで防衛できなくなったらバリケードは簡単に解除できる。「なるほど、そういうことなんだ」と妙に感心した。

階段のバリケード攻防戦は、同じ手順の繰り返しだった。

機動隊員が壊した扉から階段下に入る。ジュラルミンの大楯がその上を覆う。火炎ビンを投げる。バッと炎が燃え上がると放水が警官を守り、火を消す。バリケード解除作業が始まる。ふたたび火炎ビン、避難、放水、消火、バリケード解除作業、火炎ビン。この繰り返しである。他の手段で機動隊の封鎖解除を阻んでいるわけではない。火炎ビンだけが頼りだった。屋上には相当量の石が蓄えられていたが、講堂内にはそれほどの量がなかった上に、ジュラルミンの大楯を貫くほどの大石はそこにはなかった。

それにしても、階段がなくなっていれば、ハシゴをかけるしか警官が安田講堂に登ってくる方法がないわけだから、機動隊の封鎖解除の手順はもっと違ったものになっただろう。「学生守備隊長」はそれを主張したのだがと、このときも思った。

このころ、「全共闘びいき」の作家野坂昭如《のさかあきゆき》が東大構内に報道の腕章をつけて入っていて、安田講堂に対する催涙ガス弾による攻撃を見ている。

「発射する時、オレンジ色の焔を銃口から吹き出し、弾は眼で追えるスピードで抛物線《ほうぶつせん》をたどり、時計台の壁に当たって、左右の屋上に落ちる、たちまち投げかえされ、地上で白煙を吐く。隊員たち閉口して難をさける」（野坂、1969）

講堂屋上にいた青年たちの視界は広く、投げる火炎ビンや石の行方もその効果もよく分かったが、大講堂のなかにいる者はほとんど何も見えなかった。ただ、放水の音、ヘリコプターの音、催涙弾の破裂する音、警察のマイクなどの騒音がますます激しくなるのが分かるだけだった。

　午前八時十五分、警察側はヘリコプターを使って、催涙ガス液を講堂へ向かって流した。あらゆる攻撃用武器を試験してみたということだろう。安田講堂内の全共闘部隊にはほとんど影響はなかったが、屋上の青年たちにはこれは危険な武器だった。すでに、前年の佐世保闘争で警察はこれを使って指弾されている。この催涙ガス液はアメリカ軍がヴェトナムで使っているもので、人体に害がある。この毒薬をこの機会にもう一度試すのは狂っている。相手は、同胞の青年たちである。

「大型ヘリコプターが、ドラム缶のようなものを吊り下げ、飛来して、催涙液を散布する。こちらまでしぶきがとんで、眼が痛い、『ああ、ヘリコプターよりの催涙液は、さして効果なく、かえって地上に被害ある故、中止されたし、どうぞ』『了解、なおこの交信は傍受されているおそれあり、気をつけるように、どうぞ』（中略）ヘリコプターの男は、楽しんでいるように狙い定めて、後、催涙弾を投下する。

　うんざりして、A氏を誘い、お茶の水にむかう、後詰《ごづ》めの隊員たちは、牛乳を飲み、卵を食べていた、ボール箱に食料をいっぱい入れて、係員忙しそうに運ぶ、キャラメルもあった」

（野坂、同上）

　むろん、大講堂には食べ物は何もなかった。青年たちは寒さと空腹のなかで耐えていた。

　窓をふさいだベニヤ板を叩く放水の音がいちだんと高くなり、昨日とは違って警察力の重圧が安田講堂に集中してかかっていることを肌で感じた。放水警備車はその水圧を上げた。轟音《ごうおん》のなかで大講堂は催涙ガスと火炎ビンの煙のために、夜のように暗かった。

時刻は分からない。突然、ベニヤ板の窓が吹っ飛んだ。そこから、講堂の暗がりのなかに鮮やかな白い筋を引いて、太い水の束が噴き上げてきた。青年たちのなかには小学生のころに見た戦艦大和の最後を描いた映画を、思い出したものもいた。そこでは船腹を破って海水が噴き出していたが、ちょうどそれと同じようだった。物凄い水圧がつぎつぎにベニヤ板の窓を破り、大講堂のなかを水浸しにしていった。

「水圧を上げたようですねえ」、「高圧放水に切りかえたんだねえ」と青年たちは話しあった。昨日からなぜ高圧放水をやらなかったのか、それが不思議だった。

「危険だから窓に体を出すな」と指示が飛ぶ。

破られた窓から幾条もの水流が噴き上げ、噴水や滝があちこちにできていた。火炎ビンや可燃性の武器一切を、この水で制圧するという方針だろうとなかにいた青年たちは思った。もっとも、この放水について実際の事情は少し違っていたようだ。

東京消防庁は警視庁とは別の視点から、この事件に備えていた。消防庁は消火のためにハシゴ車など四両と消防車二十五両、さらに化学消防車も一両用意していた。もちろん、救急車も二十五両が控えていた。

「消防車の高圧放水が始まった。八機の放水車とはケタ違いの威力だ。もともと水流の太さがちがう。窓をふさぐベニヤ板が小気味よく吹っ飛び、一、二階の窓がポカッと黒い口を開ける。待ってましたとばかり催涙ガス弾が次々と撃ちこまれ、八機の放水車も開いた窓を狙う」
（佐々、前掲）

昨日の列品館に続いて、この日安田講堂での機動隊と学生たち双方の青年たちの被害を未然に防ぐために本当に働いたのは、消防だった。このことは正当に評価されなくてはならない。そして、消防にそれほどの協力を受けながらも、〝ふぐのたち泳ぎ〟などという一方的な罵詈《ばり》雑言《ぞうごん》を記録に残した佐々警備一課長には、消防関係者は訂正を要求してしかるべきであろう。

「（午前）一〇時　今井澄前全共闘会議代表が塔上に現われ、時計台放送を通じ『勝利宣言』

安田講堂に上空から催涙液を浴びせる警察のヘリコプター。安田講堂は写真左の大講堂と写真右の時計台との複合された建物である。時計台の下に玉座のあった便殿があり、その両翼が総長室と学生部長室だった

を読み上げる。『(中略) 入試の実現は不可能となった』」(杉岡、前掲)

消防の強力な放水によって安田講堂内は水浸しになるとともに、破られた窓から催涙弾も講堂内に撃ちこまれるようになり、催涙ガスに耐えかねた大講堂四階の青年たちは窓をつぎつぎと開けた。突然、大講堂内に光が差しこんできたので、三階を担当していた学部学生たちは驚いた。

「なんだよ! どうしたんだ? 理学部の屋上からなかが丸見えじゃないか」

事情を確認に伝令が走る。

「上は催涙ガスで息もできないほどなので、窓を開けざるをえないということです」

講堂内でもかまわず直撃を狙ってガス銃が発射されていた。講堂裏手の理学部の屋上に陣取った機動隊からのガス銃に加えて、午前十時二十五分には大型ジェットヘリコプター「おおとり」からの催涙ガス弾も撃ちこまれ、安田講堂は白煙に包まれていた。なかにいた青年たちは、窒息するほどのガスに耐えかねて窓を開けたのだった。

午前十一時、例によって学生たちの朝は遅く、この時刻になってようやく中央大本館の中庭で学生たちの総決起集会が開かれた。三千人が集まっていた。青年たちは一時間以上も集会を続けたうえで、正午すぎに東大構内へ向けて出発した。

東大構内では、安田講堂見物客が現れた。

「一九日午前一一時から約二時間、林文学部長以下教官約四〇名が、法文二号館の屋内及び屋上に放置されたおびただしい石塊を除去する作業に従った」（『弘報』、213頁）と大学側は言うが、空にヘリコプターが舞い、安田講堂での攻防戦がたけなわの時間帯である。法文二号館は広場をへだてて安田講堂にもっとも近い。この屋上は、当日物見高い教授たちで埋まっていた。〔公務員がいつも長々と休みをとる昼食休みをはさむ二時間を「石塊を除去する作業」ですごすわけがない。

機動隊には昼前までに食事が配られたようだが、たてこもった青年たちに食事などありようはずもなかった。なにしろ、日本人である。戦闘となると、補給を第一に忘れるのだった。この点では「本郷学生隊長」も人後に落ちない。食糧のことなど考えたこともなかった。もっとも、せいぜい数時間の勝負だと思っていたこともある。

午前十一時三十分、安田講堂正面のバリケードの解除が再開された。しかし、正面バリケードはついに破られなかった。日大全共闘の工作隊は、機動隊の破壊工作班の執拗《しつよう》な攻撃をついにはね返したと言ってよい。あるいは、日本人の中級技術者の技術が、東大卒文科系高級警察官僚の技術音痴に勝利したとも。

正面を突破できなかったことは、機動隊側の大誤算だった。このために、階段を下から攻め上るというまったく拙劣な作戦だけに手段を絞られ、ふたつの機動隊一千余人がとりかかって、二階までのバリケードを撤去するのに、十八日以来合計九時間をかけることになった。

午後十二時十五分（三十分とも）、四機は二階に進出し、中核派の青年たち二十人を逮捕した。

「二階のバリケードが突破された。講堂の隅でぼくらは最後のタバコを分けあった。ひとりが『くさいメシの仲だな』と言って火を回した。ぼくらは順々に火をつけながら、『くさいメシの仲』ということが心にひとつの感情を呼び起こしたことを知った。そしてそれ以上何も言わなかった。言う必要がなかった」（『獄中書簡集』第五号、6頁）

彼らは東大法学部の学生だったから、そのままなら高級官僚への道が開けていた。しかし、刑務所のメシを意味する「くさいメシ」は、彼らが国家に保障されたそういう人生をこれからは歩かないことを意味していた。

二階から三階へ登る階段のバリケードの暗がりの下に、機動隊の紺色のヘルメットとジュラルミンの大楯が見えた。

近い。敵はすぐそこまで押し寄せてきていた。間近の脅威を見おろす、緊張しきった長田の真新しいヘルメット姿があった。

電動カッターと削岩機の音、バリケードを壊す音、催涙ガス弾のはじける音、高圧放水の音、機動隊の命令の声、拡声器で何か言っている声、あらゆる騒音の渦のなかにいた。あたりは催涙ガスのいがらっぽい煙とバリケードがくすぶる煙で、夕暮れのような暗がりだった。

十二時四十分、神田を出て安田講堂に向かう青年たちのデモ隊は、本郷二丁目に達し、機動隊と衝突した。しかし、デモ隊は六機が待ち構えていた本郷三丁目を最大到達点として引き下がり、お茶の水の駅近くの聖《ひじり》橋などにバリケードを作ることになった。安田講堂籠城部隊を救出する望みは消えた。

「ひるまず進め、われらが友よ」

一月十九日の午後、安田講堂のなかでは二階から三階へ大講堂に登る階段のバリケードをめぐって攻防戦が続いた。これこそは、本郷学生部隊の守備範囲だった。しかも、ここが突破されれば、四階の大講堂二階部分や総長室へはバリケードがない。安田講堂防衛の生命線だった。

外から安田講堂を見ていた者の記録では、午後二時に安田講堂正面にふたたび警備車が近づき、正面バリケードの突破を最後に試みたという。そのころ、内部はたいへんな状況だった。

午後二時三十分、大講堂入り口への通路をふさいだバリケードに達した機動隊に、三階への階段下まで消防の高圧ホースが届けられた。噴き上げる水しぶきと猛烈な騒音のなかで、青年たちは階段を駆け上ってくる機動隊との正面衝突を決意した。長田は紫の房を濡《ぬ》らした鉄パイプを握りしめ、「本郷学生隊長」も水道管のパイプを握りなおした。「どうせ、人間一度は死ぬ」と。

そこへ、指示が来た。私はその指示を聞きなおした。

「なんだって？」

「全共闘部隊は全員、大講堂の演壇に集まれとのことです」

「バカか！」「学生隊長」は激怒した。「機動隊はそこまで来ているんだぞ。今から集まって何をやるつもりだ。闘わないというのか」

「全共闘代表の命令だということです」

「もういっぺん、確認してこい！」

伝令氏はご苦労なことだった。ふたたび四階に走って、命令を確認してきた。

「大講堂の演壇で、総括集会を開くそうです」

この期に及んで総括集会とは！　あきれて物も言えなかった。今考えれば、安田講堂内での不測の事態を防ぐためのある種の合意があったのかとも思う。大講堂の演壇の上に集まれば、まとめて逮捕ということになるから、警察も手が省けるし、学生側も怪我が少なくなるだろう、ということか。警察側記録では、演壇の後ろに百人ほどの青年がいて、赤ヘルの男が「指揮者だ」と名乗ったという。

しかし、攻防戦のこの時点では、この演壇への集合命令は士気をそぐ役割だけを果たした。それでも、全共闘の責任者の命令である。全員に演壇に集まるように伝えた。階段下へ鉄パイプを投げつけた。

催涙ガスの煙が渦巻く演壇の上には三々五々青年たちが集まってきたが、どうも連絡不足のようで集まりが悪かった。大講堂の上の階では、まだあちこち走り回っている者がいる。演壇には今井守備隊長の姿も見えなかった。ともあれ、全共闘メンバーの最後の顔あわせである。一言、言わなくてはならないが、言葉にならない。

「警察に捕まっても、完全黙秘で頑張ろう」と、出た言葉はつまらない一言だった。このあと、法学部闘争委員会のメンバーは独自にひとまとまりを作って、最後の意志確認をしていた。理系メンバーはほとんど一匹狼たちだから、せいぜい「タバコある？」「ありがとう」と挨拶するだけだった。

「最初の機動隊員が講堂の向こう側に現れた。
ぼくらは最後の一服を充分に吸い込んで一気に天井に向かってはき出した。煙は催涙ガスのたちこめる中にひとつの波を起こしながら消えていった」（『獄中書簡集』第五号、6頁）

催涙ガスの煙の向こう、大講堂の東側階段から機動隊員が踊りこんできた。その凶暴な叫び声に、士気を失っていた青年たちは一斉に逃げた。逃げたことが恐怖心を湧き起こした。それは動物的な恐怖心だった。ばらばらになって逃げて、大講堂脇の暗い部屋に入った。すでに誰かがいた。部屋の隅に集まってかたまりになり、身を縮めた。そのことがさらに恐怖を煽った。そうすることで、自分がどれほどちっぽけな人間に思えたことだっただろう。逃げ場のないところで恐怖に襲われると、人はそこまで縮んでしまうのだった。幻影の機動隊の警棒の振り下ろされる音におびえて、集まった青年たちはお互いにもっと下へもぐりこもうとした。震えていた。

そのとき、文学部のＴ氏の声が響いた。
「みんな、どうしたんだ。歌を歌おう」

真っ暗ななかだった。何人の青年たちがいたのか、それは分からない。しかし、皆はようやく立ち上がり、腕を組みはじめ、歌声はわき起こり、自然に「ワルシャワ労働歌」になった。「砦の上にわれらが世界を」としめくくるその歌である。

「暴虐の雲光を覆い、敵の嵐は荒れ狂う
ひるまず進め、われらが友よ
敵の鉄鎖を打ち砕け」

歌っているうちに、力が湧いてきた。大講堂の暗がりのなかでは乱闘の音が聞こえ、どたどたと走ってきた青年の一人は、歌を歌っているのを聞いて「何してんだよ！　戦えよ！」と一声絶叫し、後を追ってきた機動隊と殴り合いを演じた。

暗闇のなかから現れた機動隊は、たちまち大講堂のなかに溢れた。

部屋の隅で歌を歌っていた青年たちは、最後にはスクラムを組んで立ち上がっていた。わずかずつ恐怖を克服していた。最後に「インターナショナル」を歌うころには、何が来るかに構えるまでに神経が回復していた。

機動隊はまっくろになって近づき、青年たちを容赦なく殴り倒し、手錠をかけて引き立て、さらに殴りつけた。機動隊員は全員、警棒を持って靴先に鉄を入れた安全靴を履いている。しかも、武術の訓練を受けた体格のいい若者の集団である。空腹で睡眠なしの青年たちにとって、この機動隊の連中から手錠をかけられたまま、殴られ、蹴られるのは、普通の経験ではなかった。

「加藤代行のぼくらへの唯一の回答が機動隊員の鉄パイプとなってうなりをあげて、ぼくらの頭の上に、これでもか、これでもか、と振りおとされた。歴史の茶番として、加藤から佐藤へと鉄パイプのぬしが変わったらしいが、この場合、加藤でも佐藤でもぼくらにとってはあまり変わらない。ぼくらにとって注意すべきは、機動隊員がもうこいつは死んだ、と思うぐらいじっと手足を動かさないようにすることなのだ。だらしないと言うかも知れないが、身を守るためには仕方がない。

とにかく、やられ損なのだから」（『獄中書簡集』第五号、6頁）

二時五十分に大講堂に入ろうとしたカメラマンたちは、機動隊に止められたらしい。手錠をかけられた青年たちは、大講堂の外側、それまで全共闘学生部隊が守備していた通路に並ばされ、引き立てられて、階段を下ろされていった。

「しかし、まだ時計塔の部分がある。そこは人一人登るだけの階段しかない。そこで頑張れば、数日は持つだろう」と、誰もが時計塔の守備隊に後を託した。

大講堂の守備隊全員が逮捕されたのは、午後三時五十分だったという。その直後の三時五十五分には、安田講堂正面右手四階の屋上に解放派の青年たち約二十人が整列した。シュプレヒコールが繰りかえされ、「インターナショナル」を歌い、「国際学連」の歌を歌った。このまったく同じときに、神田でも青年たちが同じ歌を歌った。

「四時。解放講堂屋上で同志たちインターを合唱。トランジスタラジオから流れ出るこのインターに神田解放区の労働者・学生は唱和、大合唱となった」(『砦』、530頁)

青年たちの共通の歌が、心の底から歌われた数少ない闘いだった。

午後四時三分、機動隊は時計塔部分を講堂部分から隔てる鉄扉を開けようと電動カッターを使いはじめた。しかし、時計塔へ登る螺旋《らせん》階段へ通じる鉄扉は、施錠されていただけではなく、熔接されていた。電動カッター程度ではびくともせず、機動隊は別の道を探さなくてはならなかった。

午後四時十四分、加藤総長代行は安田講堂の学生たちへ降伏を呼びかけた。そのマイクの性能のよかったことだけは、青年たちはみな覚えている。そのなかの一人、屋上にいたまだ二十歳にもなっていなかった若者は、最後まで叫びつづけたという。

「四時過ぎに加藤が恐ろしく性能の良いスピーカーで『抵抗をやめて出て来なさい。』と何回か同じことを一字一句違えないで言いはじめた。ぼくらはひどく高価だが性能の悪いマイクでアジっていたが、ヘリコプターと放水のそして機動隊員の射撃の腕を上げる為に打って来る催涙弾の音で下まではとどいていないようだった。新聞記者のある者はとても聞こえやしないムダなことはやめろ、という風に耳に手をあててうれしがっていた。だが、ぼくらは最後までアジった。自己を革命主体として組織すること。それは又、他人を自己の隊列に組織することでもあるからだ」(『獄中書簡集』第十四号、5頁)

誰にも聞こえないアジテーションをそれでも叫びつづけるのは、誰に向かってでもない、自分自身に向けられていたが、それでもどこかで他人につながることができるのではないかと、青年たちはかすかに思っていた。それが言葉になって表されたときには、まだ実に稚拙な表現ではあったにしても。

1月19日、安田講堂屋上でジュラルミンの楯をかざして突入してきた機動隊に、青年たちは両手をあげて降伏した

このころ、大講堂で逮捕された学生たちは安田講堂裏手に引き出され、留置場への道を歩かされていた。その頭の上を警察の高性能マイクを借りて無条件降伏を勧告する加藤代行の声は、冷酷そのもので占領軍のようだった。

「これ以上無用の抵抗を続けることはきわめて危険であり、人を傷つけるばかりです。できるだけ速やかに抵抗をやめてでてきて下さい。速やかに抵抗をやめてでてきて下さい」（杉岡、前掲）

最後の文句は、二度几帳面に繰り返されたことが記録されている。

警備一課長に「やるか？」と言われて渡された警察のマイクを使った降伏勧告である。占領軍の代行だった。加藤代行はついに全共闘を制圧し、「東大正常化、入試実施、名総長として君臨」と将来の絵を描いて得意だっただろうが、忘れていたことがあった。この瞬間こそ、旧帝国大学総長が警察権力に対して持っていた権威も自治も、警察官僚の一課長の下位に転落した瞬間だったことを。そして、大学が持っていた一定の自治と権威は、機動隊導入によってではなく、警察のマイクを借りて得々としゃべるこの総長代行の行動によって、永久に失われたのである。

同じころ、警備一課長に、三島由紀夫が電話で連絡したという。

「三島由紀夫さんから課長宛、本部に電話あり、学生を飛び降りさせないよう、慎重にしてほしいとの伝言あり、お返事はいらない由」（佐々、前掲）

三島は安田講堂攻防戦が始まったとき、「どうせ死ぬ勇気もない連中」と言っていたというから、この二日の間に彼のなかで何かが起こったのだった。

午後四時半、安田講堂からの放送はそれまでと違った口調のものだったという。

「インターの合唱に続いて、青ヘルメットの一人がマイクで下の広場に呼びかけた。『われわれの最後の戦いのメッセージをお送りします。国家権力に支えられ、近代的装備を持った機動隊に対し、われわれが無防備に近い肉体によってなぜ戦いをやめないか。みなさんに真剣に考えていただきたい……』」（『朝日』、No.571、513頁）

午後四時五十分、安田講堂時計塔基部の五階で、鉄扉を破壊しようとする機動隊と学生部隊との攻防が外部から観察されている。

午後五時三十分、機動隊は安田講堂正面左手の五階屋上に登った。鉄扉が破れなかったので、階段の外側に出て木製のハシゴを五階北側のバルコニーにかけて屋上に出たのだった。こうして大講堂屋上にいた青年たち約九十人が逮捕された。

五時三十五分ころ、安田講堂から流された最後の言葉は、あちこちに引用された。

「われわれの闘いは勝利だった。全国の学生、市民、労働者のみなさん、われわれの闘いは決して終わったのではなく、われわれにかわって闘う同志の諸君が再び解放講堂から時計台放送を行なう日まで、この放送を中止します」（『砦』、531頁）

あるいは、それはこうだった。

「インターの歌声が流れる中を、『かならず、ふたたび放送を開始することを約束して、時計台放送を一時中断します――』。とぎれとぎれ叫んでいた」（杉岡、前掲）

午後五時四十分、神田地区から一キロの道のりを機動隊の壁を破りながら安田講堂を目指して押し寄せた青年たちは、本郷三丁目で機動隊と衝突した。この地点が、この日の午後の青年たちの最大到達点だった。機動隊は神田、お茶の水、本郷と広がった戦線のあちこちで孤立したが、なんとかデモ隊の鎮圧に成功した。

午後五時四十五分、安田講堂のてっぺん、時計塔の屋上で最後まで赤旗を振りつづけた学生は、その旗を静かに壁にたてかけ、登ってきた機動隊員に逮捕された。

その九　安田講堂始末

加藤総長代行言うところの東大構内の「平和的」処理の中身は、「ガス弾当り重傷者続出機動隊のガス弾が顔にあたり、このため目をえぐられたり、くちびるが裂けた重傷の学生五人が出た」(『朝日』、No.571、489頁)と一般には報道されたが、実際には「ガス弾の顔面直撃十八名」であり、全共闘側の負傷者は「失明一、重傷七十六名」に達した(東大闘争統一救援対策本部『合同救援ニュース』第2号、二月一日付)。

東大闘争弁護団(代表杉本昌純)は、十八日夜から東大当局に構内への立ち入りを要求しつづけたが、すべてが終わるまで入ることは許されなかった。

暴行の実態

東大闘争弁護団と東大闘争統一救対本部救護班は、一月十九日から病院や各警察署に弁護士を派遣し、逮捕者の負傷時の状況を質問し、その負傷の程度を確認した(表2)。

工学部列品館：屋上で顔面にガス弾の直撃を受けた者のうち一人は失明、一人は頭蓋骨前頭洞部複雑骨折の重傷を負っていた。後者はこれに加えて、手、肩、胸に火傷を負っていた。も

表2　東大構内での負傷状況（『合同救援ニュース』第２号より）

	18日（列品館、法研、医本館）	19日（安田講堂）	計
火傷	48（14）	61（21）	109（35）
打撲	27（5）	60（12）	87（17）
裂傷	25（10）	40（14）	65（24）
骨折	2	6	8
眼球損傷	6	13	19（4*）

（　）内は重傷者数、（4*）は重傷４人、うち失明１人。火傷は催涙液によるもの

う一人は屋上で催涙液を浴び、両手と下半身火傷で入院が必要とされるほどだったが、逮捕時に機動隊員から鉄パイプで口を突かれて歯二本が折れていた。

法学部研究室：屋上で右手にガス弾の直撃を受けた学生の一人は、屋上で押されて地上へ落とされ、左足、右腰を打撲挫傷《ざしょう》し、歯二本を折った。三階階段付近で顔面にガス弾の直撃を受けた学生は、角膜を損傷した。

安田講堂：顔面にガス弾の直撃を受けたのは三人。うち一人は、救援対策室（講堂四階）で六針縫ったが、この部屋で逮捕された直後に機動隊員に胸、肩を二、三回殴られている。彼は上あごの骨にひびが入り、歯四本が折れたほか、手に火傷を負っていた。二人目は、大講堂演壇脇でガス弾の直撃を受け、はねとばされて昏倒し救援対策室に運ばれたが、そこで逮捕されるとき、機動隊員に腹を蹴られている。彼は頭部打撲挫傷、迷路振盪《しんとう》症、頭部骨折、脳障害と診断された。三人目は安田講堂三階で顔にガス弾の直撃を受け、さらに足にガス弾を受けた。彼は、逮捕後、機動隊員に鉄パイプで殴られ、二十一日には症状が悪化して、歩くこともできなくなった。

安田講堂のなかでは、機動隊員は全共闘の青年たちを取り囲んで暴行した。このなかには、約十人の機動隊員によって鉄パイプや角材で殴られ、眼瞼《がんけん》打撲裂傷で約二十針を縫った者がいる。手錠をかけられ抵抗できない者を、機動隊員は殴りつづけた。鉄パイプで殴打され、右目眼瞼裂傷、両脚裂傷を負った者、懐中電灯で口元を殴られた者、頭を角材で、足を鉄パイプで殴られた者、楯、警棒で殴られ、靴で顔を蹴られた者、鉄パイプで腰や顔面を殴られた者、頭部裂傷で四針、右あごと後頭部裂傷のため二針ずつ縫った者などがいた。

逮捕され、連行されているときにも機動隊員による暴行は続いた。そのなかには、敷石を砕いた石で後ろから殴り、学生の左耳周囲に約二十針縫うほどの裂傷を負わせた者もいた。周囲の目がある講堂出口でさえ、鉄パイプで逮捕者の頭、顔、足を殴るリンチがあり、このとき殴られた青年の一人は、殴った四機の特定の警察官の個人名をあげている。

逮捕後のリンチを訴えた青年たちは七十七件にのぼり、安田講堂で逮捕された三百九十七人のうち約七十パーセント（二百六十九人）がなんらかの傷をうけていた（三一書房編、1970）。

第八本館と入試中止

安田講堂の攻防戦の陰に隠れてあまり知られていないが、同じころ東大教養学部では、第八本館にたてこもった東大全共闘派青年たちへの日本共産党系部隊の攻撃が頂点を迎えていた（注1）。

一月十五日、第八本館にたてこもっていた東大全共闘の学生たち百人は、本郷の集会に参加しようとして第八本館を出たところで、今村自治会委員長を含む一団が日本共産党系部隊に捕まった。

「いや、ひどい目にあいました、今思うとそれほどの暴行は受けなかったのですが、目隠しされて両手を後ろで縛られて、寮のなかを連れ回され椅子に縛りつけられたのは、気味悪かったですね」と、今村はのちに語っている。

日本共産党系部隊は第八本館の封鎖解除にとりかかったが、激烈な攻防戦の末、一階の封鎖を解除したところで戦闘は停止した。委員長は奪われたが、最年長の最首悟助手（助手共闘）のもとで第八本館防衛隊は頑張ったのである。

このとき平井教授（評議員）など数名の教官が、日本共産党系部隊の占拠した駒場寮食堂に出向いて説得し、今村委員長らは解放されて第八本館に戻ることができた。

この日から、日本共産党系部隊による第八本館の包囲が始まった。

「まずその日のうちに代々木系が電源のある一階を占拠すると、電気・ガス・水道がとまった。これらは本郷の安田講堂では機動隊が導入された十八日までとまらなかったものだが、駒場では代々木系が大学側を説得してとめてしまったともいわれる」（『アサヒグラフ』、1969年2月7日、22頁）

十六日、全共闘側は第八本館の救援のため約三百人が駒場構内に突入し、日本共産党系部隊と衝突した。このとき、全共闘派の学生三人が捕まって駒場寮に連れ去られ、リンチを受けた。この日、駒場の第一研究室に日本共産党系部隊が「泊まりこみ」(『弘報』の用語)、第八本館の電気、ガス、水道を止め、さらに投石機(ピッチングマシーン)を使って石を打ちこみ、北側の窓ガラスを全部割った。

日本共産党系部隊の包囲によって、第八本館ではこの日までに食糧をほとんど食べつくし、飢餓状態だと新聞は伝えた。一階を占拠した日本共産党系部隊に水道を止められたので、飲み水にも事欠く状態となったが、何よりトイレの汚物を流せなくなったことが、籠城側には苦痛だったという。これが楠木正成《くすのきまさしげ》なら使い道も考えただろうが、たてこもった青年たちは紳士だった。

十七日には女性八人を含む十一人を籠城から出した。また、二人の学生が果敢に一階に降りて水道を開き、一時的に籠城組の水不足を解消した。

十八日、全共闘派二百人は正門前で集会後、デモを組んで中央大の集会へ向かい、さらに安田講堂奪還闘争に行った。

十九日、日本共産党系部隊は、加藤代行の「今後、角材その他の凶器やヘルメットを持った者には、一切入構を認めず、云々」という宣言の前日だから、大学当局に了解されていたらしく、ヘルメットも角材も投石機などの武器も十分に使って第八本館封鎖解除を始め、二階まで進出した。

1月20日、まだ催涙ガスの残る安田講堂前に立つ日本政府首脳と加藤代行。眼をふいている佐藤首相、その左に坂田文相と加藤代行。「政府の最高責任者が涙を流したのは、催涙ガスのせいである」というキャプション（『サンデー毎日』1969年2月2日号）をつけた者もいる。うまい

二十日、新聞は入試中止を伝えた。加藤代行はこの日の記者会見で「政府に強く抗議する」と述べ、「それ（紛争処理）が完了した時点で、私の抗議の努力および責任の取り方を明らかにしたい」と語った。『朝日新聞』はそれを受けて「辞任を示唆」と書いたが、彼は「責任を取る」と言ったのではない。それはすぐに分かる。

同じ日の午後三時すぎ、全共闘派百人が第八本館への食糧を持って正門前に到着し、これを妨害しようとした日本共産党系部隊と衝突した。機動隊はこれに介入して全共闘側だけを五人逮捕した。全共闘側はこれにもかかわらずのちに参加者が二百人以上に増えたというが、第八本館への食糧補給はできなかった。

二十一日午前十一時四十五分、第八本館にたてこもっていた最首助手以下今村委員長を含む東大全共闘駒場共闘のメンバー七十五人（七十三人とも）は、封鎖を解除して建物から出、支援に来た七十人と合流した。

「一一時四五分、第八本館内の共闘派七五名（うち女子六名）は、本館正面出口から出てきて（注2）、第一本館南側で援護隊と合流」（『弘報』、243頁）

全共闘部隊は女子学生をなかに入れてスクラムを組み、襲いかかる日本共産党系部隊二百人弱と素手で渡りあって駒場構外に出た。この日は、加藤代行言うところの「今後」にあたるので、日本共産党系部隊も武装できず、素手での殴る蹴るの暴行だけ（！）だった。

二十二日、加藤代行は声明をだした。

「遺憾ながら、一月二十日、政府の入学試験中止の決定によって、入学試験の実施は事実上不可能になった。これは諸君にとっても、大きな衝撃であったと思う」

衝撃は入試を受けようと思っていた受験生の問題であろう。別に大学生にとっては衝撃ではない。ただ、入試実施によって東大正常化の外観を見せたかった大学当局、それに協力した日本共産党にとっては衝撃だっただろうが。

注1：「八本」と呼ばれた駒場第八本館にも、学生たちの落書きが残されていた。

「スケジュール
コマバ全員留年→新一年生入学→戦力増強→闘争勝利」

気楽な青年たちだった。

「花より団交　論よりゲバ棒

イヌも歩けば石に当る　子は三年の浪人ぐらし

警棒は身を叩く　クサイものに手錠

のどもとかくすと腹をつかれる　ちりもつもって占拠長びく

良薬は医学部になし　旅は道づれ脱走兵」

まったく気楽な青年たちだった。

「当室の住人　43LⅢ6（注：昭和四十三年入学の文科Ⅲ類文学部進学コースの六組）

ストライキ実行委員会　クラス新聞『後衛』編集スタッフ

沖縄研反主流派　LⅢ闘事務局員一名

ボート部員一名　三鷹寮生一名……」

いろいろな青年たちだった。

注2：「** 原文『意気揚々と（平井評議員の印象）』第一七号で削除」（『弘報』、246頁）。

『弘報』の記載は実に細かいが、「平井評議員の印象」という一文を入れて、それをまた削除して、しかもそれを記録に残すなど芸も細かいので、筆者もそれを真似て芸の細かさを示すのである。

表3　1969年1月、安田講堂事件などの東大闘争関係逮捕・起訴者数

	『砦』* 1969		礒辺 1969			佐々 1993	警視庁 2005
	逮捕	起訴	逮捕	勾留	起訴	逮捕	逮捕
1月9日	51	11	51	37	14	51	−
1月10日	146	46	149	124	41	149	143
1月18日計	308	204	342	287	209	311	−
神田	55	10	57	39	11	55	−
東大内計	241	179	285	248	198	256	257
列品館	38	28	−	−	−	38	38
法研	167	121	−	−	−	169	−
医学部	22	17	−	−	−	15	−
法文2号館	14	13	−	−	−	0	−
1月19日計	478	336	476	441	342	457	−
安田講堂	393	295	397	378	316	377	377
神田他	79	25	79	63	26	80	151**
1月20日	5	3	−	−	−	−	−
合　計	988	600	1018	889	606	968	−

*『砦』の数値のうち建物別内訳などの詳細は、『合同救援ニュース』の数値による。このために小計が合致しない
**18、19日の合計だが、いずれの資料とも一致しない

一九六九年一月の一連の東大闘争では何人が逮捕され、また被告人として裁判に臨んだのか？　資料はまちまちだが（表3）、裁判を実際に担当した裁判官の論文がもっとも詳しい（礒辺、1969）。一月九日と十日の事件で、すでに二百人の青年たちが逮捕されており、十八日には東大構内で二百八十五人、神田・お茶の水で五十七人、十九日には安田講堂で三百九十七人、本郷三丁目などで七十九人が逮捕され、その合計は千十八人に達した。逮捕された青年たちのうち女性は、工学部列品館で三人、法学部研究室で十一人、

安田講堂では十七人だった。

逮捕された青年たち約千人のうちの六割が起訴され（安田講堂だけに限れば約八割）、さらに拘置所に送られて、裁判を待つことになった。街頭での逮捕と異なり、東大構内でたてこもった六百八十二人の青年たちのうち五百十四人には、不退去、公務執行妨害、凶器準備集合そして放火という数種の罪状がかぶせられており、彼らには遠い将来にわたる試練が待ち受けていた（注1）。

二月十日、東京地方検察庁は、東大安田講堂、神田・お茶の水事件で合計五百九人（うち女子七人、家裁送りは百十八人。注：表の数値とは一致しない）を起訴したと発表した。マスコミは以下のように報じている。

「この大量起訴は戦前戦後を通じ例のないものである。

東大、神田両事件で（二月）九、十の両日起訴された学生ら五百九人（うち東大関係は四百七十四人）の所属大学は八十二大学（うち一つは美術学校）で北海道から九州まで全国にわたっている。

大学別にみると、東大八十三人、広島大二十九人、早大二十三人、同志社大十八人、明大・法大各十六人、東北大・芝工大各十四人、京大十三人（中略）山形大の九人、九大の八人」

（『朝日』No.572、277頁）

「起訴された者の中で主なリーダー」の一覧をあげた同日の『朝日新聞』の記事では、各党派の代表五人と東大全共闘の代表三人をあげている。党派の代表の一名は東大生だったから、リーダーの比率でも所属は東大と他大学は半々だった。彼らの年齢は、今井澄東大全共闘元議長（故人）二十九歳を筆頭に、二十代半ばが多く、二十二歳（私もそうだった）がもっとも若かった。ちなみに山本義隆東大全共闘議長は、このとき二十七歳だった。

起訴された青年たちを大学別にみると東大生がもっとも多かったが、もともと自分の所属する大学での闘争の結末ということであれば当然でもあった。自分の一生と引きかえに責任をとった青年たちが、これほどいたということである。

しかし、流された噂は、東大生が安田講堂から逃げ出したというものだった。だが、そんなことはない。

「公安部の捜査取調べの結果わかったことだが、安田講堂で逮捕された、三百七十七名の学生の中には、東大生は二十名しかいなかった」（佐々、1993）

起訴された青年たちのうち統一公判を要求する者は、十人程度を一グループとするグループに分けられ、分割裁判を受けることになったが、それはたてこもった建物、出身大学、および党派で区分されていた。東大闘争弁護団は各グループに分けられて裁判を受けることになった被告人のグループ名と人数を記録している（東大闘争弁護団、1969）。

その記録によると、東大の学部学生は二グループ（安田19、20グループと呼ばれた）、今井澄守備隊長を含む青年医師連合と大学院グループも二グループ（安田17、18グループと呼ばれた）

表4　安田講堂など東大闘争関係事件で告訴された学生たちの東京地方裁判所によるグループ分けと公訴事実（いわゆる「罪名」）（控訴趣意書より〔統一公判を要求した被告のみ〕）

場所およびグループ数	被告人数	公訴事実
安田講堂関係1グループ	10	凶器準備集合
安田講堂関係21グループ	248	凶器準備集合、不退去、公務執行妨害
工学部列品館2グループ	19	凶器準備集合、不退去、公務執行妨害、放火
医学部総合中央館1グループ	13	凶器準備集合、不退去
法文2号館1グループ	13	不退去
法文3号館*7グループ	98	凶器準備集合、不退去、公務執行妨害
神田お茶の水事件（個別）	6	公訴事実は各人別々
本郷3丁目関係1グループ	17	公務執行妨害あるいは凶器準備集合
合　計	424	
秩父宮ラグビー場3グループ	38	凶器準備集合
総　計	462	

＊法学部研究室、通称「法研」

に分割されたが、この四グループの合計だけで五十四人であり、このほかに各党派として分類されたなかに数人の東大生がいた（注2）。

佐々は安田講堂ほかの東大構内で逮捕された東大生の合計は三十八人にすぎないとしているが、これは逆に医学部など他の構内の建物にも十八人以上の東大生がいたことを示している。

安田講堂では逮捕された者のうち八割が起訴されているが、東大生も同じ割合だったとすれば、安田講堂には八十人程度の東大生が、その他の建物を合わせると全体で百人前後の東大生がたてこもっていたことを示している。佐々の主張は明らかに事実から遠い。

起訴された六百六人のうち四百六十二人の青年たちは、東京地方裁判所が示した約十人を一グループに分けて裁判を行うという「分離裁判」に対して阻止を掲げ、全員を同じ法廷であつかうよう「統一公判」を要求して闘うことになる。

注1：逮捕、勾留、起訴、拘置という段階を経て、逮捕された青年たちは裁判に臨むことになる。一般にはあまり知られていない経過なので、少しだけ説明したい。

安田講堂にたてこもっていた青年たちは、機動隊員に逮捕されたが、警察側ではこれを検挙と呼ぶ。逮捕されると、手錠をかけられて警察署に連行され写真を撮られて、両手全部の指紋を取られる。これで検挙者（容疑者）のできあがりである。続いて警察官による取り調べがあり、終わると警察内にある留置場に入れられる。

逮捕された時点で弁護士を頼むことができる。弁護士を通して外への連絡ができるのだから、救援対策本部の電話番号と弁護士の名前はしっかり覚えておかなくてはならない。

警察の取り調べで検察送りが決まれば送検者として記録に残り、この段階で新聞などの報道関係者は、逮捕者数、送検者数を知ることができる。

検察官は取り調べの後、裁判官へ勾留手続きをとる。勾留が認められない場合は、留置場の三泊四日で釈放される。しかし、安田講堂事件の場合は九十五パーセントが勾留された（安田講堂で逮捕されても勾留さえされなかった約二十人とは、何者だ?)。これで最低三週間は、留置場暮らしを覚悟しなくてはならない。留置場は鉄格子、板間で、むろん二十四時間監視の警官がいる。布団などないから数枚の毛布だけで寒さを防いで眠る方法を、同房の泥棒氏などから教わるわけである。

勾留された理由を明らかにしろという裁判を要求することができる(勾留理由開示裁判請求)ので、地方裁判所へ出かけることはできる。むろん、警察の車で手錠つきだから、快適とはいいがたい。鉄格子の入った車から見る外界は、それまで見ていた世界とはまったく違っていることに、誰しも驚くだろう。

この公判では理由が簡単に言い渡されるだけである。むろん、勾留は続き、刑事、検事との戦いが続く。暖房のまったくない留置場での、他の同房者との同居が続く。勾留期限が切れる前に、起訴が決まる。決まらなければ、釈放である。

ここで起訴が決まると、さらに長期に勾留される。これを拘置といい、ここから被告人となる。

被告人は裁判所による保釈条件が決定されて、その条件を満たし、保釈金を払わなければ拘置所から出ることはできない。この間に裁判が始まれば、裁判所へは拘置所から通うことになる。

注2:安田14グループには四人の東大生がいた。また、8、11グループにも東大の大学院メンバーがいたらしいが、人数を明らかにできなかった。

裁判闘争へ

三月六日、東大闘争弁護団は東大構内などで逮捕され起訴された三百七十五人について、併合審理を申し入れた。東大闘争裁判では裁判所で検察側と争うだけでなく、裁判官とも争って出廷拒否をするという前代未聞の闘争となった。このために弁護士までが懲戒処分を受けるに至った。弁護士まで闘ったのである。

「裁判所で拘束されて、そのまま東京拘置所で三泊四日ということが続いたよ」と山根二郎弁護士は語った。

逮捕され投獄されてもめげない学生たちは、被告団を作り、統一裁判を要求して拘置所や中野刑務所で闘いを続けた。自分たちの統一公判要求だけではなく、ヴェトナム反戦のためにも保釈拒否やハンストで闘い、長期間のハンストのために、なかには医師から強制的に点滴を打たれてようやく命をとりとめる者も出た。被告たちにとっては、本なし、運動なしの懲罰房行きは当たり前のものとなった。だが、その経過はここでは語りきれない。

さらに、全共闘は裁判所が保釈を許可しても、それを拒否するという闘争を独房のなかの青年たちに指令した。独房のなかで何ヵ月もすごしながら、わざわざ保釈を拒否することを闘争と名づけるあたりは、当時の青年にしかできないことである。

保釈拒否闘争を被告人に伝える役の救援対策本部のメンバーたちこそ、つらいものがあっただろう。獄内の青年たちは一様に声を荒げた。

「何だって？　保釈拒否闘争だって！　保釈金がないのか？」

「いや、そういうことではなく、裁判所の分離裁判に対し、統一公判要求を掲げて闘うということで」

「本気か？」

「そういう全共闘の決定なんだよ」

「まったく！」

こうして、ある青年などは拘置所での独房内滞在が、十ヵ月になった。もっとも、そのおかげで実刑二年を宣告されても、残りの刑務所生活は一年二ヵ月で終わったということもある。しかし、これを「おかげで」と言っていいものかどうか。

東京地方裁判所での裁判は、十数人ずつのグループに分けられて一九六九年五月二十七日に始まり、第一審判決は同年十一月二十八日から一九七〇年十一月二十六日の間に出された。被告の青年たちは統一公判を要求して出廷を拒否し、被告人欠席のまま二百四十七人の判決が行われた。東京地方裁判所始まって以来の異常事態だった。

手元にある資料は欠席判決のものだけだが、安田講堂では懲役二年六ヵ月が二人、二年四ヵ月一人、二年五人と続き、一年六ヵ月がもっとも多く二十八人で、実刑でもっとも短いものは一年四ヵ月だった。このうち、東大生で執行猶予がつかず、一審で懲役刑を宣告されたのは、懲役二年六ヵ月一人、二年一人、一年十ヵ月二人、一年八ヵ月二人、一年六ヵ月一人、一年四カ月一人の合計八人だった（東大生での懲役刑の最高は、二年十ヵ月）。

これらの青年たちは、人生の相当な部分を裁判闘争に費やすことになった。しかし、それも考えようである。懲役刑は、日本社会の犯罪者たちのただなかへ青年たちを叩きこむことになったが、そこで得たものもまた大きかった。彼らは少なくとも、普通では決して見ることさえない人間社会の極北での生活を経験することになり、そのなかで青年たちは鍛えられ、自分たちの道を見いだして行くことになった。鉄格子の向こうに青空と愛する人の幻影を見ながら。

その十　一九六九年、そして今

一九六九年三月十二日、東京にふたたびコブシの花の季節がめぐってきた日に、春の大雪が降った。その日、秋田明大は匿《かくま》われていた家の玄関が激しく叩かれる音を聞いた。一月二十六日の日大理工学部強制捜査に続いて、二月二日の法学部、経済学部、工学部での機動隊によるバリケード解除のために、日大全共闘には拠点がなくなり、秋田は知人を頼って逃げていた。家人が戸口の警官に応対する間に二階にあがって下を見ると、すでに多数の私服警官がその家を取り囲んでいたという。彼はためらわず雪に埋もれた庭に飛び降り、捕まるまで靴下裸足《はだし》で雪のなかを走った。「全力で走ったのだ」と、彼は言う。

秋田明大は鉄格子のなかで日大闘争について、こう書いた。

「この一年間の闘いは、私の思想を燃焼させたが、その中から得られた教訓は、現実的に何もないのではないかと前に書いた。そして何かがあるはずだとも書いた。それはあまりに現実になしえた事が偉大であったから」（秋田、1969）

歴史の評価

日大闘争の偉大さは、今なお歴史によって評価されていない。しかし、ここでは、歴史を評価するひとつの見方を紹介したい。作家長部《おさべ》日出雄《ひでお》は六〇年安保闘争について、独自の視点を語っている。

それは再軍備へと向かう流れをせきとめ、「その後に安保条約のいう『極東』の範囲内で起こったベトナム戦争に、わが国がより直接的に介入するのを防ぎとめたのではないか」（長部、1996）と。

歴史には事実だけが集積されるから、実現しなかったことはなかったことになるのだが、歴史について実現されなかったことを評価するこのような見方があってもいい。

私たちは歴史の最中にいる。その全貌《ぜんぼう》はいつも見えない。しかし、何かを感じている。青年たちは、それを感じながら成長していく。秋田明大が雪のなかを走っていたとき、安田講堂で捕まった学生たちは拘置所のなかで凍えながら孤独な日々に耐えていた。彼らにもその成長の一歩が刻まれていた。それが歴史的な成功にはまったく結びつきもせず、彼ら個人の栄達にもまったく関係なかったが、彼らは個人と歴史の結節点を見たのだった。それは、長い抑圧の期間を経て、それが何だったのかがようやく分かるほどの「巨大な」なにものかであった。それは、秋田明大が獄中で感じた「偉大な」なにものかであり、確かに彼が予感したとおりだったのである。

それをまったく逆方向から、しかし同じ予感に震えて見ていた男がいた。それが三島由紀夫の安田講堂攻防二日目の発言であり、一九六九年五月の東大駒場での「全共闘との対話集会」で、「天皇と諸君が一言言ってくれれば、私は喜んで諸君と手をつなぐのに」（三島・東大全共闘、2000）と語った意味であり、この集会のあと六月十六日に書きのこした文章である。

「東大問題は、戦後二十年の日本知識人の虚栄に充ちたふしだらで怠惰な精神に、結着をつけた出来事だ、といふのが私の考へである」（三島、1996）

三島由紀夫は曲々《まがまが》しい暗黒が迫るなかでの、栄光に満ちた死を求めていた。しかし、栄光は彼がその著作のなかで繰り返して夢想したような「ある日、天が開いて天使のラッパとともに輝く光の帯が」降りてくるというようなものではない。栄光は、この日常のただなかにある。彼が気がついたときには、その時はすでに通りすぎていたのだった。しかし、当時の大人のなかではひとり三島由紀夫だけが、青年たちの叛乱というこのただ今進行する歴史に切りこもうとして、七転八倒したことは忘れることができない。

三島の言う「人間性の恐しさ」を知らない青年たちが「正義」を口にしてくりひろげた暴力闘争は、自分たちの間の異なるグループに向けられたとき、その「正義」を自ら失うことになった。「内ゲバ」と呼ばれた青年同士の暴力的衝突は、彼らの主張が主観としてはどうであれ、日本の社会では受け入れられないものにした。

だが、それでもなお、このとき青年たちが命がけで主張したことには歴史に刻まれるべき意味があった。それは、世界史に対しては戦争に反対することの重要さであり、日本の社会と文化についてはその教育の根本からの間違いについての指摘だった。日本の教育の間違いとは、「つめこみ」とか「ゆとり」とか「学力の低下」とか、そういう問題ではない。それらは所詮、教育の一面を語るにすぎない。

日本の教育は根底から間違っている

近代日本の教育過程では「人間性の尊厳」、あるいは三島の言を借りれば「人間性の恐しさ」についての教育が、一貫してまったく無視されてきた。そこでは、私たち人間の善も悪もまるごと教える、あるいはまるごと体験する学習体系が欠けていた。そのために、個々人がその精神の成長過程の間に世界観を作り上げる作業を行う手がかりさえ失っていた。日本の教育は、ただのクイズとその回答集になり下がっていた。

「重要なのは頭の問題ではなくて、要領の問題である。そうでなくて、人間が数学と物理と国語と英語と生物と図画工作と音楽の点が、そろってよくなるわけはないではないか。要領で東大に入った私が言うのだからまちがいはない」（小中、1969）

私も小中陽太郎の言に完全に同意する。東大に入るためには、頭のよさも才能も学問への情熱も知識に対する渇望も、まったく必要ない。決められたクイズへの回答を手際よく処理する要領をつかんでいるかどうか、ただこれだけである。そのとき、質問者のレベルを、「どうせ、こんな程度の回答を要求しているだけだ」と見くびっていなければならない。クイズへの回答ごときが、学問への深い理解を要求しているはずがないからである。

もっとも同じ問題も、見る者によって色が変わる。評論家大宅壮一《おおやそういち》は言う。

「たいていの家庭では教育マダムを中心に、幼稚園時代から受験体制を整えて、家ぐるみで大学へ大学へと子供を追いたてる。だから、子供たちはいっさいの欲望を押えられて、受験用のロボット人間に育てあげられる。（中略）結局、それらの人間が大学に入ったトタン、やれやれといった気持になって奪い去られた青春をとりもどそうとする。大学に入ること自体が目的であったのだから、学問などというものはどうでもよい」（大宅、1969）

評論家にかかると、教育の問題はごく矮小化《わいしょうか》され、また実に分かりやすくなる。「すべては『教育ママ』の責任である」と。戦後日本文化を代表するのは「評論家」と「タレント」の横行だが、それはクイズ文化の落とし子であり、学問の深みにはまらないように、上っ面だけをなぞって自分の責任とは無関係にあらゆることに回答する要領のよい頭の見本である。

しかし、これもまたここでは語りつくすことはできない。一例だけあげることにしよう。日本以外の多くの国では、宗教教育がある。キリスト教、ユダヤ教の「聖書」ひとつを取ってみれば分かるが、これは恐ろしい書物であり、教えである。だが、そこには人間についてのまっとうな理解の、ひとつの基礎がある。しかし、あえて「すべての国」とは言わないでおこう。アジア人にはまた別の道がある。

明治維新以前の日本の教育には、素読《そどく》があった。これによって子供たちは、まだ文字さえよく分からないうちに当時最高と考えられた思想に直接に触れることになった。それは、人間性を涵養《かんよう》するほとんど唯一の方法だった（注）。だが、これらを明治維新以降の日本教育は失ってしまった。

第二次世界大戦での日本の敗戦は、戦後占領政策の下での高等教育の崩壊によって決定的になった。日本の大学は最悪の遊び場となった。ＧＨＱ（連合国最高司令官総司令部）による占領政策を背景に日本人が戦後の大学に作ってしまったのは、戦前から続けられた日本の植民地化への欧米崇拝型の奴隷教育の極限でもあった。

毎日新聞論説委員の村松喬《たかし》が、安田講堂攻防戦直後に書いた文章がある。

「東大の再建について、だれが、どれだけ考えても、有効だと思われる手段が何一つ発見できないのは、腐乱した屍《かばね》に対して蘇生《そせい》の方法がないのと同じなのではないか。その生物は、現代に適合できず、すでに死滅したのではなかったのか。ただそれがあまりにも過去において鬱然《うつぜん》として巨大であったために、生命を失っていることを確認し得ないできたのではなかったか。それが東大の『現実』なのではないか」（村松、1969）

「腐乱した屍」と言う形容にふさわしいものこそ、日本の高等教育だった。そのことを当時の青年たちは、肌に感じたのだ。彼らは中学、高校、予備校時代の「受験戦争」を経たあげくに大学での「マスプロ教育」に出あう。それは、明治維新以降の日本の教育の腐敗部分を戦後占領教育によって拡大したものを、青年の数の増加と営利主義によってさらに拡大鏡にかけてみせつけたものにほかならなかった。それはすでに死にかけていたものであり、当時はほとんど死体になっていたものだった。戦後のベビーブームだけが教育の矛盾を引き起こしたのではない。

重要なことは、それはまた、そこに滞在するものたちを腐らせてしまわずにはおかないシステムだった。そのことこそが、東大闘争のなかで東大教授たちが示した、三島が言うところの「虚栄に充ちたふしだらで怠惰な精神」を説明するものであり、卒業と就職へ雪崩《なだれ》をうってころげこむ東大生の堕弱な精神を説明するものであり、その程度の精神の持ち主をその社会の指導者（かつての軍の参謀たち、労働運動指導者たち、高級官僚たち）としなくてはならない戦前を含む現代日本の不幸を説明するものである。

その「虚栄に充ちたふしだらで怠惰な精神」を文章で示して見せたのが、「七学部代表団」による「十項目の確認」と加藤代行によるその「解説」である。

注：「ほとんど唯一の方法」とここで言うのは、文字からの教育方法としては、というほどの意味である。自然のなかでの遊びから学ぶこと、実際の労働から学ぶこと、子供同士の遊びから学ぶこと、身体を動かす技術から学ぶこと、そして「風土と社会のなかで子供たちが口から、鼻から、目から、耳から、皮膚から受けとる栄養」と美の守護者河井寛次郎が呼んだものの一切が、教育に不可欠だからである。

「十項目確認」の茶番

一九六九年一月十日に、秩父宮ラグビー場で「七学部代表団」と加藤代行が機動隊に守られてとり交わした「十項目の確認」について、二ヵ月後の三月九日に加藤代行自身が出した「解説書」がある（加藤、1969）。

青医連運動の扱いはどうなったか？「確認書」ではこうなっている。

「大学当局は、青医連を正規の交渉団体として公認する。その詳細については医教授会と医学生・研修医が今後検討するものとする」

改めて読んでみて驚くが、こんな正規文書はない。「青医連」という団体はない。それは通称にすぎない。正規の確認書をこんな通称ですませたのが、「代表団」のレベルだった。加藤代行は「解説」では、法律家として簡単にその不備をついてそっくりかえる。

「ここでいう青医連とは、その東大内の組織をいう。ただ、青医連にはいくつかの組織ができているので、ここでいう青医連が従前からの青医連を固有名詞として指すか、それとも青年医師の連合組織を普通名詞として指すかが、問題になりうる。青医連を名乗る組織が複数できている現状では、これを普通名詞と解するほかはないと思われるが、できれば将来、青医連の組織が統一されることが望ましいといえよう」（加藤、同上）

加藤代行の言い方は、つまり大日本帝国大本営参謀以来の同じ日本型秀才の論理構造である。

現実にはありえない解決方法を提案し、合意する。しかし、現実をみれば、それが矛盾であることは分かりきったことである。だが、その矛盾はそれを受け入れた代行側にはなく、そっちの問題なんだと指摘して、自分のほうはまったく傷つかずにそりかえることができるのである。

「矢内原《やないはら》三原則」（注）は「確認書」ではこうなっている。

「学生・院生の自治活動の自由について（その1）大学当局は『矢内原三原則』を廃止する方向で停止する」

加藤代行による「解説」は以下のとおり。

「これに対しては、学生のストライキ権を認めたものという理解のしかたもあるようである。しかし、ストライキ権という用語も不明確であり、ストライキをしてもただちに処分の対象とならないという消極的な意味でストライキを認めるのかどうか、学生の多数の意思に基づいてストライキ決議がなされた場合に、それが学生を拘束すると考えて大学側が講義を停止するのかどうか、というように、ことがら別に具体的に検討しなければならない問題が含まれている。したがって、これで、ストライキが認められたかどうかを抽象的に論議することは、あまり意味がないといってよい」（加藤、前掲）

かくて、学生のストライキ権など「あまり意味がない」ことになった。

この「解説」が公刊される三カ月たらず前の東大闘争の全盛期には、加藤代行はストライキについてこう言っていた。

「（ストライキは）みずからの不利益を覚悟した上での学生の抗議形態として、処分の対象にはしないという考え方も十分検討に値しよう」（六八年十二月二日）、「いわゆる矢内原三原則についてはこれを停止した上で、学生の抗議形態としてのストライキに関する基本的な考え方を、諸君とともに明確にしていきたい」（六八年十二月二十六日）。

闘争終結までは、甘言で騙しましょう。漠然とした言葉で騙せるかぎりは、それでいい。「しかし、闘争が終結したからには、甘言の中身をはっきりしてやろう。それが教育的というものだ」と、加藤代行は「解説」して宣言する。しかし、この程度の総長代行の詭弁《きべん》を許す文案をそのまま呑みこんだ、のちに文部大臣にもなる経済学部の町村「代表団」議長らに、責任はないのだろうか？

薬学部はこの確認書に加わっていなかったが、二月一日に追加署名した。しかし、二月十五日の学生大会でその署名取り消し決定が行われた。薬学部の学生たちは、なお健全な判断力を保っていた。

注：「矢内原三原則」を加藤代行は、こう説明している。

「いわゆる矢内原三原則はストライキを大学の本質に反するものとして、すべて違法とし、ストライキの提案や、それを議題として取上げることはただちに処分の対象になるものと考えていた」

「原則」が「考えていた」という文章は異常である。いったい法学部教授というものは、物を考えたことがあるのか。

決算はまだ出ない

一九六八年と六九年の決算はまだ出ない。そのわずかな概観は、この年の青年たちの逮捕者数に見ることができる。六八年には、反戦闘争で逮捕された者四千六百二十七人、大学闘争で逮捕された者千五十人、合計五千六百七十七人に達した（六〇年安保闘争時の一年間の逮捕者数合計三百二十五人。三一書房編集部編、1970）。

青年たちの逮捕者数は分かっているが、私たちは今なお、そこでの死者と負傷者の総数を把握していない。一月十八・十九日の闘いでは、失明一人、重傷者七十六人だったが、日大闘争では失明二人、半身不随六人、重傷者五百二十三人、負傷者六千余人にも達した（日大全共闘救援対策本部、六九年二月一日付の『合同救援ニュース』。注1）。負傷者の多さは、日大生への右翼、体育会、そして警察機動隊の攻撃がどれほどすさまじかったかを語っている。また、日大では逮捕者六百三十五人、起訴者二十九人（勾留中三十六人）に達し、いかに警察が日大生を無差別に逮捕したかを物語っている。

東大での内ゲバによる負傷者や重傷者の数は発表されていないが、それが同世代の若者へ与えた影響は、地獄での経験に等しいものだった。今なお頸椎《けいつい》損傷の後遺症にうめく者があり、内ゲバの恐怖に冷や汗をかく者も、そして決して解くことのできない問題にぶつかって自らの生を縮める者も、かつてあり、三十七年の後の今もある。

安田講堂で逮捕された青年たちは、獄中で壁を伝ってもれてくる情報に耳を澄ませるしかなかったが、六九年の闘争は六八年よりもさらにきびしいものだった。それは、獄中に届けられる新聞やビラが真っ黒に塗りつぶされていることで、また拘置所での定時のラジオニュースが突然中断されることでも分かった。

安田講堂攻防戦の直後、一月三十一日には京大教養部、大阪大教養学部が無期限ストライキに入った。六八年には紛争校百二十校、占拠三十九校だったが、六九年には「国立大学七十五校中六十八校、公立大学三十四校中十八校、私立大学二百七十九校中七十九校、じつに全国大学の四三パーセントがストライキに入った」(猪瀬、1995)。六九年の全国の大学闘争は前年をはるかに上まわるもので、その規模において最大のときを迎えた。安田講堂の攻防戦は、ただそれだけで終わったのではなかった。

六月三十日、日本共産党系学生の西の拠点だった京大では、その教養部代議員大会を全共闘側が攻撃して解散に追いこみ、半年前の東大教養学部代議員大会の仇を討った。

入試さえなくなって新入生を迎えることができなくなった東大と対照的に、日大は空前のブームに沸いた(注2)。何よりも、日大生が東大生と肩を並べ、またそれを率いて同じ戦場に立った姿は、日大の社会的ステータスを押し上げることに圧倒的な影響を持った。このときすでに、日大は「ぽん大」でも「三流大学」でもなかった。

しかし、それが日大闘争のほんとうの意味では、もちろんない。この年の大学闘争は、教育のもっとも根本にかかわる問題を、秋田明大の言うところの「偉大な」なにものかを引き出していた。同時に、政府の攻撃と青年たちの反撃も前年を上まわった。

八月十七日、大学管理のための「臨時措置法」を施行させた日本政府は、極限に達しようとする青年の運動を消し去る体制を整備していた。九月五日、日比谷野外音楽堂に百七十八大学の全共闘を組織した青年たち三万人をあつめて「全国全共闘連合」が結成され、山本義隆がその議長に、秋田明大が副議長に選出された。このとき、赤軍派がはじめて大衆の前に姿を現し、この月、内ゲバではじめての死者がでた。

「臨時措置法」を最大限利用した警察力によって、九月二十二日には京大時計塔封鎖解除、十月には大阪大、九大の封鎖解除、早大の封鎖解除とロックアウトと、つぎつぎに全国大学のバリケードが解除され、学生の闘争拠点が制圧されていった。こうして、大学闘争は一気に沈静化する。この沈静化を学生の勇気が欠けたためだと見るのは、間違いである。日大をはじめとして各大学では、これまで以上の弾圧体制が敷かれ、それを警察が強力に補完していた。もう一度、暗黒への回帰が、そこにはあった。それは日本全体に及んだ。今なお。

「暗黒とは一口にいってあたり前のことが通らない世界といってよいでしょう。間違って処分したのだから取消せという、全くあたり前の要求に対する東大当局の態度を思い浮べて下さい。日大数学科事件で、われわれは教官をふやさずに学科を増設することは教育上好ましくないというあたり前のことをいっただけなのです。日大での血みどろの三年間になぐられたり片輪にされたりした人たちの、だれがあたり前でない要求を出したのでしょうか。ベトナム人の要求したことも同様です。（中略）

数学科事件であの日大の暗黒に指一本ふれることもできなかった（中略）私にとって日大全共闘は何と雄々しく、美しく、高貴なものであったことでしょう」（倉田、1969）

ヴェトナム戦争が極大になったこの年は、反戦闘争も極限に達した。十月二十一日の「国際反戦デー」には、騒乱罪が適用された前年を上回る規模で青年たちが街頭に出たが、三万二千人の警官を動員して一千五百五人を逮捕するという空前の弾圧によって、日本政府は治安の維持に成功した。

一九六九年全体では、反戦闘争で逮捕された者五千三百二十三人、大学闘争で逮捕された者四千五百三十九人、合計九千八百六十二人に達し、青年たちの受けた傷は小さいものではなかった。こうして、青年たちは絶頂から奈落《ならく》へ転倒した。だが、日本の青年たちのヴェトナム反戦闘争と大学闘争が、世界の歴史にある役割を果たしたことは否めない。敗北は戦《いくさ》の常である。功績の秤量《ひょうりょう》は、後世にゆだねられる。

注1：日大闘争での逮捕者九百九十七人、起訴六十八人、勾留中二十七人、重傷者七百十三人（うち失明三人）、軽傷者六千二百九十六人（数字はいずれも延べ数、一九六九年五月二十日現在、日大闘争救援会調べ、『朝日ジャーナル』一九六九年六月一日）。この数字は、一九六九年に入っ

てからも、日大全共闘の逮捕者、負傷者は増加しつづけたことを示している。

注2：一九六九年の日大の募集人員数に対する受験者数を示す競争倍率は、ほとんどの各学部、各学科で前年六八年の倍率から増加した。

法学部三・一から四・二倍、文理学部二・三から三・二倍、経済学部三・三から五・四倍、商学部二・四から四・〇倍、芸術学部三・二から四・七倍、工学部四・一から五・〇倍、生産工学部二・四から三・一倍、農獣医学部一・七から二・一倍。もっとも、医学部では十八・七から十七・三倍にさがり、歯学部（五・八倍）では変わらなかった（大学進学研究会、1969）。

アメリカはなぜヴェトナム戦争に負けたのか？

ヴェトナム戦争ではアメリカ軍はほんの片手の指先で戦っただけで、決して全力を出したうえで負けたのではないとよく言われる。

「自分たちは片手を後ろ手に縛られ、片目を覆われて、ポケットに半分しか弾薬を与えられずに出撃させられていたようなものだと、ある米軍パイロットは述べている。実際に北爆には多くの制約が課せられていた」（松岡、2001）と、歴史家の立場から証言するものさえいる。

「アメリカ軍が核の使用を封じられ、不利な限定戦争を行わなくてはならな」（村松剛、1968）かったと平気で語る評論家もいる。

しかし、歴史を印象で語ってはならない。このような歴史家たちへは、次の事実について説明を求めなくてはならない。一九六六年にアメリカ政府が大学生の徴兵猶予を停止したのは、なぜか？　アメリカ軍の南ヴェトナム派遣軍の規模とその死傷者数の規模は片手間なのか？

アメリカ合衆国陸軍は機甲師団以外の正面部隊の兵力を一九六一年から七三年の間に合計四百三十七万人もヴェトナムに送った。六八・六九年には年間四十万～五十万人をヴェトナム戦線に投入した。六八年当時アメリカ海軍の航空母艦の総数は二十三隻だったが、六四年から七三年にかけてヴェトナムに投入された空母は十七隻に達した。アメリカ空軍もまた、そのすべての戦闘用航空機の七割以上をヴェトナム戦線につぎ込んだ。

アメリカ海兵隊は三個海兵師団、三個航空軍、二個水陸両用軍（約二十六万人）のうち、二個海兵師団と航空軍のすべて、および一個水陸両用軍を南ヴェトナム北部に派兵し、ダナン、ケサン、フーバイ、フエ、クアンチの戦闘に投入した。アメリカ沿岸警備隊さえも六五年五月から二十四隻のパトロールボートを送り、海軍の指揮下で戦闘を続けていた（三野他、1996）。六八年には一度退役した戦艦ミズーリを改装して投入したが、これは北ヴェトナムを爆撃するパイロットの損失が多くなりすぎたためだった。

一九六九年末には、南ヴェトナムに四十七万五千人のアメリカ軍がいた（二〇〇四年のイラク駐留軍十四万人）。アメリカ軍と協力する南ヴェトナム政府軍は、陸軍だけで十一個師団、空挺一個師団、歩兵百二十四個大隊、機甲・騎兵百二十四個大隊、レンジャー五十五個大隊などを擁し、陸海空軍および海兵隊の正規軍三十八万、地方軍四十八万、民兵二十万であり、総兵力百二十万人とも呼号された巨大軍隊だった（二〇〇四年の日本国陸上自衛隊十六万人）。これだけではない。これに同盟軍の韓国軍五万人、タイ国軍一万一千六百人、オーストラリア軍六千人、フィリピン軍二千人、ニュージーランド軍五百人が加わっていた。

アメリカ軍がヴェトナム戦争で使った砲爆弾の量は、一九六五年から七三年までの間に、戦略爆撃機B52による二百万トンの爆弾などアメリカ空軍が落とした爆弾七百万トンを含めて一千四百二十六万五千トン（一千六百万トンとも）に達した。その三分の一以上は六八・六九年の二年間で費消された。アメリカ軍が第二次世界大戦にヨーロッパ、アフリカ、アジア太平洋の全戦線で投下した爆弾量は二百三十万トンとされる（フェン、1974）。その六倍以上の砲爆弾が、このアジアの一画に叩きこまれたのである。

一九六八年五月十三日、アメリカは枯葉作戦の強化を宣言し、空から撒《ま》きちらす「化学薬品」を前年度より二十五パーセント増しの一万トンと決定した。この「化学薬品」と呼ばれた毒薬はよく知られているように、ダイオキシンなどの猛毒物質を含むもので、ヴェトナムの人々を直接殺すだけではあき足らず、その将来の世代に奇形児をもたらす「悪魔の兵器」だった。

一九六八年のアメリカ軍の死者は、一万四千五百九十四人に達した。これは、ヴェトナム戦争を通して年間最大の死者数だった。その死者のなかには、乗ったヘリコプターを撃墜されて死んだアメリカ第一歩兵師団長ウェア少将も含まれていた（九月十二日。注1）。

第一歩兵師団は一九七〇年四月にヴェトナムから撤退したが、その期間中に戦死者三千百四十六人、負傷者一万八千十九人を出した。しかし、この損耗率はアメリカが派遣した師団中最大だったわけではない。第一師団の損耗率は、第二五歩兵師団、第九歩兵師団についで第三位であり、もっとも損耗率の高かった第二五歩兵師団は、一九六五年三月から七〇年十二月の間に戦死者四千五百四十七人、負傷者三万千百六十一人を出した。師団とは一万数千人の兵士からなり、独立して行動する軍隊組織としては最大のまとまりである。つまり第一歩兵師団は一回以上壊滅し、第二五歩兵師団は二回以上壊滅したということである。しかも、それだけではない。

アメリカはこれらの陸軍歩兵師団のほかに、第一騎兵師団と第一〇一空挺師団をヴェトナム戦争に派遣して有名なヘリコプター作戦を行っているが、これらの部隊の損害は今なお公表されていない。公表されない理由は、その損害の大きさのためである。

一九六九年のアメリカ軍の戦死者数は九千四十人であり、ヴェトナム戦争全期間でのアメリカ軍の戦死者総数は四万六千百六十六人に達した。アメリカ軍の死傷者合計は二十一万一千五人に達し、朝鮮戦争での十五万七千五百三十人を越えた（三野他、同上）。

戦闘の苛烈《かれつ》さへの恐怖のために、アメリカ軍では脱走は当たり前になっていた。一九六七年から七一年の間の脱走者（一ヵ月以上無断で離隊）は三十五万人以上、一ヵ月以内の無断欠勤は一年あたり二十万人以上、不名誉除隊者は五十六万人だった（松岡、同上）。無断欠勤とか無断離隊は、それが一カ月以上とか一カ月以内とかの区分にかかわらず、軍隊としてはとうてい考えられない規律状態であり、アメリカ軍は内部から崩壊を始めていた。

これだけの数の軍隊を擁し、最新兵器と空前の量の爆弾を使っても、アメリカ軍には勝利の展望がなかった。この年のアメリカ政府指導者たちと現地派遣軍は、迫りくる破滅に恐怖していたと言ってよい。

ヴェトナム戦争の実態は、ヴェトナム国民に対するアメリカ合衆国と同盟軍による全力をあげた戦争だった。だからこそ、一九六八年というヴェトナムでの戦闘がもっとも激化したときには、あらゆる反対を押し切って日本を後方基地化し（弾薬輸送や野戦病院の拡大など）、沖縄を戦略爆撃機B52の発進基地にしなくてはならなかったのである。そして、この戦争にヴェトナム国民はついに勝ちぬいたのである（注2）。このとき、日本の青年たちのささやかな、しかし流血の反戦闘争が、何の役にも立たなかったというわけではないだろう。

一九六八年二月というヴェトナム戦争のもっとも厳しい局面にあって辞任したマクナマラ国防長官は、ヴェトナムで敗北した言い訳をその著書で行っているが、そこには少なくとも北爆が制限されていたからという理由はあげていない。

マクナマラによれば、アメリカがヴェトナムで犯した大失敗の主要な理由十一項目の第三点は、以下である。

「(3) われわれは、自分たちの信念と価値観のためには、戦って死ぬほど人々を鼓舞するナショナリズムの力を過小評価し、今日でも世界の多くの場所で引き続きそうしています」

第九点は、以下である。

「(9) アメリカ自身の安全に対する直接の脅威に反撃する場合を除いて、アメリカの軍事行動は、国際社会が十分に（単に形式的にではなく）支持する多国籍軍と合同で実施するという原則を、アメリカは守りませんでした」（マクナマラ、仲訳、1997）

これらの理由は、アフガニスタンでの戦争とそれに続くイラクでのアメリカの戦争の将来を占うものだ。

注1：アメリカ合衆国陸軍第一歩兵師団は「ビッグ・レッド・ワン」の愛称を持ち、一九一七年にアメリカ陸軍が創設した初の恒久師団であり、その歴史はアメリカ陸軍の歴史そのものである。第二次世界大戦では、地中海とヨーロッパ戦線で常に上陸作戦の第一陣であり、ノルマンディー上陸作戦の先陣を切ったことでよく知られている。戦後はドイツに駐留して、ソ連を盟主とする社会主義国ワルシャワ条約軍と正面で対峙する部隊となっていた。その第一歩兵師団がヴェトナムに派遣された一九六五年十月は、アメリカの正面戦線がヴェトナムに移った瞬間である。二〇〇四年十二月、第一歩兵師団はイラクへ行った。

注2：同時に、フランスの再植民地化に対して戦ったベトミンと呼ばれたヴェトナム人は、フランス軍の小指の先でしかない弱小派遣部隊を敗北させたのではないことも、はっきり知っておく必要がある。第二次世界大戦での日本軍の降伏のあと、フランス軍は一九四六年九月協定で認め

られた二万人の軍隊を、一九四九年には十五万人に拡大していたが、これはフランス全陸軍の約三分の一にあたるものだった。しかも、フランスの軍事予算の半分がインドシナにつぎ込まれていた（フェン、同上）。アメリカ軍からの軍事物資の補給も得て、これらのフランス軍は十分に武装した強力な軍隊だったのである。しかし、正面からの戦争を行って、フランス軍は完璧にヴェトナム軍に敗北した。

「三世紀にわたる植民地主義の歴史においてはじめて、アジアの軍隊が正面きってのたたかいで西欧の征服者を打ち破ったのである」（フェン、前掲）

アメリカ軍は必ず敗北する

一九七五年三月二十九日、アメリカ軍のダナン基地が陥落し、四月二十六日から北ヴェトナム軍と南ヴェトナム民族解放戦線によるサイゴン総攻撃が始まった。四月三十日、アメリカ軍の最後の部隊は、韓国代理大使以下数十人の韓国人に催涙ガス弾を浴びせて置き去りにし、アメリカ大使館から八十一機のヘリコプターで最終の撤収作戦を行った（注）。この日、サイゴン政府は降伏した。一九六八年一月の佐世保闘争を闘い、「テト攻勢」を実感した青年たちにとっては、この劇的なサイゴン政府の壊滅とアメリカ大使館からの最後の撤退は、目の前の世界史だった。

こうして、南ヴェトナムの民間人約四十三万人、解放戦線と北ヴェトナム軍九十四万一千人、南ヴェトナム軍二十五万四千二百五十七人、アメリカ軍五万八千二人、アメリカの同盟軍五千二百二十一人（大半は韓国軍）の犠牲の果てに、ヴェトナム戦争は終結した。だが、それは一九六九年からは、はての見えない遠い未来のことだった。

世界最強の軍隊を持つアメリカ合衆国は、当時世界第三の軍事国家となっていた南ヴェトナム政府を組織しながら、さらにはアメリカ軍と同程度の損耗率である五千人以上の死者を出した韓国軍五万人（年間）などの同盟軍を擁しながら、なぜヴェトナム戦争に負けたのか？　その理由は、今では明らかである。

そこに住んで生活している人間たちが、独立と自由のためにアメリカ軍の駐留に対してその命と引き換えにしても反対するかぎり、アメリカ軍に勝利はない。圧倒的な軍事力は、一時はその住民を屈服させるだろう。しかし、アメリカ軍はそこで生活する人々ではない。いつかはそこを去ってゆく。そこに住んで子々孫々生きつづける者たちが、その国を作る。そこにアメリカ軍が征服者として残るとしても、歴史はそれをいつの日にか、吹き飛ばしてしまう。たとえ、それがヴェトナムと同じように二十年かかるとしても、占領が半世紀にわたり、また世紀をまたがるとしても、そこに住む人間たちに根づかない軍隊はついには敗北する。人間の歴史二十万年の前では「偏《ひとえ》に風の前の塵《ちり》に同じ」。

アメリカ軍内の人種問題は、ヴェトナム戦争の大きな問題のひとつだったが、それはイラク戦争に至っても変わることなく、徴兵制から志願制に変えたことで、むしろ顕在化している。

りしている。

イラク戦争は現在進行中なので、その内容を知ることができないが、湾岸戦争では実にはっき

「一九六五〜六六年、全人口の一一％でしかない黒人が入隊者の一三％、戦闘部隊の二〇％、戦死者の二三％」「湾岸戦争の時点で、黒人兵士の割合は二七％（陸軍三〇％、海軍二一％、海兵隊一七％、空軍一四％）、女性に限れば四八％だった。ペルシャ湾岸に送られた部隊の三〇％、最前線では六〇％強を占めた」（松岡、2003）

数字は冷酷である。アメリカ合衆国は戦争を何ごとかに使っている。

そして二〇〇四年末のイラクでは、タイもオランダも派遣した軍隊を引き上げ、名目だけの傀儡《かいらい》政権が立てられただけである。イギリス軍などと「水補給」に来た数百人の日本軍と世界から金でかき集めた傭兵《ようへい》たち数万人を唯一の頼みとして、イラク政府軍の後押しもなく、むき出しのアメリカ軍十数万人がイラク人による毎日の攻撃の前に立ちすくんでいる。

アメリカがイラクでの戦争に勝てる理由が、どこにあるのか？

注：近藤紘一《こういち》は、その著『サイゴンのいちばん長い日』のなかで、アメリカがヴェトナムからとうとう撤退するときに、同盟国の韓国をどのように扱ったかについて、詳しく描いている。

「最後のヘリは（三十日）午前七時過ぎに（アメリカ大使館）屋上から飛び発《た》ったが、これは最後の海兵たちの撤収用だった。追いすがる（韓国）代理大使らめがけて機内の海兵らは催涙弾を発射し、（代理大使らは）結局脱出できなかったことをあとで知った」（近藤、1985）

「ホおじさん」がいれば

　歴史は結節点を持って動く生き物のようだ。一九六九年には、実に多くの事件が重なりあった。一月には南ヴェトナム民族解放戦線も南部のヴェトナム国民を代表してパリ会談に参加し、六月八日には南ヴェトナム共和国臨時革命政府を樹立した。ちょうどその年の九月三日、ヴェトナム民主共和国主席ホ・チ・ミンが亡くなった。

　第二次世界大戦の間、ホ・チ・ミンへの連絡係だったアメリカ人チャールズ・フェンは、ホ・チ・ミンの人柄について熱誠をこめて、こう語っている。

「ホー・チ・ミンの性格には他にも何ものかがあって、他のいかなる最高の政治家にも、（より人間的とみられる二人だけをあげるが）ガンディやネルーにさえもみとめがたいものである。それは孔子が『恕《シュ》』（注）と呼んだものである。正確にそれに対応する言葉は、英語にはない。しいて近い言葉をあげれば、人間はみな兄弟であると自覚している二人の人間の間のあの反応という意味での〝相互関係〟である」（フェン、前掲）

　このホ・チ・ミンに由来する人間の心性を、フェンは「ホーチミニティ」と呼んだ。マルクス主義や毛沢東主義はイズムと呼ばれて用語となったが、フェンが提唱した「ホーチミニティ」は言葉として定着しなかった。人の心のありようはそれにふさわしい言葉を得て、人の社会の正当な位置につくことができるが、「ホーチミニティ」はまだその場所を得ることができない。それは、現代の人間社会の何ごとかを示している。

ホ・チ・ミンには「ある学習会に」（一九六七年一月八日）という演説がある。

「抗仏戦争のさなかに私は、たまたまバンヤン樹の木陰で休んでいる何人かの同志に会った。この同志たちは、ちょうど学習会から帰るところだと言った。『何を勉強してきたのかな？』と私は聞いた。『カール・マルクスです』という返事だった。『面白かったかな？』、『とても面白いです』という答えだった。『すっかりみんなわかったかね』と聞いたら、この同志たちはまごついて、とうとう、『ホーおじさん、私たちには分らないとてもむつかしい点がいくつかありました』と答えた。こんな学習は現実にそくしていない」（フェン、前掲）

現実に即していない学習のオン・パレードと、わけの分からない難しい言葉が当時の青年たちの間の議論の特徴であり、お互いの間に区別をつくって敵視することがその議論の結論だった。そのとき、「全共闘を克服せよ」と檄《げき》を飛ばす宮本顕治日本共産党書記長のかわりに「こんな学習は現実に即していない」と喝破する「ホおじさん」がいたとしたら、日本の歴史はどんなにか変わっていただろう。一九六八年当時の日本の大人のなかに、「ホおじさん」がいなかったことはどんなに不幸だったか。

注：『論語』衛霊公《えいれいこう》篇、子貢《しこう》がおたずねしていった、「ひとことだけで一生行なっていけるということがありましょうか」。先生はいわれた、「まあ恕《じょ》（思いやり）だね。自分の望まないことは人

にもしむけないことだ」(金谷治氏の訳による)(フェン、前掲)。

東大闘争の評価について

一九六八・六九年の日本の青年たちの闘争について「ホおじさん」の意見を聞きたくて、二〇〇五年一月にヴェトナムに行った。

一九六八年の「テト攻勢」で最大の激戦地だった古都フエに、「ホおじさん」が五歳から十一歳までの少年時代を過ごした家がある。川沿いの道から生け垣の小道を入ると、すぐに小さな藁葺《わらぶ》きの平屋が見える。背景は青空に立っている数本の高いヤシの木である。低い生け垣の小道を通ってその家に向き合ったとき、一人の老人が現れて腹の位置で両手を合わせて挨拶をされた。その瞬間、私はすべての父祖の姿を彼の上に重ねた。それは、爆発するような懐かしさだった。

すでに瞳が薄青く見える七十歳を越えたグエンさんは、一九七五年以来、この家を守っているという。

「ホおじさん」は十五歳のときにもう一度この古都に戻るが、高校に入るとすぐに反植民地運動に加わり退学した。それ以来、一人の愛国者として祖国の独立運動に生涯を捧《ささ》げる旅に出た。彼がもう一度ヴェトナムの地を踏むのは、実に三十年の後だった。

「ホおじさん」の死後、三十六年後にヴェトナムを訪ねたとき、彼の最晩年に日本で闘った青年たちの一人として、「ホおじさん」に聞きたいことがあった。「あれでよかったのだろうか？」と。

「ホおじさん」がなんと答えるかは、分からないが、このヴェトナム戦争を背景にした当時の青年たちの闘争に対して、当時の親たちの世代は非常に冷たかった。たとえば、ヴェトナム戦争で「アメリカは核の使用を封じられている」と言った評論家の村松剛は、同じ文章のなかで言う。

「佐世保でも、警官隊がいなくて、もしも『三派』が米軍基地に乱入したら、流血はあの程度ではすまなかったのではないか。警官隊はその意味では、学生たちを守るための役割を演じたのである」（村松剛、同上）

そんなことか！　アメリカ軍の毒ガスを学生たちに実験したことが、それほど気楽なことか！

当時、狂っていたのは、ルメイに勲章を贈り、学生への弾圧は「学生を守る」ためと言い換える、こういう連中だった。彼らの視野には、同胞意識がなかった。

佐々は一九六九年当時の警視総監、秦野章《はたのあきら》の言葉を紹介している。

「それがなあ、天皇陛下ってえのはオレたちとちょっと違うんだよなァ。安田講堂のことを奏上したら、『双方に死者は出たか？』と御下問があった。幸い双方に死者はございませんとお答えしたら、大変にお喜びでな、『ああ、それはなによりであった』とおおせなんだ。機動隊

と学生のやりあいを、まるで自分の息子の兄弟喧嘩《げんか》みたいな目で見ておられるんだな、ありゃあ……」（佐々、1993）

天皇陛下の言葉は外に洩《も》らさないのが日本人の常識というものだから、この言葉が事実かどうかを確かめることはできない。しかし、私はこの一言で、同胞という言葉を思い出した。同胞なのだ。学生と機動隊と言っても、それは同胞なのだ。同じ列島に生き、同じ空の下で、同じ文化伝統に培われた同胞なのだ。たしかに、この列島に住む者すべてが、まったく同じ民族ではない。しかし、この列島に生きる者たちは、結局同胞なのだ。そこには、階級もあろう、階層もあろう、異民族もあろう。しかし、この列島では同胞なのだ。それを分断する思想は根づかない。

東大闘争への批判はいろいろなものがある。

「安田講堂事件は目的も手段もまちがいだったことが今日では証明された、〝直接行動〟（アクツィオン・ディレクトール）による世界同時・急進・暴力革命路線、『トロツキズム』の挫折の始まりだった」（佐々、同上）という警察官僚の決めつけは、その最たるものであろう。

歴史は大きな川の流れのようなもので、そこには無数の人間たちが渦巻きながら、流れる先を知らずに流されている。「今日では証明された」という証明手法は、後知恵であり歴史を偽るもので、結論に「トロツキズム」が突然現れるのも、なんだかあやしいのである。

日大や東大の闘争で青年たちが「革命」を探してはいたとしても、政治権力を転覆する革命を志向していなかったことは、その武装ひとつを見ても分かることだ。それは、〝直接抗議〟（プロテスタシオン・ディレクト＝冗談、冗談！）を極限まで試したにすぎない。

当時の青年たちは、激動する世界史を呼吸して生きていた。歴史のなかに生きている青年たちは、肌の感覚で物事をとらえる以外にはどのようなやりようもない。今の歴史の結果は数十年の後の未来でしか分からないのだから、世界史の今起こっているそれぞれの事件が、どのように結びついているのかを今知ることはできない。それについて、少しだけ分かるのは、老人たちである。実に人間は決して歴史に学ばず、同じ反応をして同じ過ちをくりかえす動物だから、青年のときに大きな間違いをした老人ほど歴史の経験法則をクリアーに分かるところがある。だが、青年は経験を積んでいないから青年なのであり、他人の経験で知ることさえできないから、今の歴史を肌で感じて反応する以外にはない。

その点から言えば、当時の青年がもっとも鋭く反応したのはヴェトナム戦争であり、その爆撃の硝煙の臭《にお》いが届くほどの近さにいることが、当時の青年たちの心をいやおうなしに揺さぶっていた。第二次世界大戦には「ファシズム」に対抗する「自由と民主主義」の旗手であったはずのアメリカ合衆国が、東南アジアの小国に対して行った暴虐は、当時の青年たちの世界観を打ち砕き、「人間性とは何か」、「人間の歴史とは何か」ということを徹底的に考えさせ、その歴史にどのようにかかわればいいのかということを、刃《やいば》のように突きつけたのである。

当時の青年たちが皮膚感覚から心に刻んでいったものは、悪化する物理的な生活環境であり、無内容で権威主義的なだけの教育課程だった。前者は、未曾有《みぞう》の経済発展と呼ばれた戦後社会での環境破壊と生死にかかわる「公害」の問題であり、後者には「受験戦争」をおし進める戦後教育の過酷な圧力があった。

青年たちはほんの少し良心的であれば、ただちに「医療問題」にぶつかったし、「教育問題」に「公害問題」にぶつかった。この日本社会内部の問題を、目に見えるように引き出して見せたのがヴェトナム戦争だった。一九六八年には、このすべてが収斂《しゅうれん》点を迎えていた（注1）。

長部日出雄の歴史評価に助けを借りて言うならば、当時の青年たちの命がけの闘いが、アジアの歴史に遺したものがあるはずである。一九六〇年と六九年を頂点とした日本の青年たちの反戦、反安保の闘いは、日本の再軍備を阻み、ヴェトナムの戦争に日本の軍隊を派遣することを阻止して、日本がヴェトナム戦後のアジアで平和のなかでの国際貢献を実現することになった。七〇年代以降、日本の青年たちの叛乱は未然に鎮圧されたために、三十五年後には日本の軍隊はついに海外に派兵され、アラブの民衆の将来にわたる恨みを買うことになるのと、ちょうど反対である。

ホ・チ・ミンは「主義」というものを残さなかった。思想の硬い殻のようなものは、残せないタイプの革命家だった。フェンの提唱した「ホーチミニティ」という「人間性の静かなあり方」というような心の質は、ついに言葉として定着しなかった。

思想は長い人生経験の果てに析出してくる滓《おり》、あるいは糟《かす》のようなものだから、青年に思想を求めるのは、無理というものである。人は三十歳で獄死した吉田松陰のような人を革命家の原点として考えるから青年思想家を夢想するが、それはどうも特別である。青年たちは、当面、既成の他人の思想を借用する借り物思想家である。そのときに、いちばん矛盾が少なく、いちばん簡単に世界を説明し、しかもいちばん威勢がよいものを好む傾向がある。それには、「主義」という頑丈な骨格ないしは硬い殻を持っていることが好ましいようである。

当時の青年たちが直面したのは、この問題だった。「主義」の硬い殻同士がぶつかれば、血が流れた。「主義」に基づく「階級闘争」で説明すれば、敵は自国のなかにいた、敵は異なるグループのなかにいた、同志のなかにさえいることになった。このことが、庶民の感覚としては誰も納得できない「内ゲバ」に至りつく。

日大芸術学部のバリケードを破壊に出かけるとき右翼・体育会は「青年日本の歌」を歌い、安田講堂の最後のときに全共闘の青年たちは「ワルシャワ労働歌」と「インターナショナル」を歌ったが、もっとも好んだのは「唐獅子牡丹《からじしぼたん》」だった。そして、三島由紀夫の「楯の会」も「唐獅子牡丹」を歌って出発したという。

この民衆レベルのヤクザな歌が、お互いの共通点であるかぎりは、同胞意識には無理がなかっただろう（注2）。そこでならば、台湾の李登輝《りとうき》前総統が言うように、「日本精神とは約束を守り、礼節を重んじ、ウソをつかず、カネで動かない、というような心がけなのだ」（深田、

1999）という分かりやすい話ができたはずである。そこでなら、「大河内総長は嘘吐《うそつ》きじゃないか」、「古田会頭は礼節を知らない」という批判で分かりあえたはずである。なまじ、「階級闘争」の、「革命的学友諸君」のというような「現実に即していない」観念を振り回さなければ、お互いが同胞として分かりあえたはずなのである。

注1：一九六九年一月に石牟《いしむ》礼《れ》道子は『苦海浄土』を上梓《じょうし》したが、その「あとがき」は前年の十二月二十一日の日付である。水俣《みなまた》病の地獄をこれほどあからさまに描ききった本はないが、安田講堂の最後の日々に片方で石牟礼が、他方で三島が、それぞれまったく別の方向から歴史へ参加していたことは、この時代、この年というものの性格を如実に示している。

一九六八年の夏、お茶の水から東大構内へ本郷通りをたどっていたとき、私は彼方《かなた》にぼんやりと空気がよどむような影を見たような気がした。それは大気汚染の始まりだったが、そのときにはまだかすかな予感のようなもので、「透明なはずの大気にまさかそんなことは」と自分で「もや」を感じながら自ら打ち消したほどかすかな影だった。あのとき、最初の呪いが通りすぎていたのだ。今では、車列が霞《かす》み、喉が痛くなっても、誰も気にもしていないが。

注2：その歌のなかには「やがて夜明けの来るそれまでは　意地で支える夢ひとつ」という歌詞（作詞水城一狼・矢野亮）があった。同じ世代なら誰でも覚えているだろうが、そこでは誰もが「夢ひとつ」を持っていたのである。

安田講堂の時計塔に残った高校以来の同期のMは、三島由紀夫とともに割腹自殺した森田必勝と早大構内で目を合わせたという。互いにぶつかりあった後の夕べに「いい月だなあ」「ああ、そうだな」とだけ言って別れたのだ、と。

ひとつの「仮定」を

ひとつの仮定をここで置く。もしも、東大闘争の最終局面、つまり一九六八年十二月の段階で、日本共産党と全共闘が合流していたとしたなら、事態はどうなっただろうか？　と。あるいは、日大では右翼・体育会と日大全共闘が合流したとする（注1）。

この仮定を語ると、当時青年だった現在老年初期の人々は、一様に「とんでもない」という顔をする。それほどに、拒絶反応が強い。しかし、そのほかの世代の人々は、一様に「どうなります？」と興味を持つ。そこには、特有の世代的表情がある。

ともかく、そういう仮定が実現したとする。東大では法学部を除く全学部が、無期限ストを続けることになる。全員留年、入試中止となる。自民党は東大解散を示唆する。社会党は事態の仲裁を買ってでないわけにはいかない。明治維新以来、日本の高級官僚を養ってきた大学を閉鎖してでも大学闘争を粉砕するか、それとも妥協案を作るか、フランスの大学改革を参考にして学生の大学運営への参画を認めるか？

そこから、本格的な闘争が始まるはずだ。それがどうなるにしても、日本は新しい道を模索することになる。それは、是非とも必要な道だった。

なぜ、それがよくても悪くても選択しなければならなかった道だと言うかといえば、それがなかったから、今の日本に至りついたのだと言えるからである。

人は利害だけでは生きていない。今の医療を見るとき、いったい、青年医師連合はどこに行ったのか？　という嘆きが湧く。青年医師連合はこの腐敗しきった世界にメスを入れる医師たちの集まりではなかったのか。彼らが医者の世界から消えたことが、どれほどの腐敗を医者の世界に生み出したことか。

当時の教育問題こそは、医療問題と並んで東大闘争の根っこにあるもっとも大きな問題だった。この国を見捨ててしまおうと当時の青年が思うほどの絶望を与えたのは、この国の独特の教育体制だった。

その第一は、大学の教養課程の貧困である。これを一言で片付ける言葉は、「ゴミ」である。教養課程にも良心をもつ教師たちがいることを知っていて、なお私はそれが「ゴミ」だと断じる。同じことを感じた人がいる。青色発光ダイオードを発明した中村修二である。

「しかし、大学へ入ると二年間の教養課程があり、そこで再び大嫌いな文化系科目を履修しなければなりません。

私は、それまでの数年間、いったいなにを勉強してきたのか、大きな疑問を感じました。『大学に入れば好きなことを思う存分できる』と言われ、必死に勉強してきてこの始末。『だまされた』と感じた私は、ついにプッンと『キレ』てしまい、一種の変人になってしまったのです。（中略）失われた時間の長さを考えたとき、私のなかに日本の大学入試制度への怒りが改めて沸き上がってきます」（中村、2004）

そして、その第二が学問研究という閉鎖空間である。青年が研究者としてひとり立ちしようとしたときに、もっと根本にある問題にぶつかる。

「日本の学術誌に何度、論文審査を依頼しても、そのたびに掲載を断られます。審査を通らずボツ。（中略）しかし、特定の先生の名前を参照論文に入れなければ審査を通過しないなどというメチャクチャなことが、学問の世界にあっていいのでしょうか。（中略）急きょ投稿先を米国の『アプライド・フィジクス・レターズ』に変更。すると、英語の表現に問題があって書き直しを要求された以外は、なんと一発で通過してしまったのです」（中村、同上）

日本の教育者と学者社会は、根本のところで腐っていた。それは、今では手もつけられないほど大きな問題になっている。その兆候にはじめて気づいたのは、一九六八年の大学生たちだった。

日本の教育には人格陶治《とうや》がなく、日本の高等教育には瞑想《めいそう》がない。明治維新ののち、教育官僚が教科書を作りはじめるまでは、日本の教育もまた原典によって行われてきた。古典の素読はその典型的な教育方法だった。それは皮も骨もある歯ごたえのある心の食べ物だったから、ただツルツルと鵜呑《うの》みにすることはできなかった。しかし、固い食べ物によってはじめて顎《あご》が鍛えられるように、古典の素読によってようやく子供たちの心が鍛えられ、その子の人格の基礎がつくられる。

原典はそのまま呑みこむことができないものだから、それを噛《か》みしめる手だてを与える「先生」が必要であり、子供たち自身も心の中でその内容を反芻《はんすう》するための時間と瞑想は不可欠である。

人は四歳にもなれば、自分の心の内側を覗《のぞ》きこむ目を持つようになるものであり、その瞑想の深い視線のなかにその子の人格の基礎がある。

だが現在の日本の教育は、人格を陶冶する手法を持たず、日本の高等教育には瞑想のための場が用意されていない。

受験勉強の強制は日本の教育の根幹を押しつぶしてしまった。だが、それは教員組合である日教組の罪ではない。アメリカ軍統治下で育成された彼らは、子供たちへの教育以上に教育職の利権を大切にしただけである。日本政府の官僚と自民党代議士はともども、人格の拠って立つ基盤について考えたこともなかったので、日本の教育がまともに育つはずもなかった。のちに東大総長になった有馬朗人《ありまあきと》理学部教授が一九六八年当時に言ったように、「教授会の役目は秩序の回復」なのである。そこには、地位の保全はあっても人格の陶冶はない。

二〇〇四年、東大などの国立大学はすべて「独立行政法人」という組織に移行し、そこでは基礎学問が形成される可能性は、かぎりなくゼロに近づいた（注2）。この年、日大の総支出は二千四百六億円、東大は二千二百六十九億円で、日大はその予算規模で東大を抜いて日本最大の巨大大学に成長していた。

注1：例がないわけではない。東洋大では大学当局によるロックアウトに体育会さえも驚き、学生自治会側と会見するに至ったという。そのとき、「あれは、巣鴨《すがも》の喫茶店『白樺』だった」と、例によって記憶力を誇る竹林正純は、体育会と自治会が合流した瞬間について、次のように語っている。

「自治会側は体育会は大学の手先じゃないか、と言い、体育会は自治会は口ばかりで信用できないと言った。だから、俺は体育会に言った。『お前らの心は何だ？』って。そうしたら、『オス、押して忍ぶ。忍です。つまり刃の下に心です』と言うじゃないか。だから、俺は言ってやった。『何、言ってんだよ。俺なんか、刃に心を突き出してやるぜ』って。それからだな。体育会があいつなら信用できるって言ったのは」

日本人とつき合うには、こういうわけの分からない交渉ができないといけないらしい。体育会と自治会が合流した東洋大構内になだれ込んだ機動隊は、学生たちの大波のなかの小舟に見えたという。

注2：二〇〇四年十一月四日の『タイムズ』紙によれば、世界のトップ二〇〇大学のなかで東大は十二位であり、自然科学と工学・情報工学の分野で七位だったという（『東大学友会ニュース』2005年1月）。こんなことに喜ぶのは、バカ者である。スイスの「国際経営開発研究

所」（IMD）による「大学教育が経済のニーズに合っているか」という項目での国際競争力ランキング（二〇〇四年度）では、日本の大学は六十ヵ国中五十八番目だった（『読売新聞』2005年7月12日朝刊）。二〇〇二年度には最下位だったから、「よくなった」ほうだという。ブラジル、ギリシア以下のすばらしい大学群なのである。

青空が見えた瞬間

日大闘争と東大闘争に牽引されて全国の大学や高校で起こった青年たちの叛乱は、突然現れ、そして消えてしまった泡のようなものだったのだろうか？　そうではない。あれは日本文化にかけられた呪いが一瞬破れて、青空が見えた瞬間だった。青年たちは、自分たちにかけられた呪いに気づいたのだった。

日本の子供たちは、当時は小学校にあがった瞬間から、今では有名私立幼稚園への「お受験」から、その成長過程のすべての段階で受験戦争にさらされる。一九六八年が意味を持つのは、東大生の場合はその受験戦争の勝者でありながら、日大生の場合はその受験戦争の「おちこぼれ」として、しかし同じようにこの受験戦争の意味に目が醒《さ》めた瞬間だったからである。受験戦争というこの人間的な感性の削り落とし競争が、ただ無意味でただ過酷なだけの洗脳の過程であることに、日本の青年たちは、この瞬間に気がついたのだった。

日本社会では規格化された規範が個人の感覚と業績に優先している。そのうえに、アメリカ帝国文化が武力に裏打ちされた一切の価値の源泉として覆いかぶさっている。受験戦争はもっとも過酷なやり方で個々人の心を殺していく、日本社会が開発したもっとも強力な洗脳システムだった。この洗脳過程が生み出した結果が、大河内総長であり、加藤総長代行だった。だが、この青年たちの覚醒《かくせい》は、彼ら自身があまりにも未熟だったために、また対象としたものが日本社会とその文化全体にかかわるものだったために、未消化なままに終わった。大学当局の背後から政府がその暴力装置である警察機動隊をひっさげて青年の叛乱の圧殺に乗り出してきたとき、生身の青年たちにはその攻撃に耐えるすべはなかった。圧倒的な暴力が向こう側にはあり、闘うべき相手は内側の日本文化そのものにあり、そのうえ世界に覆いかぶさる文化価値の源泉は別のところにいた。

この大弾圧のあと、青年たちはふたたび旧来の日本社会と日本文化の呪縛《じゅばく》のなかにからめ取られることになる。また、その後の政府や教育機関、医療機関のあらゆる努力は、この呪いをもう一度日本文化に覆いかぶせることに注がれ、あの一九六八・六九年の覚醒の瞬間がなかったことにすることに成功した。

それでも消せずに残ったのが、安田講堂の上空を舞う警察のヘリコプターから流される催涙液と、大講堂の上に立つ火炎ビンを持った青年たちを狙い撃つ警官隊のガス銃の列の映像である。

おわりに

　東大闘争の間には、厖大《ぼうだい》な「ビラ」が作られた。さまざまな党派、団体、個人が毎日のようにビラを出した。ふと、思い当たった。「あれ」は、今で言えばメールか、インターネットの掲示板のようなものだった、と。しかし、「あれ」を作るのは、簡単なことではなかった。

　原稿を書く。何人かが読み、議論がある。ガリ版の上で、原紙に鉄筆で文字を刻む。謄写版に原紙を張り、ローラーをかけて刷る。だが、それで終わりではなかった。人通りに立ち、集会に出て、嫌がる相手にもビラを配らなければならなかった。しかし、配れば終わるのでもなかった。そこで立ち止まった相手がいれば話をし、激論を交わし、あるいは仲間を作る直《じか》の人間関係の媒体こそが、ビラだった。

　あるいは、「タテカン」。銀杏並木を埋めて無数の看板が出されたけれど、その製作から防衛まで、「あれ」にもまたいくつかの作業があり、闘いがあった。あの当時にあっては、コミュニケーションは書きっぱなし、送りっぱなしのお気楽なメールやインターネットではなく、つまり闘いだった。

　闘争はデモや警察機動隊との衝突だけではない。むしろ、このコミュニケーションこそが闘争の本体だった。東大闘争は、その厖大な蓄積だった。もしも、あの当時のビラが、そのまますべて保存されていたら、どんなに歴史的な価値を持つだろうか？

当時から、それを思った者はかなりいた。当時から、この断片を切り取ってマスコミに売りつける商売上手には事欠かなかった。だが、あまりに多すぎて、広がりすぎていて、そのすべてを収集するにはただの商売上手では、とてもできることではなかった。

しかし、東大闘争が終わってはるかな歳月を隔てて、その無限に困難な作業をやりとげた者がいた。

東大全共闘議長山本義隆は、東大闘争当時の資料数千点をとりまとめて国立国会図書館におさめたのだと、安田講堂に最後まで残ったひとり、高崎通浩が教えてくれた。

「その作業には七年以上もかかったと思うが、その最後の一年半の間だけは私も山本さんの手伝いをしました」と、高崎は言った。資料集の刊行は一九九二年であり、七〇年からとしても二十二年間かかったことになる。

それ以来、国会図書館訪問が最大の目標になった。しかし、ずっとためらっていた。何よりもまず、自分自身の資料があった。当時、「活動家」と呼ばれた青年たちは、闘争が激しくなるとともに、あるいは地下にもぐり、あるいは病気になった。そういう何人もの青年たちの残した資料を処理し保管することが私の仕事のようになった。その資料は、最終的には段ボール箱七つにまとめられた。それらの資料を三十七年間、あちこちに移し、隠して保存しつづけていた。東大闘争について書くとすれば、その開封と整理が第一の作業となる。これは、当時の仲間たちとの共通の資料だから、それが私に課せられた仕事だった。そのためには、まず、記憶をとり戻さなければならなかった。

だが、記憶はなかなか戻らなかった。時計台に最後までとどまったひとり、高校以来の同期Mの助けを借りようとして相談したが、彼は苦しそうな表情で言った。

「覚えているのは自分に都合のよいことばかりで、それは本当にあったことか、そう信じたいことかも分からない。なにしろ、当時の資料はすべて失っているからなあ」

それは私も同じようなものだった。東大闘争の始まりにあたって、それまでつけていた日記をやめた。逮捕されたときに証拠は残したくなかった。ビラや新聞記事にすべては残されている、と思ったこともあり、忙しすぎたこともある。そのために、その瞬間に何を考えていたのか、自分の声が残っていなかった。

しかし、この段ボール箱七つの資料整理は記憶を刺激し、『朝日新聞』の縮刷版を読みはじめると、記憶に新たな手がかりが生まれた。縮刷版の細かな文字を追い、一九六八年一月一日から一日ごとに読み進め、ノートを作った。これはそうとうな作業だった。毎日の日課になり、ノートがたまった。そして、一九六九年一月三十一日まで読み進んだとき、記憶は蘇った。

稲川慧の資料の束には、裁判所の通知から当時の週刊誌までも、そこにそのままになっていた。そのとき、時間の壁に割れ目があいて、三十五年以上の歳月を隔ててあの時代から吹きつけてきた風を、私はまざまざと感じた。

それだけではなかった。衝撃的な事件が続いた。

二〇〇四年十二月に「病院にいますから、電話はこの番号にかけてください」といつもの丁寧な物言いで連絡してきた石井重信は、二〇〇五年一月に亡くなった。「会いたいと思っていた」どころではなかった。会う約束をしていたが、私の電話が遅すぎた。

この原稿を仕上げるまで、自分をほかから遮断することにしたのは、このためだった。稲川資料と『赤旗』を通覧したころには、あの時代ははっきりとした輪郭を見せて迫っていた。第一次の原稿を完成した上で、私は国会図書館へ向かった。

『東大闘争資料集』は赤いハードカバーのA4判二十三巻に製本されて、まとめられていた。これらの資料はそのほとんどがガリ版である。今になっても明らかに誰が「ガリを切った」かが分かる。そして、当時の自分の手とも対面することになる。これに見入ると泥沼になる。

関東地方の入梅という小雨が降りつづく日、その午後いっぱいをこの果てしない資料と対話した。

それにしても、山本義隆は、そして彼とともにこれを後世に残そうとした人々は、きちんとした仕事をした。

「これから百年の間に、この資料集を使って修士論文のひとつでも書く学究が現れれば、私のやったことも無意味なことではなかっただろう」と、彼は言ったという。が、とうていそんなものではない。これは、歴史資料として第一級のものだ。

かつて、人々は書物を手で書き写した。本は「もと」であり、源泉である。印刷されたものが本ではない。きちんと形を整えられ、はっきり読めるようになっていて、それ以外ではそこに語られた事実や思想に触れることができない文書こそは本であり、「もと」である。それは、日本人共有の財産である。

ほかにも利用した資料がある。やはり、去年亡くなった上原重男（京都大学霊長類研究所教授）も当時の資料を私に託していた。彼でなければ、大学当局の資料までも完全に収集することなどは、考えもしなかっただろう。

当時の出版物、週刊誌、写真資料の収集、また私のヴェトナム訪問は、中公新書編集部の酒井孝博さんの尽力で実現した。ヴェトナムの地で、ホ・チ・ミンの足跡をたどれたのは、彼のおかげだった。ヴェトナム戦争など当時の映像を収集してくれた音響記録編集家の土方裕雄さんにもお礼を申し上げたい。それらの映像は、歴史現象を生の感覚として記憶を呼び起こしてくれた。

あの闘いの日々を共有したなかまたちが、ひとり、またひとりと亡くなるのを見るのはつらい。彼らが青年のままの風貌を残して去っただけに、彼らが言えなかったことをこの書が確かに伝えただろうか、という心もとなさがある。

この書は、ひたすらに記憶の向こうの事実を確かめようとあがき、もがきした爪《つめ》あとのようなものにすぎず、その場にいたとしてもただ一人の証言にすぎない。しかし、あの日々を過ごした青年たちは、誰もが自分の証言を遺すことができる。化天《けてん》に比べれば、ただ一瞬の光芒《こうぼう》にすぎない「人生五十年」はすでにすぎている。ここからは、誰しも自由でいていいはずだ。

本書を完成させようという力を与えてくれたのは、若者たちだった。彼らは当時を覚えていないどころか、その年生まれやまだ生まれてもいなかったが、当時の真相を知りたいと熱心に言ってくれた。それは、心の片隅に何かがひっかかっているわれわれの世代に比べると、はるかに純粋な好奇心からこの知られざる事件を見ているというところがあった。これを書きながら、その若者たちに語りかけているというところが、ときどきあった。

まったく個人的なことになるが、ひとつふたつ。

安田講堂攻防戦から数年たったある日、母が改まった口調で私に尋ねたことがある。

「あんた、安田講堂で捕まったことを後悔しちょるかね？」

母がこういう口調になることは珍しかったから、何ごとかと思ったが、即座に「まったく後悔していない」と答えた。本心だった。

「ふうん、そうかね。それなら、ええ。後悔しちょらんのなら、それでええ」

母は二〇〇四年七月に九十五歳で亡くなったが、自分の長男がその生涯の出発点で後悔しているかどうかだけは、どうしても確認しておきたかったことのようだった。

後悔するどころではない。たとえ、あのとき死んでいたとしても後悔はしなかった。しかし、今まで生き延びて、語り継ぐべきことを明らかにできるのは、それはまた幸せなことだ。還暦にちかい人生の暮れ方に至っても、私は後悔していない。歴史のひとつの局面で、果たすべき義の一端を担うことができたのは、わが人生の欣快《きんかい》である。

もっとも、義は李登輝前台湾総統の言うような大和魂であり、「した約束は破らない」という日常の心構えにすぎない。東大では私たちはひどい目にあったが、大和魂を持つ日本人はまだ絶滅していない。

義兄平野明は当時、航空自衛隊第四術科学校の教官という立場にいたが、逮捕、投獄された私の身元引受人になった。そのことによって、軍人としての栄達の道を自分で断った。彼がその生涯をかけて私の後ろ楯となってくれたことは、彼が私の子供時代からの遊び相手であっただけに、私の心をずっと明るくさせてきた。この機会に、改めてお礼を申し上げたい。

妻節子はことのなりゆきに驚きながら、サル学の論文から一変して、資料を読んでも、原稿を書いても血相を変えている夫を、「事実を書いているだけなんだから、それでいい」と見守っていた。またしても、収入なしである。ただ、ひたすらにありがたい。

日本人にどこかで信頼を持ちつづけるのは、このような同胞がいるためで、安田講堂に留まった青年たちもまた、そういう人々だった。しかし、そのなかでももっとも純粋な人々が晩年に至っても苦しみつづけていることは、まぎれもない事実である。しかし、慰めはいらない。ただ、暗闇のなかで震えていた私たちに「歌を歌おう」と語りかけて、立ち上がるきっかけを与えてくれたT氏が、今また「不自然な死に方はしないように」と呼びかけるように、生をまっとうすることを、わが身を含めて、同胞の誰に対しても願わずにはいられない。

義にひとつの道はない。そのどの道を選ぶとしても、父祖と子孫と同胞に面と向かって恥じることがなければ、それでいい。そして、もっと大切なことは、それはそんなに威張るほどのことでもない。

生きている間には、義を貫かなくてはならないときがあるが、そのときを得ることは、誰にもあることではない。そのときに出あえることは、むしろ幸運なのだ。

中国南部、南寧《なんねい》の獄中で作られたホおじさんの詩を訳して、父祖に捧げ、後代に贈る。

公里碑

不高亦不遠　非帝亦非王
小小一片石　屹立大道旁
人頼你指示　不走錯向方
你給人指示　途路之短長
你功也不小　人人不你忘

高くもなければ遠大でもなく、ましてや皇帝でも王様でもない。
たかだか一片の石の道しるべ、大道の傍らに立つだけのこと。
ただ、旅人はお前が指し示す方角を頼りにし、お前のおかげで遠近もわかる。
お前の働きも捨てたものじゃない。たぶん、人々はそれを忘れないだろう。

二〇〇五年十一月二十二日　あたかも日大全共闘が安田講堂前に現れた日に

写真提供一覧

AP/WWP	14
朝日新聞社	29
毎日新聞社	7、8、9、24、26、43、48、54、59、68、94、110、138、146、225、246、251、253、257
読売新聞社	25、27、45、67、87、88（2点とも）、99、103、105、131、132、143、149、151、159（2点とも）、169、187、189、193、195、201、204、229、233、237、245、249、267、276

（頁）

がある。当事者による注記が必要なゆえんである。

なお、弘報委員会の資料集「1」は以下の文書である。

加藤一郎、1969、『東大問題資料1 「七学部代表団との確認書」の解説』、東京大学出版会、132＋3pp.

むねの訴えがあり、全共闘として資料を公式に集めていたことが分かる。また、東大教養学部では折原浩教授が、社会学者としてすべての資料を精力的に集めていたこともよく知られている。

しかし、この『闘争資料』は以上の活動で収集された資料のすべてを網羅するものであり、東大闘争の内容を知ろうと思えば、これが第一次の原資料である。

その2　略称『弘報』：東京大学弘報委員会、1969、『東大問題資料2　東京大学弘報委員会「資料」1968. 10⇒1969. 3』、東京大学出版会、450＋3＋ixpp.

この資料集は、東大当局が事態の経緯を記録した各学部の週ごとの報告をとりまとめた1968年10月4日の「資料第1号」から1969年3月31日の「資料第24号」までと、1968年11月17日の「速報 No. 1」から1969年3月17日の「速報 No.19」までを含んでいる（私の手元には69年10月31日の「速報 No.37」まで断続的にあるが）。また付録として1968年3月11日の「医学部処分発表に関する学部長告示」以来、当時の東大闘争関係の大学側の公式発表文書をある程度収録している。しかし、たとえば、医学部が68年6月に出した「医学部の異常事態について」は収録していない。たぶん、記録に残すと問題になることが書かれているからである。むろん、私の手元にはその資料がある。また、68年8月10日に出された重要な「告示」には「『告示』を送るにあたって」という大河内一男名義の文書がある。これも、この資料には収録されていない。読者は、これらの封印された公式文書の一端を、本書で見ることができる。

東大弘報委員会はこの資料の編纂にあたって、「（a）客観的な事実を記述することを主眼とし、評価的表現を避ける。（b）単に教授会・学生との交渉の事実があったことだけでなく、議題・主要な論争点について両者の言い分を併記する形で明らかにする」ことなどを留意点としたと言う。たとえば、「堂々と出てきた」という文章を「出てきた」とするというような細かいことまで書いている。それが「客観的」か、どうかは別として、そういう編集方針なのである。しかし、医学部のように明らかに一方に偏った報告をしている場合もある。

この資料集によって、68年10月以降については東大の全学部のほとんど毎日の情況を確認することができるほか、たとえば各学部学生自治会の学生大会決議案が何票で可決されたか、否決されたかまで実に詳しい。しかし、これに記録されていない事実にもっとも重要なこと

引用資料について

その１　略称『闘争資料』：'68・'69を記録する会編、1992、『東大闘争資料集』全23巻

山本義隆東大全共闘議長らは、東大闘争（1968年から69年まで）の間に東大構内で配布されたビラを収集し、日時順にまとめあげ、Ａ４判に縮小コピーし製本して23巻の分冊にまとめ、これを国立国会図書館に寄贈した。

第１巻から第10巻までがビラ（第１巻1967年医学部闘争、第２巻1968年１月～５月、第３巻６月、第４巻７月～８月、第５巻９月、第６巻10月、第７巻11月、第８巻12月、第９巻1969年１月、第10巻２月）、第11～13巻がパンフレット、第14巻が議案、第15～16巻が討論資料、第17～20巻が大会議案、第21巻が当局文書、第22～23巻が新聞版総目録となっている。

各分巻の冒頭に目次の形式で、年月日、学部名、発行団体名、見出し冒頭、党派、文書分類の一覧がまとめられていて、この日付にそって収集資料が整理されている。その量！　ビラだけでほぼ4000件を収集している。

このビラは、学生たちが作って毎日配っていたもので、ほとんどは１枚のガリ版刷りである（むろん、印刷のパンフレットもある)。ビラは、広報と宣伝のために作成されたもので、その時その時の学生たちの主張と行動を知る上で手がかりになるが、事実についてはそれぞれの党派の正当性を主張するアジ（扇動）が大半を占めるので、それを割り引いて読まなくてはならない。また、当時の事情を直接知らなければ、そのビラの主張の大半は何のことか分からないだろう。ただ、読み通すにはこの量が半端ではない。

東大闘争関係資料の収集は、早いうちから行われていた。もっとも早く資料集を出したのは、東京大学新聞研究所・東大紛争文書研究会であり、その編纂したビラなどの資料集『東大紛争の記録』の発行の日付は、1969年１月15日であり、まだ安田講堂攻防戦さえ始まっていない渦中の出版だった。

次に資料が発表されたのは東大闘争討論資料刊行会編『日本の大学革命４　東大解体の論理』(1969年８月15日発行）であり、これには付録として「東大闘争資料リスト」が掲載されている。このなかで「東大闘争全学共闘会議救対部調査委員会」に資料を提供してほしい

三野正洋・深川孝行・仁川正貴、1996、『ベトナム戦争・兵器ハンドブック』、文庫版新戦史シリーズ87、朝日ソノラマ、438pp.
宮崎学、1998、『突破者——戦後史の陰を駆け抜けた50年』、上巻、幻冬舎アウトロー文庫、347pp.（初出1996、南風社）
村松喬、1969、「東大の灯は消えた」、『毎日グラフ』2月15日増刊号、pp.54－55。
村松剛、1968、「攘夷運動の壮士たち——暴走する三派全学連」、『フォト』5月1日号、pp.4－13。
柳田邦夫、1969、「バリケードの中の祭典」、日本大学全共闘編（編集責任者　田村正敏）、『バリケードに賭けた青春——ドキュメント日大闘争』、pp.189－227、北明書房、東京。
山本七平、1983、『私の中の日本軍』上、文藝春秋、東京、329pp.（初出1975、文藝春秋）
山本七平、1987、『一下級将校の見た帝国陸軍』、文藝春秋、東京、345pp.（初出1976、朝日新聞社）
山本義隆、1968、「バリケード封鎖の思想——東大闘争と60年安保の教訓」、『状況』11月号、pp.67－73。
山本義隆、1969、『知性の叛乱——東大解体まで』、前衛社、東京、344pp.
U・S生、1969、「手記　東大『列品館』脱出記」、『中央公論』3月号、pp.160－167。（注：『宝石』1969年3月号ではU・K生とある）
'68・'69年を記録する会編、1992、『東大闘争資料集』全23巻

pp.（初出2001、ホーム社）
西村秀夫、1969、「破局のなかに生命を求めて」、『朝日ジャーナル』1月26日号、pp.11－14。
日本大学全学共闘会議編（編集責任者　田村正敏）、1969、『ドキュメント日大闘争――バリケードに賭けた青春』、北明書房、東京、290pp.
日本大学大学史編纂室、1993、『日本大学100年史年表』、日本大学、東京、168pp.
日本大学文理学部闘争委員会書記局編、1969（再版1991）、『叛逆のバリケード――日大闘争の記録』、三一書房、東京、437pp.
野坂昭如、1969、「1・19と私」、『サンデー毎日』2月20日増刊号、pp.94－97。
ハイデッガー、M、手塚富雄・斎藤伸治・土田貞夫・竹内豊治訳、1962『ヘルダーリンの詩の解明』、理想社、東京、234＋10pp.
平沢正夫・斎藤克己、1968、「東大騒動の張本人は“隠し砦の三悪人”？」、『宝石』9月号、pp.74－81。
フェン、チャールズ、陸井三郎訳、1974、『ホー・チ・ミン伝』（上下）、岩波新書、898、899、岩波書店、東京、186pp. 204＋11pp. 原著 Fenn, Charles, 1973, *Ho Chi Minh ; A Biographical Introduction*, Studio Vista, London, 144pp.
深田祐介、1999、『激震東洋事情』、文春文庫、東京、300pp.
Ho Chi Minh, 1994, *Carnet de prison*（獄中日記）, Editions The Gioi, Hanoi, 268pp.
マクナマラ、R・S、仲晃訳、1997、『マクナマラ回顧録』、共同通信社、534＋15pp.
町村信孝、2003、「証言『日本の黄金時代一九六四－七四』各界著名人332名衝撃の記憶」、『文藝春秋』9月号、pp.298－299。
松尾康二、1969、「東大紛争を追って一年間」、『サンデー毎日』2月20日増刊号、pp.38－42。
松岡完、2001、『ベトナム戦争－誤算と誤解の戦場』、中公新書1596、東京、336pp.
松岡完、2003、『ベトナム症候群』、中公新書1705、東京、342pp.
三島由紀夫、1996、『若きサムライのために』、文春文庫、東京、276pp.（初出1969、日本教文社）
三島由紀夫・東大全共闘、2000、『美と共同体と東大闘争』、角川文庫、東京、173pp.（初出1969、新潮社）

倉田令二朗、1968、「占拠の思想——日大闘争の場合」、『思想の科学』11月号、pp.18－21。
倉田令二朗、1969、「われら『ただの人』」、『朝日ジャーナル』6月1日号、pp.23－24。
倉田令二朗、1969b、「秋田明大の思想」、秋田明大『獄中記——異常の日常化の中で』、pp.261－281、全共社、東京。
「獄中書簡集」発刊委員会編、1969、『東大闘争獄中書簡集』創刊号－第25号、10pp. 12pp. 10pp. 12pp. 12pp. 18pp. 16pp. 18pp. 16pp. 16pp. 14pp. 16pp. 16pp. 20pp. 18pp. 14pp. 18pp. 18pp. 16pp. 22pp. 20pp. 22pp. 16pp. 18pp.
小中陽太郎、1969、「加藤総長代行が犯した悲劇の誤算」、『宝石』3月号、pp.70－77。
小松真一、2004、『虜人日記』、ちくま学芸文庫、筑摩書房、東京、392pp.（初出1974、私家版）
近藤紘一、1985、『サイゴンのいちばん長い日』、文春文庫476、文藝春秋、東京、297pp.（初出1975、サンケイ出版）
佐々淳行、1993、『東大落城——安田講堂攻防七十二時間』、文藝春秋、321pp.
三一書房編集部編、1970、『戦後学生運動』別巻　資料、三一書房、東京、289＋56pp.
杉岡昭、1969、「ドキュメント構成——東京大学——一・一八～一九」、『中央公論』3月号、pp.168－192。
大学進学研究会編、1969、『日本大学法学部——入試問題の研究』、関東出版社、東京。
東京大学弘報委員会、1969、『東大問題資料2、東京大学弘報委員会「資料」1968. 10⇒1969. 3』、東京大学出版会、450＋3＋ixpp.
東京大学新聞研究所・東大紛争文書研究会編、1969、『東大紛争の記録』、日本評論社、東京、467pp.
東大全共闘（東大闘争全学共闘会議）、1968、『東大闘争勝利のために』、24＋3pp.
東大闘争全学共闘会議編、1969、『ドキュメント東大闘争——砦の上にわれらの世界を』、亜紀書房、東京、653pp.
東大闘争弁護団編、1969、『東大裁判——問われているものは何か』田畑書店、東京、413pp.
中塚貴志、1984、『日大・悪の群像』、創林社、東京、203pp.
中村修二、2004、『怒りのブレイクスルー』、集英社文庫、東京、284

引用文献

秋田明大、1969、『獄中記――異常の日常化の中で』、全共社、東京、322pp.
朝日ジャーナル編集部、1969、「入試強行へなだれ込む東大――ルポ“勇断”に見る混迷」、『朝日ジャーナル』1月26日号、pp.4－10。
朝日新聞社、1993、『朝日ジャーナルの時代――1959－1992』、朝日新聞社、東京、1463pp.
石井重信君を偲ぶ会編、2005、『石井重信君を偲んで』、石井重信君を偲ぶ会発行、64pp.
磯辺衛、1969、「東大事件の審理概観」、『ジュリスト』No.438、pp.52－55。
井出孫六、1969、「日大株式会社への破産宣告」、日本大学全共闘編（編集責任者　田村正敏）、『バリケードに賭けた青春――ドキュメント日大闘争』、pp.11－44、北明書房、東京。
猪瀬直樹、1995、『ペルソナ――三島由紀夫伝』、文藝春秋、東京、403pp.
今井澄、1969、「獄中からの手紙」、『中央公論』6月号、pp.194－201。
大野明男、1969、「ルポルタージュ――東京大学十一月二十二日」、『現代の眼』1月号、pp.140－151。
大宅壮一、1969、「日本の大学は未開発の植民地部落だ」、『勝利』3月号、pp.43－49。
岡本雅美・村尾行一、1969、『大学ゲリラの唄――落書　東大闘争』、三省堂新書55、三省堂、東京、191pp.
小倉貞男、1992、『ドキュメント　ヴェトナム戦争全史』、岩波書店、東京、330＋21pp.
長部日出雄、2001、『天皇はどこから来たか』新潮文庫6663、新潮社、東京、333pp.（初出1996）
加藤一郎、1969、『「七学部代表団との確認書」の解説』、東京大学出版会、132＋3pp.
唐木田健一、2004、『1968年には何があったのか――東大闘争私史』、批評社、東京、239pp.
クアンガイ省一般博物館編、吉村勇一訳、2002、『ソンミを振り返る』（Quang Ngai General Museum, 1998, *A look back upon Son My*）インターネット情報。

資料2　1968年度の東大学生・院生・教官数

各学部学生数および卒業者数

各学部定員数、在学者数および卒業生数

	教養学部	法学部	医学部	工学部	文学部	理学部	農学部	経済学部	教育学部	薬学部	合　計
在学	7119	1434	560	1679	707	439	411	700	120	130	13299
	教養学科	法学部	医学部	工学部	文学部	理学部	農学部	経済学部	教育学部	薬学部	合　計
定員	120	550	140	908	330	250	290	320	85	70	3063
'68卒	106	5	60	33	14	5	0	8	1	58	290
卒割合	88. 3	0. 9	42. 9	3. 6	4. 2	2. 0	0. 0	2. 5	1. 2	82. 9	9. 5

注：各学部は3・4年生からなる（医学部医学科は5、6年生を含む）が、教養学部は、1・2年生全員と専門課程の教養学科（3・4年生）からなる。医学部は医学科と保健学科からなる（保健学科定員30）。なお、研修中の医師はこの統計に含まれていない。

卒割合は'68卒を定員で割ったパーセント。定員合計は『東大百年史』の資料そのままで、たぶん実数。

大学院修士・博士課程在学者数および修了者数

在学者数

	人文科学	教育学	法学政治学	社会学	経済学	理学系	工学系	農学系	医学系	薬学系	合計
修士	289	93	31	68	73	431	773	189	27	77	2051
博士	181	81	58	54	67	389	445	173	146	73	1667
合計	470	174	89	122	140	820	1218	362	173	150	3718

'68年修了者数

	人文科学	教育学	法学政治学	社会学	経済学	理学系	工学系	農学系	医学系	薬学系	合計
修士	87	0	16	13	2	189	344	68	7	37	763
博士	1	5	5	3	0	65	83	36	49	23	270

修了者割合（%）

	人文科学	教育学	法学政治学	社会学	経済学	理学系	工学系	農学系	医学系	薬学系	合計
修士	60.2	0.0	100.0	38.2	5.5	87.7	89.0	72.0	51.9	96.1	74.4
博士	1.6	18.5	25.9	16.7	0.0	50.1	56.0	62.4	100.0	94.7	48.6

教官数

教　授	助教授	講　師	助　手	合　計
841	882	188	1839	3750

2月10日	東京地検、1・18―19闘争で509人を起訴したと発表（1・18　東大179人、神田10人、1・19　東大295人〔377人中〕、神田25人）
2月10日	教養学部代議員大会、スト強化・駒場再封鎖決議
2月23日	南ヴェトナム民族解放戦線、テト明け一斉攻撃
3月12日	日大全共闘秋田議長逮捕
3月13日	日大当局、古田批判グループ7教官に辞職勧告
3月14日	加藤執行部退陣表明
3月17日	文学部学生大会、スト強化決議
3月19日	安田講堂ほかで逮捕学生の拘置理由開示公判開始
3月23日	東大総長選挙で加藤当選
3月24日	農学部林学科教授・助教授全員（13人）自己批判書
3月30日	成田軍事空港粉砕全国総決起集会に労働者・農民・学生ら1万人参加
7月8日	南ヴェトナム派遣米軍の撤退第一陣、814人サイゴンを出発
9月3日	ホ・チ・ミン死去

1月21日	京大当局、正門に逆バリケード構築
	関西大社会学部学友会再建協、学部運営に学生参加を要求して事務室占拠（25日、封鎖・スト解除）
	関西学院大、団交決裂で学生2000人による学内デモ（26日、社会学部バリケード封鎖、神学部スト突入、28日、文学部バリケード封鎖、29日、経済学部バリケード封鎖）
1月22日	**東大全共闘、本郷キャンパス突入闘争**
1月23日	**東大全共闘、安田講堂突入闘争**
1月23日	和歌山大経済学部、学舎統合白紙撤回など要求して団交（24日、団交決裂で本部バリケード封鎖、全学闘結成）
1月24日	**スペイン政府、学生運動激化に非常事態宣言**
1月25日	**ヴェトナム和平拡大パリ会談、実質協議開始**
1月25日	横浜国大教育学部スト突入（31日、工学部を除く全学バリケード封鎖突入）
	京大全共闘準備会、総長団交決裂（27日、医学部4年生スト突入、31日、教養部無期限バリケード・スト突入）
1月26日	**警視庁、中央大・明大学館・日大理工学部を強制捜査。中央大で29人逮捕**
1月27日	**日大生産工学部に機動隊導入、バリケード解除**
1月28日	大阪教育大天王寺分校学生大会、主事公選制など要求してスト決議（31日バリケード封鎖突入）
1月29日	東京工大学生大会、○管規白紙撤回など要求して無期限スト決議（30日、スト突入）
	芝浦工大、確認書を交換して闘争終結
	大分大経済学部、学館自主管理を要求して学館占拠
1月31日	**東大当局、全共闘学生を器物損壊で告訴**
1月31日	都立大、学生ホール取り壊し反対でホール前バリケード構築
2月2日	**日大法、経、工学部バリケード解除**
2月4日	**警視庁機動隊の本郷キャンパス夜間パトロール終結**
2月8日	**F104自衛隊機、金沢市内住宅街に墜落、4人死亡**

午前10時25分　ヘリコプターからの催涙ガス弾発射
午前11時　神田地区中央大本館中庭で、総決起集会（3000人）
午前11時30分　安田講堂正面からの封鎖解除再開
午後12時15分　東大全共闘ほか東大キャンパス向けデモ出発
午後12時15分　機動隊、安田講堂２階で学生逮捕
午後12時40分　本郷２丁目で学生、機動隊と衝突
午後１時　学生、神田地区聖橋上などにバリケード構築
午後２時　機動隊、安田講堂正面攻撃再開
午後２時30分　全共闘安田講堂守備隊、警視庁機動隊と安田講堂内で衝突、放水中止
午後３時50分　大講堂の学生全員逮捕
午後３時55分　安田講堂屋上で学生整列、シュプレヒコールと「インターナショナル」合唱
午後４時14分　加藤総長代行、安田講堂内学生へ降伏呼びかけ
午後４時50分　安田講堂時計塔５階部分での攻防
午後５時30分　機動隊安田講堂正面左手５階屋上に登る
午後５時37分　５階屋上の学生を逮捕
午後５時40分　学生・市民、機動隊と本郷３丁目で衝突
午後５時45分　機動隊、安田講堂時計塔屋上で学生逮捕
午後５時59分　機動隊、屋上赤旗をとりはずす
午後９時　学生、御茶ノ水駅前で総括集会

１月20日　政府自民党、東大入試中止を発表

１月20日　大阪外語大全共闘、新館バリケード封鎖（21日、自主解除）
岡山大全学学生大会、補導委解散等を要求してスト権確立、全共闘結成（25日、大学当局の団交拒否で工学部を除く全学スト突入）

１月21日　駒場共闘会議、教養学部第８本館から撤退

１月21日　「東大奪還・全国学園ゼネスト支援全都総決起集会」中央大中庭に5000人（3000人とも）
「東大奪還・全国学園ゼネスト支援全関西総決起集会」京大正門前

決定
１月18日
午前６時50分　東大正門前に機動隊到着
午前７時５分　機動隊、医学部総合中央館（図書館）の封鎖解除開始
午前７時30分　医学部封鎖解除（逮捕者22人）
午前８時15分　全共闘学生、正門を押し開けて銀杏並木デモ（300人）。本富士署長、占拠学生への退去命令
午前８時30分　安田講堂にむけヘリコプターからの催涙弾攻撃開始。本郷キャンパス全域を機動隊包囲（8500人）。本郷通り、完全通行止め
午前８時50分　工学部列品館への攻撃開始
午前９時　法学部研究室への攻撃開始
午前10時　法文２号館への攻撃開始
午前11時　文学部（法文２号館）封鎖解除
午前11時30分　神田地区駿河台下、お茶の水交番襲撃
午前11時36分　列品館の火災に消防車到着
午後12時15分　神田地区中央大学生会館前で全都学生総決起集会（2000人）
午後１時５分　列品館で重傷者、封鎖解除
午後１時15分　御茶ノ水駅付近で学生と機動隊衝突
午後１時16分　安田講堂正面から装甲車攻撃開始
午後３時35分　法学部研究室封鎖解除（東大構内での逮捕者合計285人）。安田講堂正面入り口バリケード解除始まる
午後４時　神田地区お茶の水、駿河台下で学生ら機動隊と対峙（１万人）、逮捕者合計57人
午後５時10分　警視庁機動隊、封鎖解除中止
１月18日　横浜国大全共闘準備会、本部封鎖
１月19日
午前６時30分　警視庁機動隊、安田講堂封鎖解除再開
午前８時　安田講堂１階に機動隊突入
午前８時15分　ヘリコプターによる安田講堂への催涙ガス液散布

通り、封鎖解除）

1月9日　東大闘争・日大闘争勝利全都学生総決起集会、警視庁機動隊導入、51人逮捕

1月10日　秩父宮ラグビー場で7学部集会。全共闘、教養学部代議員大会粉砕闘争。民主青年同盟、法文1・2号館封鎖解除、安田講堂包囲

1月11日　教養学部、理学部、農学部、教育学部でスト解除のための学生大会

1月12日　全共闘、法学部研究室、列品館、法文1・2号館、工学部1・7・8号館再封鎖

1月12日　自民党、東大確認書を激しく非難

1月13日　薬学部でスト解除学生大会。医学部本館、封鎖解除

1月13日　東京教育大教育学部学生大会、入試実現のためスト解除決議（15日、理学部学生大会でスト解除決議）
立命館大寮連合闘争委、寮費撤廃など要求して団交（16日、中川会館バリケード封鎖）

1月14日　工学部学生投票でスト解除。加藤総長代行、機動隊を導入してでも入試実行と表明

1月14日　警視庁、機動隊2500人、公安私服1000人の増員、全国8万5000人に完全装備・出動態勢を決定

1月14日　米原子力空母「エンタープライズ」で爆発火災事故

1月14日　長崎大全共闘、学館自主管理を要求して学長室占拠（16日、機動隊導入バリケード撤去）

1月15日　東大闘争勝利・全国学園闘争勝利労学総決起集会（3500人。警察側発表、3900人プラス一般学生1200人、民主青年同盟2500人）。日本共産党系など教養学部第8本館封鎖解除攻撃

1月15日　京大寮闘争委、無条件寮建設など要求して総長団交（16日、団交決裂し、学生部バリケード封鎖）

1月16日　加藤総長代行、警視庁へ機動隊出動要請

1月16日　日大生産工学部学生集会、スト解除決議

1月16日　チェコ、カレル大学生、ソ連介入に抗議して焼身自殺

1月17日　東大当局による「退去命令」。警視総監、東大出動

	共闘学園奪還闘争で23人逮捕）
12月15日	「日大闘争報告大集会」、法文1号館25番教室など封鎖
12月16日	全共闘、公開予備折衝粉砕総決起集会（3000人）、工学系大学院応用化学科、無期限スト開始
12月17日	文部省、中学校学習指導要領案を発表 新潟大教育学部、校舎統合移転反対でスト
12月18日	全共闘、総決起集会。民青全学連、全国動員
12月19日	関西学院大法・文・社会学部、スト突入（23日、文闘委校舎封鎖）
12月20日	室蘭工大、学寮早期建設を要求してスト突入。学長団交に1000人参加
12月21日	石牟礼道子、『苦海浄土』「あとがき」
12月21日	電通大闘争委、寮食堂従業員給与の大学負担等を要求して本館バリケード封鎖
12月23日	全共闘、法学部研究室封鎖
12月23日	日大全共闘総決起集会。日大・中央大統一総決起集会のち〝オールナイト映画〟
12月23日	琉球立法院、米原潜寄港中止要求を決議
12月24日	全共闘、医学部医学科学生大会でっちあげ粉砕闘争
12月25日	全共闘、法文1号館封鎖
12月25日	坂田文相、東大を大学院大学に改組を示唆
12月27日	教養学部教養学科、スト解除決議
12月27日	中国、新疆で水爆実験
12月29日	加藤総長代行、坂田文部大臣会談
1969年	
1月2日	静岡大法・経・短大自治会・全闘委、本部バリケード封鎖
1月5日	九大、米軍機抜き打ち引き下ろし強行。3日間団交
1月6日	全共闘、農学部学生大会粉砕
1月7日	関西学院大全共闘、5号館別館封鎖（17日、本部封鎖、18日、法学部無期限スト突入）
1月8日	同志社大全寮協、寮の水道・光熱費の大学負担などを要求して致遠館封鎖（14日、評議会団交、要求が

11月20日	チェコ・カレル大学で抗議スト
11月22日	日大・東大闘争勝利全国総決起集会
11月22－24日	駒場祭
11月24日	日大経済学部当局、４年生の授業を塩原・九十九里で開始。日大生６人逮捕。９人に殺人の共同正犯で逮捕状
11月25日	新潟大教養・工学部、校舎統合移転反対・団交要求でスト突入
11月26日	経済学部学生大会、代表選出、封鎖反対決議
11月26日	日大芸術学部を攻撃した４人を凶器準備集合罪で逮捕
11月26日	青学大全学闘、集会の自由を要求して本部バリケード封鎖
11月27日	加藤総長代行、「提案集会へのよびかけ」 農学部学生大会、代表選出、ストライキ実行委員会罷免決議 理学部学生大会、代表選出、図書館封鎖解除決議
11月29日	全共闘、総合図書館前、「提案集会」阻止
11月30日	法学部学生大会、代表選出
11月30日	佐藤改造内閣発足、文相・坂田道太
12月１日	全共闘、教養学部第８本館封鎖
12月４日	阪大全共闘、処分撤回、団交要求で学生部バリケード封鎖
12月５日	神戸大教養学部学生200人、団交要求で本部事務局をバリケード封鎖
12月６日	駒場で反帝学評と革マル派の内ゲバ
12月９日	長崎大闘争委、学生会館の自主管理を要求し、学館占拠
12月12日	文学部学生大会、全共闘派勝利
12月14日	人文系大学院哲学科、無期限スト開始
12月14日	中央大、学館運営費凍結白紙撤回などを要求し無期限スト突入 上智大に機動隊導入、バリケード撤去し52人逮捕、大学当局ロックアウト、６カ月休校宣言（26日、全

11月8日　相模女子大、学生大会でスト終結
11月9日　全共闘機関紙『進撃』創刊
11月9日　日本共産党、大学闘争テーゼ発表
11月10日　全共闘、工学部7号館封鎖
11月10日　日大全学父兄集会（両国講堂）に7000人参加
11月11日　駒場共闘会議、第1研究室、第2本館封鎖
農学部グラウンドにて全学教官集会
11月11日　山形大全学闘、学館占拠（20日、理学部学生大会、占拠承認）
11月12日　文学部団交終結。東大全共闘、総決起集会で全学封鎖方針、工学部1号館封鎖。総合図書館前で東大全共闘と民主青年同盟衝突。理学部学生大会、全学封鎖反対決議（13日）
11月12日　日大芸術学部の芸斗委46人を全員逮捕。同日午後4時、バリケード再構築
11月12日　富山大全闘連、本部などバリケード封鎖（16日、経済学部スト解除、22日、全闘連、教授会と団交、成績偽造暴露。28日、経済学部スト突入）
11月14日　法学部学生大会、全学封鎖阻止決議
11月15日　加藤総長代行、全共闘、統一代表団との折衝開始。大学革新会議設立
11月15日　日大全国父兄会、神田錦町の新東京ホテルで古田会頭と会見
11月16日　文部省、東大・東京教育大・東京外語大・日大に授業再開を通達
11月16日　東北大全共闘、本部バリケード封鎖
11月17日　全共闘、応援部隊を含め1000人泊まりこみ
11月17日　日大全共闘酒井副議長逮捕
11月18日　全共闘、加藤総長代行との安田講堂での「公開予備折衝」決裂
11月19日　加藤総長代行、統一代表団との「公開予備折衝」。工学部学生大会、代表選出、全学封鎖反対決議
11月19日　沖縄・嘉手納米軍基地で発進中のB52爆発
11月20日　法学部、ストライキ続行。理学部、薬学部も

	富山大、寮規白紙撤回を要求して、学部長室占拠（24日、団交、25日、妥結）
10月18日	神経内科無給医、診療拒否
10月21日	国際反戦デーに騒乱罪適用。全国30万人参加、逮捕者1012人。全共闘3000人参加
10月21日	東北大、法学部バリケード・スト突入、教養・文・経・理、授業放棄
10月23日	東洋大、機動隊導入自己批判を要求して大衆団交（28日、団交決裂。29日、機動隊による封鎖解除。31日、再封鎖）
	福井大、部室獲得要求で坐りこみ
10月26日	学部長会議で大河内総長試案
10月28日	日大父兄会開会
10月30日	日大教職組・教員連絡会議、全学協議会結成。理事退陣を要求
10月31日	ジョンソン米大統領、北爆全面停止を発表
11月1日	大河内総長辞任、全評議員辞任。全共闘、工学部1号館、列品館封鎖
11月2日	理学部緊急青空集会、久保理学部長候補話せず
11月2日	日大全学協（教職員、大学院生組織）総決起集会
11月2日	慶應大、日吉学生大会（4000人参加）、スト終結・バリケード撤去、米軍資金導入拒否宣言採択
11月3日	経済学部大学院生、学部長室、研究室封鎖
11月4日	加藤一郎法学部長、総長代行に就任
	文学部ストライキ実行委員会、林文学部長と無期限団交開始。教養学部団交
11月4日	東京教育大教育学部、1カ月スト突入（8日、理学部無期限スト、14日、本館占拠）
11月6日	米大統領選挙にニクソン当選
11月6日	静岡大法・短大学生大会、無期限スト継続確認（11日、全闘委本館封鎖）
11月7日	上智大全共闘、1・3号館バリケード封鎖
11月8日	駒場、団交決裂。教職員会館を封鎖
11月8日	日大芸術学部バリケード攻防戦争

10月2日	基礎医学・社会医学若手研究者の会（56人）、無期限スト開始
10月3日	薬学部、農学部無期限スト決定
10月3日	日大当局、9・30確認事項破棄。日大全共闘、1万人で抗議集会
10月3－6日	佐賀大、試験阻止闘争、機動隊14回導入
10月4日	全共闘、医学部1・3号館封鎖
10月4日	日大全共闘秋田議長以下8人に逮捕状
10月4日	慶應大、封鎖自主解除（18日、三田学生大会に5000人参加、流会） 東京医科歯科大医学部学生大会でスト終結可決
10月5日	第1回全学教官有志集会（50人）
10月7日	全共闘主催、全学総決起集会（駒場にて、3000人）
10月8日	日大生産工学部（習志野市）で全共闘と右翼が乱闘
10月8日	精神神経科医局、医局解散決議
10月8日	米タン（米軍燃料タンク輸送）阻止・羽田1周年反戦集会デモ（全共闘、1000人参加）
10月8日	東北大、寮増設に伴う管理・値上げ問題で団交
10月9日	記者会見に古田会頭現れず、東理事（80歳）が耳が遠くて聞こえないふりで、辞職勧告を否定
10月11日	東京外語大、寮管理問題で団交決裂、無期限スト突入
10月12日	法学部無期限スト決定、全学無期限スト体制成立
10月12日	福島大教育学部学生大会、学長辞任でスト終結宣言
10月14日	医学部三吉氏逮捕、本富士署前で500人坐りこみ。法学部教授会、ロックアウト宣言
10月14日	日大工学部（郡山市）で全共闘60人と体育会150人との乱闘から火事。工学部では、9月4日全学封鎖、24日封鎖解除、27日再封鎖、10月4日投石合戦、この日、再々封鎖
10月15日	全共闘、内科研究棟封鎖
10月16日	経済学部教授会収拾案決まる。三吉氏、起訴
10月16日	明大、バリケード撤去
10月17日	東京都教育委員長、高校生の政治活動禁止を通達

9月13日	**アルバニア、ワルシャワ条約機構から脱退**
9月14日	関東学院大、全共闘120人と体育会系1000人が封鎖をめぐり対決、封鎖解除
9月16日	**東大駒場全共闘、教養学部事務封鎖**
9月16日	相模女子大、学長選任に反対して授業放棄
9月17日	**日本共産党民主青年同盟、教養学部事務封鎖一時解除、全共闘、再封鎖**
9月18日	**教養学部代議員大会、全提案否決**
9月18日	**『人民日報』社説（日本共産党批判）**
9月18日	福島大経済・教育学部、学長退陣を要求して無期限スト突入
9月19日	**工学部無期限スト開始**
9月19日	**日大全学総決起集会。医学部、スト決定（全11学部がスト）**
9月19日	日本共産党、『人民日報』社説は許せぬ大国主義的干渉と反論
9月20日	東京教育大、理学部学生大会で5日間のスト決定、校舎バリケード封鎖
9月21日	**都市工学大学院無期限スト開始**
9月21日	東京教育大理学部、バリケード・スト突入（25日、農学部、28日、教育学部で全学スト）
9月22日	**全共闘、医学部外来系医局研究棟封鎖**
9月25日	**全共闘、文学部事務封鎖**
9月26日	厚生省、水俣病は新日本窒素肥料（現チッソ）の工場廃液が原因と断定
9月27日	**基礎・病院連合実行委員会、医学部臨床医局研究棟封鎖、経済学部無期限スト開始、全学総決起集会（2000人）**
9月28日	**教育学部、無期限スト開始**
9月29日	慶應大通信教育生十数人、自治会公認を要求して事務局占拠
9月30日	**日大、両国講堂での大衆団交に2万人参加**
10月1日	**佐藤首相、「日大の大衆団交は認められぬ」と発言**
10月2日	**理学部無期限スト決定、駒場で自主講座開講**

8月24日	安田講堂前、全都フーテン集会
8月24日	成田空港阻止地元反対同盟1000人、ボーリング阻止竹槍デモ
8月24日	上智大当局、13人退停学処分
8月26日	米学生、シカゴでヴェトナム反戦デモ
8月28日	医学部本館封鎖、小林医学部長との団交
9月1日	医学部三吉氏に逮捕状出る
9月2日	秋田大、スト解除 大阪府立市岡高校で社高同・反帝高評、校務文掌任命反対で校長室占拠、始業式中止（11日、団交）
9月3日	東大全共闘、駒場で全学総決起集会（1000人）
9月4日	警視庁機動隊、日大本部・経済・法学部バリケードを撤去（132人逮捕、のち警官1人死亡）。日大全共闘再占拠
9月5日	警視庁機動隊、バリケード再撤去。日大全共闘再々占拠、機動隊導入抗議集会（5000人）。生産工学部、スト突入
9月6日	日大全共闘、抗議集会後5000人で白山通りフランスデモ。機動隊、ガス銃を使う。35人逮捕
9月7日	教養学部代議員大会、全提案否決、スト続行
9月7日	日大全共闘、全学総決起集会に3000人参加。神田一帯でゲリラ戦、129人逮捕
9月7日	東洋大反帝学評、図書館建設・学則改悪白紙撤回を要求してバリケード封鎖（10日撤去される）
9月10日	慶應大全学闘、塾監局をバリケード封鎖（12日、文学部闘争委、教務室を封鎖） 立正大学生自治会、学費未納者大量処分・自治会役員処分撤回を要求して団交（14日、一部校舎バリケード封鎖）
9月11日	教養学部基礎科学科、無期限スト開始
9月11日	ソ連軍、チェコ主要都市から撤退
9月12日	日大全学総決起集会に1万2000人参加。5項目要求。白山通りデモで154人逮捕。学生2人負傷
9月13日	東大全共闘団交要求総決起集会（800人）

	広島大医学部、スト突入
7月2日	**安田講堂占拠**
7月2日	東京教育大文学部、無期限スト突入（4日、農学部、5日、理学部）
	上智大全共闘、警官立ち入りに抗議して1号館バリケード封鎖
7月3日	**工学部学生大会「安田講堂封鎖」支持決議、法学部48時間スト開始**
7月3日	警察庁、全国大学の実態報告。54校紛争中
7月4日	慶應大日吉自治会大会（5000人参加）、米軍資金導入反対で1日スト
7月5日	**東大闘争全学共闘会議（東大全共闘）結成、教養学部無期限スト開始**
7月5日	新潟大、大学統合・移転問題で団交要求し、本部前坐りこみ、占拠
7月6日	長崎大、学生会館問題で団交（1500人参加）
7月7日	新潟大、学生本部バリケード封鎖
7月8日	佐賀大教育学部、処分撤回要求代表会見、決裂
7月11日	文部省、小学校学習指導要領を告示
7月15日	**東大全共闘、安田講堂大講堂での代表者会議で7項目要求確定**
7月16日	**沖縄全軍労、2日間の一斉年休闘争**
7月20日	**日大全学総決起集会（87人逮捕）**
7月22日	慶應大、塾評議会に学生100人、団交要求坐りこみ
7月23日	社会党中央執行委員会、〝反日共系全学連〟との絶縁を決定
7月24日	**助手共闘結成**
8月2日	九大反戦会議・医・教養・教育・文学部自治会、機体引き下ろしに抗議して、バリケード構築
8月6日	**全共闘、山上会議所封鎖**
8月10日	**8・10告示**
8月12日	**日大文理学部教授会との大衆団交**
8月13日	**8・10告示粉砕全学総決起集会（120人）**
8月20日	**ソ連・東欧5カ国軍、チェコ侵入**

5月31日	パリ周辺に戦車隊出動
6月2日	米軍板付基地のジェット偵察機ファントム、九大工学部電子計算センターに墜落炎上。抗議デモ
6月5日	ロバート・ケネディ暗殺される（翌日死亡）
6月5日	駒沢大全共闘、封鎖解除
6月6日	東京医科歯科大、全学スト突入
6月8日	早大一文等、総長選挙開票反対で授業放棄
6月11日	日大全共闘の全学統一大衆団交要求集会（経済学部前路上）に1万人参加。日大バリケード封鎖開始
6月15日	医学部全学闘争委員会、安田講堂占拠
6月15日	日大文理学部スト突入
6月17日	警視庁機動隊、安田講堂占拠者を排除。300人抗議集会
6月20日	9学部1日スト、全学総決起集会（7000人）
6月21日	秋田大、自治会弾圧に抗議して、全学バリケード・スト突入
6月23日	仏総選挙（第1回）でドゴール派圧勝
6月24日	佐賀大当局、寮委員5人処分
6月26日	文学部無期限スト開始
6月27日	経済学部大学院、新聞研研究生自治会、無期限スト開始
6月27日	米海兵隊、ケサン基地から撤収
6月27日	静岡大法・短大学生大会、学部移転実力阻止を掲げ、バリケード・スト突入
	東洋大、団交要求で理事長室前坐りこみ、機動隊導入により170人逮捕
6月28日	総長会見、全学助手集会、本部封鎖実行委員会結成
6月29日	工学部、法学部、教育学部、1日スト
6月29日	京大、自衛官入学反対で全学スト・団交
	東洋大全学闘争委、全学バリケード封鎖
6月30日	佐賀大、処分撤回要求で全学スト突入
	東京教育大文学部、大衆団交要求・調査費計上決定の白紙撤回で本部封鎖
7月1日	関東学院大、新寮建設要求で本部封鎖

4月4日	米黒人運動指導者キング牧師暗殺される
4月7日	京都府警、京大医学部強制捜査、5人逮捕
4月9日	チェコ共産党、自由化の行動綱領発表
4月9日	兵庫県警、関西学院大強制捜査、9人逮捕
4月10−12日	京大医学部闘争委、総長団交
4月11日	ドイツ学生運動指導者ドゥチュケ狙撃、重傷
4月12日	大学当局、入学式強行
4月15日	東京国税局、日大で5年間に20億円の使途不明金と発表
4月15日	医学部新M1、スト開始
4月20日	日大経済学部学友会主催の「新入生歓迎集会」での日高六郎氏講演会を日大体育会が弾圧
4月24日	全沖縄軍労働組合（全軍労）、ヴェトナム輸送阻止の全面スト
4月25日	駒沢大当局、無届ビラ配布で11人を退学処分。全共闘、一部教室をバリケード封鎖
5月3日	パリ大学ナンテール分校に警官隊導入、5月叛乱
5月7日	南ヴェトナム民族解放戦線、サイゴンで市街戦
5月8日	べ平連、脱走米兵5人はソ連へと発表
5月10日	国会、登録医制度可決
5月13日	パリの学生・労組ゼネスト（カルチエ・ラタン）
5月13日	アメリカと北ヴェトナムとのパリ和平会談始まる
5月19日	フランス全土にゼネスト拡大
5月23日	日大経済学部（神田三崎町）で初のデモ（200メートルデモ）
5月23日	早大、総長選挙制度改革要求団交、決裂 駒沢大、学生大会（5000人参加）、バリケード撤去決議
5月25日	東大五月祭への警官パトロール反対デモ（2人逮捕）
5月27日	日大全学総決起集会、日大全学共闘会議（全共闘）結成
5月30日	ドゴール仏大統領辞任せず、国会解散
5月30日	東京医科歯科大、病院外来をバリケード封鎖

2月1日	東京女子大、学費値上げ反対でスト突入（5日中止）
2月5日	41青年医師連合スト開始
2月5日	南ヴェトナム民族解放戦線、米ケサン基地攻撃
2月8日	東北学院大、本部坐りこみ（12日、バリケード封鎖、19日撤去） 広島大、育英会奨学金打ち切りに抗議して、学生4人ハンスト
2月9日	芝浦工業大、学費値上げ反対でスト突入（19日、団交、スト中止）
2月16日	中央大、理事会団交、学生側全面勝利、バリケード撤去
2月17日	神奈川大、団交で学内規定撤回・学生教授代表による審議会設置を確認
2月19－20日	春見事件
2月26日	関西学院大、社会学部学生大会スト解除
2月29日	マクナマラ米国防長官辞任
3月1日	政府、閣議で教育三法改正案の国会提出を決定
3月11日	医学部17人処分の発表
3月11日	ワルシャワの学生デモ激化
3月12日	医学部図書館占拠
3月14日	東北学院大当局、学費闘争で7人処分
3月15日	在日米軍、朝霞野戦病院の王子移転を発表
3月16日	ソンミ事件
3月16日	広島大当局、団交で9人処分
3月22日	南ヴェトナム米派遣軍司令官ウェストモーランド解任
3月23日	関西学院大当局、学費闘争で25人処分
3月26日	日大経済学部会計課長富沢広が蒸発
3月28日	卒業式阻止闘争
3月28日	日大理工学部会計課主任渡辺はる子が自殺
3月31日	ジョンソン米大統領、大統領選不出馬声明、北爆停止宣言
4月2日	白川一男（17歳）、反戦焼身自殺

資料1　1968－69年年表

太字＝東大闘争／日大および教育闘争／ヴェトナム戦争・反戦闘争および世界の動き
（特に大学名の記載のない項は東大）

1968年	
1月10日	日本育英会、羽田闘争で逮捕された学生60人の奨学生資格停止処分発表
1月13日	中央大昼間部自治会、3000人で決起集会、学費値上げでバリケード封鎖・スト突入。夜間部自治会（民青系）16日よりスト突入決定
1月15日	「飯田橋事件」131人逮捕
1月16日	「博多駅事件」4人逮捕
1月17－27日	関西学院大商・文・法学生大会、スト中止決定
1月19日	米原子力空母「エンタープライズ」佐世保入港。公明党は初の院外行動
1月19日	東京医科歯科大、登録医制度反対で全学無期限スト突入
1月20日	中央大理工学部、スト突入
1月21日	B52、グリーンランド沖で墜落、水爆4個不明
1月22日	関西学院大社会学部教授会、自治会解散命令
1月23日	米情報収集艦「プエブロ号」、北朝鮮に拿捕。「エンタープライズ」出港
1月26日	日大理工学部教授小野竹之助による裏口入学謝礼金事件発覚
1月27日	医学部全学大会、1月29日からの無期限スト突入決議。医学部全学闘争委員会結成
1月27日	関西学院大社会学部学生大会、スト継続決議
1月29日	東京女子大、学費値上げ反対で団交、決裂
1月30日	医学部卒業試験中止の告示
1月30日	南ヴェトナム民族解放戦線・北ヴェトナム正規軍、テト攻勢開始、米大使館占拠、全土戒厳令
2月1日	南ヴェトナム国家警察本部長官グエン・ゴク・ロアンによる路上射殺事件

島 泰三（しま・たいぞう）

1946年，山口県下関市生まれ．下関西高等学校卒．東大理学部に在学中東大闘争に参加．1969年１月，安田講堂に籠城，懲役２年．房総自然博物館館長，雑誌『にほんざる』編集長，（財）日本野生生物研究センター主任研究員，天然記念物ニホンザルの生息地保護管理調査団（高宕山，臥牛山）主任調査員，国際協力事業団マダガスカル国派遣専門家（霊長類学指導）などを経て，現在ＮＧＯ日本アイアイファンド代表．理学博士（京大），マダガスカル国第五等勲位「シュヴァリエ」．

著書『どくとるアイアイと謎の島マダガスカル』上下（八月書館）
『アイアイの謎』（どうぶつ社）
『親指はなぜ太いのか』（中公新書）
『サルの社会とヒトの社会』（大修館書店）
『はだかの起原』（木楽舎）
『なぞのサル　アイアイ』（「たくさんのふしぎ」，福音館書店）

安田《やすだ》講堂《こうどう》 1968-1969
中公新書 *1821*

2005年11月25日初版
2005年12月10日再版

著 者 島　泰三
発行者 早川準一

本文印刷 三晃印刷
カバー印刷 大熊整美堂
製　本 小泉製本

発行所 中央公論新社
〒104-8320
東京都中央区京橋 2-8-7
電話 販売部 03-3563-1431
編集部 03-3563-3668
URL http://www.chuko.co.jp/

Published by CHUOKORON-SHINSHA, INC.
Printed in Japan　ISBN4-12-101821-4 C1221